U-93
A entrada do Brasil na Primeira Guerra Mundial

Marcelo Monteiro

U-93
A entrada do Brasil na Primeira Guerra Mundial

BesouroBox
1ª edição / Porto Alegre-RS / 2014

Capa, ilustração e projeto gráfico: Marco Cena
Revisão e Produção editorial: Bruna Dali e Maitê Cena
Revisão Histórica: Luis Eduardo Amaral Rocha
Produção gráfica: André Luis Alt

Dados Internacionais de Catalogação na Publicação (CIP)

M775u Monteiro, Marcelo
        U-93: A entrada do Brasil na Primeira Guerra Mundial. / Marcelo Monteiro. –
        Porto Alegre: BesouroBox, 2014.
        328 p.: il.; 16 x 23 cm

        ISBN: 978-85-99275-84-9

        1. História. 2. Primeira guerra mundial. 3. Conflito. I. Título.

CDU 94"1914/1919"

Bibliotecária responsável Kátia Rosi Possobon CRB10/1782

Copyright © Marcelo Monteiro, 2014.

Todos os direitos desta edição reservados a
Edições BesouroBox Ltda.
Rua Brito Peixoto, 224 - CEP: 91030-400
Passo D'Areia - Porto Alegre - RS
Fone: (51) 3337.5620
www.besourobox.com.br

Impresso no Brasil
Junho de 2014

AGRADECIMENTOS

A todos que de alguma forma contribuíram com o projeto, alguns colocando a mão na massa, outros simplesmente incentivando para que eu seguisse em frente. Obrigado especialmente a João Barone, Heloisa Aruth Sturm, Paulo Antonio Dutra Duhá, Alexandre Bandeira, Celso Menezes, Marco Cena, Rodrigo Lopes, Jaime Silva, Luiz Araújo, Carlos André Moreira, Patrícia Rocha, Andresa Berger, Gustavo Roth, Marlene Monteiro dos Santos, Alexandre Bach, Alice Urbim, Jô Soares, Leonardo Oliveira, Roberto Jardim, Darlei Farina e Marcos Seabra.

Agradeço também ao Arquivo Histórico do Exército (Rio de Janeiro), ao Arquivo Nacional (Rio de Janeiro), à Biblioteca da Marinha (Rio de Janeiro), à Biblioteca do Tribunal Militar (Rio de Janeiro), ao Arquivo da Marinha (Rio de Janeiro), ao Centro Cultural da Marinha (São Paulo), ao Museu da Comunicação Hipólito José de Costa (Porto Alegre) e à editora BesouroBox.

SUMÁRIO

9 Prefácio

11 Introdução

13 A evolução da guerra

15 O ano de 1917

17 Glossário de termos náuticos

19 CAPÍTULO 1
A hemorragia da civilização

39 CAPÍTULO 2
Coronelismo e café com leite

61 CAPÍTULO 3
O rompimento com a Alemanha

97 CAPÍTULO 4
Tijuca e Lapa, as novas vítimas

131 CAPÍTULO 5
A odisseia submarina

165 CAPÍTULO 6
O afundamento do Macau

197 CAPÍTULO 7
A declaração de guerra

223 CAPÍTULO 8
A perseguição aos alemães

255 CAPÍTULO 9
Guahyba e Acary, a represália boche

291 CAPÍTULO 10
Os brasileiros na guerra

323 Referências

Prefácio

João Barone

A Humanidade foi pontuada por inúmeros eventos que parecem aumentar de importância, na medida em que o tempo escorre sem fim pela sua ampulheta. Sempre haverá o risco do esquecimento de episódios importantes da História Universal, em sua cruel trajetória, se não forem obstinadamente relembrados por entre os infinitos grãos da areia que a constrói. No momento em que se marcam os 100 anos do começo da "guerra para acabar com as guerras" (como escreveu na época o renomado escritor H. G.Wells), vemos uma valiosa narrativa que nos arrebata com um fato pouquíssimo conhecido: a participação do Brasil na Grande Guerra. Quem acompanhar os capítulos do U-93 será surpreendido página por página ao constatar como fatos históricos podem se repetir com tamanha bizarra semelhança e como nossa própria História é tão desvalorizada em nosso país.

A Primeira Guerra Mundial é considerada uma das guerras mais sangrentas – e insanas – da História, um conflito que mais lembra um tabuleiro arrumado com milhões de pedras de dominó que tombam numa orquestrada coreografia. Este livro é um excelente referencial para quem procura entender um pouco deste complicado conflito. O mundo começava a mudar de forma radical, sendo que nem mesmo o Brasil, uma recém-nascida república, conseguiu escapar da primeira guerra em larga escala do planeta. Não adiantou a tentativa da política nacional de se esquivar do conflito, mantendo os canais comerciais com os beligerantes, o que não evitou a retaliação dos submersíveis alemães, que afundaram vários navios brasileiros. Depois de um tempo até demasiado, a escalada de represálias gerou o rompimento de relações diplomáticas e o confisco de bens da Alemanha no Brasil – como navios e contas bancárias –, além da inevitável perseguição aos alemães que viviam no país. (Mas de que guerra estamos falando mesmo?) Ah, sim, até que houve a declaração formal de beligerância à Alemanha agressora e seus aliados, em outubro de 1917. O Brasil já tentava entrar no bonde da globalização nesse momento. Qualquer semelhança com o que acontecerá dali a 25 anos não será mera coincidência.

Somando-se a uma das maiores chacinas humanas já dimensionadas pela História, a Primeira Guerra ainda contou com a pandemia da gripe espanhola, que foi disseminada ao redor do mundo pela própria guerra, ceifando mais alguns milhões de vidas. O massacre da população armênia pelo Império Otomano, ocorrido durante o conflito, foi uma horripilante preliminar do que a História classificaria dentro em breve como genocídio. Não é à toa que a Grande Guerra é considerada apenas o trailer para a Segunda Guerra Mundial.

No momento em que assistimos com preocupação aos fatos conturbados do Leste Europeu ocorridos na Ucrânia, é de inestimável valor repassar os fatídicos acontecimentos de 100 anos atrás. Afinal, muita gente hoje acha que Franz Ferdinand é tão somente o nome de uma banda de rock, e o único fato às vezes lembrado sobre o Brasil na Primeira Guerra foi quando nossa Marinha teria atacado um cardume de peixes pensando se tratar de um submarino alemão. Agora, não há mais desculpa para quem desconhece mais essa página de nossa História.

Introdução

No começo da Grande Guerra, em 1914, o Brasil declarou-se neutro. Mas uma série de acontecimentos, com destaque para o paulatino envolvimento dos Estados Unidos, acabaram precipitando a entrada do país no conflito mundial, em 1917.

Depois dos ataques de submarinos alemães aos navios brasileiros Paraná (abril de 1917), Tijuca e Lapa (maio de 1917), que se arriscaram a furar o bloqueio alemão transportando café, cereais e outros produtos para a França e a Inglaterra, o presidente Wenceslau Braz anunciou o aprisionamento dos 45 navios germânicos aportados no país. Mas a medida tomada pelo governo brasileiro não evitou novos incidentes.

A gota d'água para a entrada do país na guerra foi o torpedeamento do Macau, um dos navios alemães aprisionados pelo governo e então utilizados pelo Brasil. O episódio, ocorrido em 18 de outubro de 1917, carregava uma dramaticidade especial: levados a bordo do submarino alemão U-93, comandado pelo capitão-tenente Helmuth Gerlach, o capitão do Macau, Saturnino

Furtado de Mendonça, e o despenseiro, Arlindo Dias dos Santos, nunca mais foram vistos. Seu inexplicável desaparecimento ajudou a aumentar a revolta popular contra os imigrantes germânicos no país. Uma semana após a nova "agressão boche", Wenceslau Braz, pressionado pela população, declarou guerra à Alemanha, decisão endossada em voto quase unânime pelo Congresso.

Outros dois navios brasileiros seriam postos a pique (Guahyba e Acary) por um mesmo submersível germânico, o U-151, apenas uma semana depois da declaração de guerra. Era uma clara represália alemã à postura do governo brasileiro. Até o fim do conflito, o Brasil ainda teria outras três embarcações atacadas por submarinos alemães: o Maceió, o Taquary e o Uberaba.

A participação brasileira no conflito foi modesta. Uma dezena de aviadores, treinados nas forças aéreas do exército (*Royal Navy Air Service*) e da marinha (*Royal Flying Corps*) britânicos, participou de missões sobre o Canal da Mancha nos últimos dias dos combates. Um tenente do Exército foi enviado para a França e, depois de um período de estágio no exército francês, chegou a comandar um pelotão no front.

Composta por oito embarcações de combate brasileiras, a Divisão Naval de Operações de Guerra (DNOG) recebeu a missão de patrulhar a entrada do Mediterrâneo. Atingida pela gripe espanhola, que matou centenas de soldados durante a passagem pela costa africana, a esquadra teve sua chegada à Europa adiada. Um dia antes do armistício, os navios alcançaram a área onde deveriam atuar.

Com poucos recursos pessoais e materiais para o combate no front, o Brasil auxiliou os aliados de forma mais efetiva com o envio de uma missão médica militar. Os profissionais de saúde brasileiros também foram fortemente atingidos pela gripe espanhola. Em 1919, após o fim da guerra, o Hospital Brasileiro foi doado à Faculdade de Medicina de Paris.

A EVOLUÇÃO DA GUERRA

28/6/1914 – O arquiduque Francisco Ferdinando (Franz Ferdinand) de Habsburgo, herdeiro do trono austro-húngaro, é assassinado, com a esposa, em Sarajevo, na Bósnia.

28/7/1914 – A Áustria-Hungria declara guerra à Sérvia.

1/8/1914 – A Alemanha declara guerra à Rússia.

3/8/1914 – A Alemanha declara guerra à França. Seguem-se várias declarações de beligerância, que rapidamente colocam quase toda a Europa no conflito.

4/8/1914 – O Brasil declara-se neutro.

19/8/1914 – Os Estados Unidos declaram-se neutros.

7/5/1915 – Um submarino alemão afunda o transatlântico Lusitania, matando 1,2 mil pessoas – entre elas, 128 americanos.

1/5/1916 – O submarino alemão UB-27 afunda o navio norueguês Rio Branco, que navegava com bandeira brasileira.

3/2/1917 – A Alemanha anuncia um bloqueio marítimo aos inimigos. Os Estados Unidos rompem relações com a Alemanha.

4/4/1917 – O submarino alemão UB-32 afunda o navio brasileiro Paraná.

6/4/1917 – Os Estados Unidos declaram guerra à Alemanha.

10/4/1917 – O Brasil rompe relações diplomáticas com a Alemanha. Dias depois, assume o controle de 45 navios alemães atracados em portos nacionais.

20/5/1917 – O submarino alemão UC-36 afunda o navio Tijuca.

22/5/1917 – O submarino alemão U-47 afunda o navio Lapa.

1/6/1917 – O Brasil suspende a sua neutralidade em relação aos Estados Unidos.

18/10/1917 – O U-93 afunda o Macau (ex-alemão Palatia) e apreende o comandante e o taifeiro.

26/10/1917 – O Brasil declara guerra à Alemanha.

2/11/1917 – O submarino alemão U-151 torpedeia os navios Guahyba e Acary (ex-alemão Eberburg).

31/7/1918 – O Brasil envia a Divisão Naval de Operações de Guerra. A esquadra, porém, só chegaria a Gibraltar em 10 de novembro, um dia antes do armistício.

3/8/1918 – O submarino alemão U-43 afunda o navio brasileiro Maceió.

18/8/1918 – O Brasil envia uma missão médica à França.

11/11/1918 – É assinado o armistício.

O ANO DE 1917

Acontecimentos históricos do ano em que o Brasil entrou na guerra:

– Em 4 de junho, é criado o Pullitzer, um dos principais prêmios mundiais dados a trabalhos de destaque nas áreas de jornalismo, música e literatura.

– Criado no ano anterior pelos compositores Donga e Mauro de Almeida, o primeiro samba da história, "Pelo telefone", é gravado pelo selo Odeon Records.

– Apenas 1.750 automóveis circulam pela cidade de São Paulo.

– Iniciada, em São Paulo, a primeira grande greve geral do país que se espalha por vários Estados, com destaque para Rio de Janeiro e Rio Grande do Sul.

– Em 15 de outubro, a dançarina holandesa Mata Hari é fuzilada na França, acusada de espionagem para a Alemanha.

– O Partido Bolchevique toma o poder na Rússia. Nasce a República Socialista Federativa Soviética Russa, que em 1922 se transformaria na União das Repúblicas Socialistas Soviéticas (URSS).

– Estados Unidos e Brasil, pela ordem, juntam-se aos aliados na guerra.

GLOSSÁRIO DE TERMOS NÁUTICOS

Agulha: o mesmo que bússola.

Amurada: parte superior do costado de uma embarcação, acima do bojo do casco.

Âncora: peça de metal forjado em forma de garfo ou anzol que é atirada ao fundo para fixar o navio em determinado ponto.

Arrear: termo usado quando se baixa uma vela, bandeira etc.

Baleeira: embarcação pequena para a pesca de baleias ou bote salva-vidas.

Boca: largura máxima de um barco.

Bombordo: lado esquerdo do navio, olhando-se da popa para a proa. Boreste.

Bote: pequena embarcação de proa fina e popa quadrada, possuindo uma grande boca em relação ao comprimento.

Bússola: instrumento para determinar direções sobre a superfície terrestre.

Cabina: alojamento destinado ao comandante, oficiais ou passageiros de um barco. O mesmo que câmara.

Cabrestante: aparelho com eixo vertical, desprovido de motor e acionado pela força de homens ou animais, visando a enrolar cabos ou tracionar pesos.

Cabotagem: termo que se restringia à navegação costeira. Hoje, divide-se entre pequena e grande cabotagem. A pequena ainda refere-se à navegação costeira. Já a grande relaciona-se à navegação de longo curso.

Calado: distância vertical da quilha até a linha d'água. Profundidade mínima onde um barco pode navegar.

Carta náutica: representação gráfica de uma área de águas navegáveis. Mostra os meridianos de latitude e longitude. Informa os navegadores sobre a profundidade das águas, os faróis, as boias, os perigos submersos etc.

Casco: corpo de um navio, sem contar aparelho ou maquinário.

Convés: pavimento de uma embarcação.

Corrimão: peça de madeira dos antigos iates que se estendia pela parte superior da amurada.

Costado: parte externa do casco de um barco.

Deque: piso dos pavimentos de uma embarcação.

Deslocamento: peso de água correspondente ao volume do casco que fica abaixo da linha d'água. Pode ser associado ao peso que um navio pode transportar.

Estibordo: lado direito do navio, olhando-se da popa para a proa.

Escotilha: abertura no convés para dar passagem a pessoas ou material.

Equipagem: o mesmo que tripulação.

Farol: construção erguida em algum ponto da costa para aviso e prevenção à navegação.

Hastear: içar, arvorar, fazer subir.

Içar: alçar, erguer, levantar.

Leme: peça destinada ao governo de uma embarcação.

Madeiramento: tábuas que fazem o forro exterior e as cobertas de uma embarcação.

Mastro: peça de madeira ou metal que visa a sustentar as velas.

Milha náutica: medida de distância cuja unidade é de 1.852 metros.

Nó: medida de velocidade equivalente a 1 milha náutica por hora.

Popa: extremidade traseira de um barco.

Porão: parte inferior do navio, destinada a carga e provisões.

Proa: extremidade dianteira de um barco.

Prumo: cabo fino com marcações de metro em metro com uma chumbada na extremidade, usado para sondagens de profundidade.

Quilha: grande peça de madeira, ferro ou aço, que vai da popa à proa, passando pela parte inferior do barco. Sobre ela são armadas todas as estruturas do casco.

Roda: peça grossa e curva que dá forma à proa do barco.

Suspender: levantar a âncora, trazendo-a para cima.

Tombadilho: parte mais elevada do navio. Geralmente, vai do mastro de ré à popa. Também chamado castelo de popa.

Vaga: onda de grande altura em mar agitado.

Vaso: denominação geral do casco de um navio.

Vela: tecido usado para movimentar um barco a partir força do vento.

CAPÍTULO 1
A hemorragia da civilização

A quarta-feira, 24 de outubro de 1917, era mais um dia comum para os moradores do Rio de Janeiro. Por volta do meio-dia, o delegado do 13º distrito foi chamado a atender uma ocorrência inusitada: sentado em um muro, com os pés voltados para dentro de um quintal, o cidadão Francisco Leite tentava pescar — sim, o verbo é este — uma galinha. Com um grão de milho espetado em um anzol, balançava a isca com um caniço, tentando atrair alguma ave desavisada. Preso em flagrante, Francisco foi levado ao distrito.

Se a capital brasileira conseguia achar graça de suas banalidades cotidianas, do outro lado do Atlântico não havia motivos para sorrir. Havia mais de três anos, a Europa vivia o maior conflito bélico da história, batizado como a Grande Guerra, pelo fato de sua mortandade ultrapassar em muitos milhões o número de vítimas de embates armados anteriores. E o coração do planeta sangrava sem parar.

A aplicação da revolução industrial à lógica armamentista contribuía decisivamente para a hemorragia do Velho Continente. Diferentemente de épocas passadas, quando os conflitos eram travados homem a homem, com algum cavalheirismo e ética, na Grande Guerra os efeitos das novas armas eram superlativos. E o inimigo podia ser um simples ponto no horizonte, e não mais um soldado que se aproximava na direção contrária – a pé ou a cavalo. De uma só vez, as armas modernas derrubavam dezenas de homens – os canhões respondiam por sete em cada 10 mortes nas batalhas. Mais do que nunca, o uso da expressão máquina de guerra fazia sentido.

Embora baionetas ainda sibilassem nos metros que separavam as trincheiras entre ingleses, franceses, alemães, austro-húngaros, russos, belgas, holandeses, turcos, italianos, indianos, australianos, sérvios, canadenses, gregos, montenegrinos, albaneses, búlgaros, japoneses, romenos e os recém-chegados norte-americanos, na Grande Guerra os tradicionais combates corpo a corpo – com espadas, lanças e garruchas – foram abandonados. Os armamentos eram muito mais letais do que os da Guerra Franco-Prussiana (1870-1871), que terminou com a conquista do território francês da Alsácia-Lorena pelos germânicos, e ainda muito mais mortais do que as distantes Guerras Napoleônicas.

O próprio caráter industrial da guerra impunha aos beligerantes limites éticos e humanitários cada vez menores. Enquanto os homens lutavam, suas esposas dirigiam bondes, ônibus e até trens e fabricavam desde uniformes a aviões, passando por projéteis e canhões e todo o tipo de armamentos, o que, do ponto de vista militar, acabava por justificar o ataque indiscriminado às cidades e às suas instalações industriais. O inimigo não era apenas o homem que empunhava armas, mas qualquer pessoa que contribuísse para a indústria bélica. E, assim, as maiores cidades dos países em guerra, repletas de mulheres, crianças, idosos e civis, tornaram-se alvos de seguidos ataques aéreos.

O conflito se espalhava por toda a Europa, mas ganhava contornos singulares na Bélgica e no nordeste de França, onde ingleses, franceses e americanos – em sua grande maioria – ocupavam trincheiras ao longo de mais de 600 quilômetros, separados por dezenas de metros dos alemães e austro-húngaros, também entrincheirados. Entre os contendores, apenas crateras de bombas, mortos insepultos, lama e arame farpado retorcido. No ar pestilento sobre as trincheiras, os soldados conviviam com o cheiro da morte, a saudade de casa, os piolhos e o medo de acabar em uma cova rasa, raramente com direito a alguma solenidade. Para completar, dormiam e alimentavam-se em meio a cadáveres putrefatos e milhões de ratos e ratazanas, que percorriam os terrenos ensanguentados em busca de comida. Incrível e curiosamente, apesar da guerra em larga escala, avanços de dezenas ou centenas de metros eram comemorados como grandes vitórias.

A cada dia, mais e mais combatentes chegavam à Europa de navio, trazidos das colônias europeias na África e na Ásia. Só a Índia forneceu à Inglaterra cerca de 1,75 milhão de homens. Sem saber a razão por que precisavam lutar, os soldados coloniais tinham tanto medo da morte quanto de se tornarem escravos.

Como se não bastassem os revólveres, fuzis e baionetas, a metralhadora – metáfora em metal da industrialização da morte – e as armas de grande destruição (como canhões de longo alcance, obuses, morteiros e granadas) ampliavam a sensação de que morrer era um verbo a ser conjugado no plural – o anjo da morte agora chegava ao mesmo tempo para todos os que estivessem ao alcance de qualquer dessas "maravilhas" construídas pela inteligência humana.

Paradoxalmente, as metralhadoras serviam de forma ainda mais eficiente quando empregadas na defesa de posições do que no ataque às trincheiras inimigas. Dispostas em "ninhos" bem protegidos, elas varriam o terreno por onde os inimigos avançavam, deixando pilhas de mortos. Escondidos em pequenas tocas, os seus operadores dificilmente eram atingidos. Embora ainda presente no front, a cavalaria armada com lanças e a artilharia movida a carroça perdiam espaço para armas de fogo cada vez mais poderosas.

Na linha de frente, além de inimigos como fome, frio, fadiga, escorbuto, tifo, pneumonia e disenteria, os ingleses e franceses enfrentavam o terror dos lança-chamas, canhões de nitrogênio comprimido que espargiam jatos de óleo inflamável a grandes distâncias, transformando os inimigos em tochas humanas instantaneamente.

A capacidade de inovação da indústria bélica germânica, aliás, parecia não ter limites. Dois anos antes, os alemães inauguraram um novo tipo de combate: a guerra química. Em 22 de abril de 1915, mais de 5.700 cilindros de gás cloro foram usados contra as tropas francesas em Ypres. A nuvem verde espalhada sobre as trincheiras inimigas causou o sufocamento de centenas de oficiais e soldados. Dois dias depois, usando máscaras improvisadas com lenços, ataduras e toalhas embebidos em água ou urina, os franceses tentaram fazer frente à ofensiva alemã. Mas, tecnicamente despreparados para o ataque químico, viram-se obrigados a bater em retirada.

Em 1917, os alemães introduziram no front outra inovação letal: o gás mostarda. Lançada a longas distâncias pelas unidades de artilharia, a arma invisível causava edema pulmonar, irritação e queimaduras na pele, além de resultar em cegueira, em muitos casos.

Dos dois lados, a busca de novas tecnologias e armas de combate introduziu, desde o período pré-guerra, uma infinidade de aplicações cada vez mais mortais nos campos de batalha. E a engenharia da morte prosperava.

Do lado inglês, o maior trunfo na Grande Guerra era o *tank*. Veículo motorizado com carcaça de metal blindada, capaz de resistir ao fogo de artilharia, essa fortaleza sobre esteiras era a grande esperança de vitória dos britânicos, apesar da baixa velocidade – o primeiro modelo, de 1915, atingia paquidérmicos quatro quilômetros por hora – e das dificuldades que enfrentava em alguns tipos de terreno. Utilizado na batalha do Somme, em 1916, o *tank* também não chegou a ter papel de destaque. Mas esperava-se que, até o fim da guerra, sua contribuição fosse maior e mais decisiva.

O então maior conflito da história também tinha inovações nos céus. No começo da guerra, os aviões – recente invenção, cuja patente era disputada entre os irmãos americanos Orville e Wilbur Wright e o brasileiro Alberto Santos Dumont – eram usados apenas como ferramenta de reconhecimento, indicando à artilharia e à infantaria as posições das tropas inimigas em terra. Mas, no fim de 1917, milhares de urubus de metal já sobrevoavam as principais cidades inimigas, lançando bombas incendiárias e espalhando o terror entre as populações civis, geralmente combatidos por aeronaves inimigas. A França dispunha do maior arsenal aéreo (mais de 1,1 mil aeronaves), seguida pela Alemanha (quase 800). Nos demais beligerantes, as forças nos céus existiam em número muito inferior: Inglaterra (166), Áustria (96) e Itália (58).

Mas voar e atacar ao mesmo tempo nem sempre foram coisas tão simples – e talvez por isso mesmo tenham demorado tanto a serem usadas de forma simultânea. No começo da guerra, o simples fato de atirar em direção aos inimigos que surgissem na parte dianteira das aeronaves era impossível, uma vez que entre a arma e o alvo havia uma hélice girando a altas rotações. A equação foi solucionada pelo piloto francês Roland Garros, que criou um sistema capaz de desviar os projéteis, a partir de placas de aço dispostas entre as hélices. De posse de um avião equipado com o método de Garros e abatido em combate, o holandês Anthony Fokker desenvolveu para os alemães um sistema de sincronização que interrompia o fogo das metralhadoras durante a passagem das hélices. Criado em 1915, o seu modelo Fokker E revolucionou a guerra nos ares: enfim, os aviões conseguiam voar e atirar ao mesmo tempo, o que ajudava a explicar a carnificina que se seguiu também nos céus de França, Bélgica, Alemanha e Inglaterra.

Outra inovação unia-se aos aviões na guerra aérea. Os zeppelins – dirigíveis gigantes em formato de charuto, também inventados pelos alemães – levavam pavor às maiores cidades inglesas, especialmente Londres. Protegida pelo mar e por uma esquadra invencível, a Grã-Bretanha via sua segurança ameaçada pelas constantes incursões aéreas dos zeppelins, que deixavam no ar o medo de uma possível invasão alemã.

De 1915 até o final de 1917, os dirigíveis fizeram mais de 200 ataques sobre a ilha – até então considerada inexpugnável –, lançando 5,9 mil bombas, matando 528 pessoas e deixando 1.156 feridos. O primeiro, ocorrido na noite de 19 para 20 de janeiro de 1915, atingiu as cidades de Sheringham, Snettisham, King's Lynn e Yarmouth, matando quatro pessoas e ferindo 16. Mesmo com números relativamente modestos, o reide foi o prenúncio da tempestade de pólvora que atingiria o país.

Favorecidos pelas condições meteorológicas, que em geral lhes empurravam silenciosamente – sem serem detectados pela defesa aérea – para a ilha britânica, os zeppelins eram desligados quando próximos das cidades, especialmente de Londres, ou seja, exatamente em cima de seus alvos. Enquanto despejavam suas bombas, os pilotos dos caças ingleses corriam desesperadamente para as suas aeronaves. Mas, até que alcançassem a altitude de onde os dirigíveis estavam atacando, o inimigo já ascendera a outras alturas, escapando tranquilamente entre as nuvens e voltando ao continente em segurança. Em terra, as armas de artilharia disponíveis eram incapazes de disparar projéteis até a altitude em que navegavam os grandes charutos inimigos.

Três zeppelins – LZ3, LZ4 e LZ6 – participaram do ataque histórico de 1915. No dia seguinte, apesar da surpresa causada pelas incursões aéreas, alguns britânicos conseguiram manter uma boa dose de humor diante do ocorrido, e o comentário mais comum nas cidades atingidas era que os dirigíveis "eram a maior salsicha" de que se tinha notícia até então.

Nos Estados Unidos, o ataque à população civil serviu como argumento de propaganda antigermânica, mesmo que o país, à época, ainda se mantivesse neutro. Em editorial, o *New York Herald* condenou a ação. "Terá sido a loucura do desespero ou apenas uma loucura cotidiana que fez com que os alemães escolhessem locais pacíficos e indefesos da costa oriental da Inglaterra para atacar? Que espera a Alemanha ganhar com esses ataques desumanos contra lugares indefesos? Com certeza não será impressionar bem os povos das nações neutras."

Já em Berlim, os jornais garantiam que as incursões haviam atingido somente "lugares fortificados". E muitos patriotas exaltavam a invenção do Dr. Hugo Eckener, gerente da Luftschiffbau Zeppelin, "o gênio alemão que finalmente acabou com a lenda da invulnerabilidade insular da Inglaterra. Não mais ela está protegida pelo mar".

Nos oceanos, a aposta germânica para tentar neutralizar a imensa frota britânica eram os submarinos de guerra. Como defesa para os seus navios mercantes, responsáveis pelo transporte de suprimentos oriundos de outras regiões do planeta, os aliados se utilizavam do sistema de comboios, escoltados por vasos de guerra capazes de fazer frente aos submersíveis.

Em terra, além dos devastadores arsenais inimigos, os soldados enfrentavam privações e provações nunca vividas em outros tempos de beligerância. A fome passou a ser companheira invisível em quase todas as frentes. No Oriente, os soldados ingleses chegavam a sacrificar 20 cavalos por dia para alimentar as tropas. A carne equina era servida por vários dias consecutivos, na forma de sanduíches, pastéis, bifes e sopas. Drama semelhante se repetia na frente russa. Mais do que o frio extremo, a falta de mantimentos tornou-se corriqueira na região. Famintos, os soldados do Império Russo não hesitavam em sacrificar seus cavalos ou mesmo em apelar para cães e gatos que porventura aparecessem nas áreas de combate.

AS DECLARAÇÕES DE GUERRA EM 1914

28/7 – Império Austro-Húngaro à Sérvia

1/8 – Alemanha à Rússia

3/8 – Alemanha à França

4/8 – Alemanha à Bélgica

4/8 – Grã-Bretanha ao Império Austro-Húngaro

5/8 – Montenegro ao Império Austro-Húngaro

6/8 – Áustria à Rússia

6/8 – Sérvia à Alemanha

8/8 – Montenegro à Alemanha

12/8 – França ao Império Austro-Húngaro

12/8 – Grã-Bretanha ao Império Austro-Húngaro

23/8 – Japão à Alemanha

25/8 – Japão ao Império Austro-Húngaro

28/8 – Áustria à Bélgica

4/11 – Rússia ao Império Turco-Otomano

4/11 – Sérvia ao Império Turco-Otomano

5/11 – Grã-Bretanha ao Império Turco-Otomano

5/11 – França ao Império Turco-Otomano

No front europeu, a situação não chegava a esse extremo. Barbudos, sujos e ensanguentados, os soldados sobreviviam às semanas de tédio em batalhas sangrentas – mas de poucos avanços – graças a provisões enlatadas.

A falta de comida também era realidade entre as populações civis. Fugindo dos combates, milhares de pessoas de dezenas de nacionalidades migravam em todas as direções, procurando manter-se longe do front. Depois de abandonarem os seus lares, nos campos e nas estradas enfrentavam a fome, o frio, a sede e a incerteza sobre o futuro.

Para os civis que permaneciam no caminho das tropas, a guerra se desenhava ainda mais cruel. Em áreas ocupadas da França, os alemães saqueavam o que encontravam pelo caminho – dos cofres às adegas, nada permanecia incólume.

Nos países em guerra, a propaganda era considerada uma arma essencial, não só para manter elevado o moral das tropas, como para buscar simpatias entre as nações neutras. Além de não se incentivar o derrotismo, a ideia era disseminar o otimismo e fortalecer o sentimento de que se estava lutando do lado certo, do lado do bem – na luta do bem contra o mal, o representante das trevas estava sempre do outro lado da trincheira. Assim, as notícias que partiam das agências inglesas, francesas e russas eram sempre carregadas de parcialidade e termos ofensivos e depreciativos aos inimigos. O mesmo, evidentemente, se dava na Alemanha e na Áustria-Hungria. Entre os britânicos e franceses, os inimigos – especialmente os alemães – eram classificados como os novos bárbaros, e o kaiser Guilherme II, comparado a Átila, o Huno.

Do outro lado, o governo e a imprensa colocavam a Alemanha como alvo da calúnia de seus adversários. Em jornais e cartazes, os alemães faziam comparações entre os beligerantes, a partir de dados sociais, econômicos e culturais como saneamento, renda per capita e analfabetismo, cujos números apontavam para uma supremacia germânica. Ironicamente intitulado "nós, os bárbaros", o quadro comparativo procurava mostrar que, apesar do seu "barbarismo", os alemães eram superiores aos inimigos em diversas variáveis indicativas de desenvolvimento e grau de civilização.

Nos jornais brasileiros, que na grande maioria preenchiam suas páginas com notícias do front redigidas por agências francesas e britânicas, a ideia do barbarismo germânico já estava plenamente disseminada. Neste filme em preto, branco e vermelho-sangue, os teutônicos eram os vilões, e os aliados, os mocinhos. Três fatores principais contribuíam para a maior afinidade do Brasil com os aliados: a influência francesa sobre as elites culturais e econômicas brasileiras, a aproximação diplomática entre o país e a França, e admiração dos governantes nacionais – desde os tempos do Império – aos modelos e à organização britânicos.

Mas havia quem externasse pensamentos opostos aos jornais pró-aliados. Mesmo em menor número do que os rivais, alguns jornais que circulavam por regiões de colonização alemã, especialmente no sul do país, aproveitavam o fato de, em 1917, o governo ainda manter-se oficialmente neutro para defender abertamente suas ideias pró-teutônicas.

Dentro desta verdadeira guerra de papel, em Roma os diretores dos principais jornais italianos lançaram um pacto para que todos os diários com sede nos países aliados, inclusive nos Estados Unidos, não publicassem sistematicamente boas notícias relacionadas à Alemanha e à Áustria-Hungria, adotando o que, segundo eles, vinha sendo praticado pelos veículos alemães e austro-húngaros desde o começo da guerra. A Itália, que antes do conflito mantinha uma aliança com a Alemanha e a Áustria-Hungria, inicialmente declarou-se neutra no conflito, até migrar definitivamente de trincheira em 1915, declarando guerra aos antigos parceiros austro-húngaros diante da promessa dos aliados de que, em caso de vitória, recuperaria antigos territórios. Em 1917, a bota do Mediterrâneo empenhava-se para tentar pisotear o inimigo também no campo da propaganda.

Depois de mais de três anos de batalhas em todo o continente, o ingresso de um elemento externo aos limites europeus podia se tornar decisivo para o conflito. Desde a entrada dos Estados Unidos, ao lado de franceses e ingleses, esperava-se que a guerra se encaminhasse para uma definição.

Embora em abril de 1917, quando declararam guerra à Alemanha, os norte-americanos contassem com apenas 135 mil despreparados soldados, a mobilização que resultou na criação da Força Expedicionária Americana trouxe novo ânimo aos aliados, desenhando-se como um possível fiel da balança para o resultado da Grande Guerra. Exaustos, os dois lados equilibravam-se no campo de batalha, sem apresentar argumentos bélicos capazes de pôr fim às hostilidades. O contingente de soldados que acabara de chegar das Américas em 3 de junho de 1917 era liderado pelo general John Pershing, conhecido por comandar a intervenção americana no México contra o revolucionário Panchovilla. Inicialmente com apenas 90 mil homens, mas com promessa de 1,5 milhão a partir de 1918, ele podia selar o rumo do embate e confirmar o surgimento de uma nova potência mundial: os Estados Unidos. O país americano, aliás, também recebia em suas fileiras reforços de outras nações. De Cuba, seriam enviadas companhias de artilharia, que, antes de embarcar para a Europa, seriam treinadas por oficiais americanos.

Aos poucos, alguns países latino-americanos também foram aderindo à causa aliada. No México e na Colômbia, manifestações populares demonstravam apoio à Tríplice Entente. No Uruguai, a Chancelaria recebeu de El Salvador, Nicarágua e Equador respostas calorosas à mensagem telegráfica na qual informava, dias antes, o rompimento de relações diplomáticas com a Alemanha. Em 1917, a campanha para arrecadação de fundos em favor da Cruz Vermelha Britânica levantou, em Montevidéu, mais de 10 mil libras esterlinas.

O apoio aos britânicos também vinha de aliados históricos. Em meio à guerra, depois de visitar o presidente de Portugal, Bernardino Machado, na Legação Portuguesa, o rei Jorge V e sua comitiva seguiram juntos com o visitante e seus assessores para um almoço no Palácio de Buckingham. No trajeto, realizado em três carruagens, a majestade britânica e o líder português receberam entusiasmadas demonstrações de simpatia por parte de populares londrinos.

A amizade entre ingleses e portugueses vinha de séculos. Em 1808, pouco mais de cem anos antes da guerra, a espetacular fuga da família real portuguesa para o Brasil, diante da iminente chegada das tropas do conquistador francês Napoleão Bonaparte, deu-se graças à cobertura militar proporcionada por navios britânicos.

Apesar de a luta seguir equilibrada no nordeste da França, os aliados mostravam-se cada vez mais confiantes na vitória. Em artigo publicado em um jornal francês, o ex-primeiro-ministro do país, Georges Clemenceau, desafiou os inimigos, afirmando que, "enquanto os alemães se batem encarniçadamente, ao mesmo tempo falam de paz, porque a desejam, visto sentirem as suas energias esgotarem-se progressivamente". Para Clemenceau, a retórica também era adotada porque essas propostas de paz, "disseminadas entre as multidões submetidas pela guerra a tão terríveis provas, parecem o mais seguro modo de abalar o moral do adversário". O líder francês encerrava o artigo com nova provocação: "o inimigo não nos conhece".

Além do suposto enfraquecimento alemão, a maior razão para a confiança dos franceses, indubitavelmente, era a chegada dos americanos ao campo de batalha. Junto com o apoio militar, os países da Tríplice Entente já vinham recebendo auxílio financeiro americano. Em outubro de 1917, o governo do presidente Woodrow Wilson anunciou a concessão de novos empréstimos aos países aliados. A Grã-Bretanha recebeu US$ 5 milhões, enquanto o aporte à França foi de US$ 20 milhões. O maior volume foi cedido aos russos – nada menos do que US$ 50 milhões. Para a Bélgica, o financiamento foi de US$ 3 milhões. Entre 1914 e 1917, os Estados Unidos emprestaram aos aliados a bagatela de US$ 2,711 bilhões de dólares.

AS PRINCIPAIS FORÇAS EM 1914, NO COMEÇO DA GUERRA

Front	País	População	Soldados	Couraçados	Cruzadores
Aliados	França	40 milhões	4 milhões	28	34
	Grã-Bretanha	45 milhões	1 milhão	64	121
	Rússia	164 milhões	5 milhões	16	14
	Itália*	35 milhões	1,2 milhão	14	22
	Estados Unidos**	92 milhões	–	37	35
Impérios Centrais	Alemanha	65 milhões	5 milhões	40	57
	Áustria-Hungria	50 milhões	3 milhões	16	12

* Neutra até 1915. ** Neutros até 1917

Antes mesmo do desembarque de seus soldados no front europeu, junto com o apoio financeiro os Estados Unidos também se empenhavam na tarefa de dificultar a chegada de provisões aos Impérios Centrais. A Repartição do Comércio de Guerra passou a exigir, de todos os exportadores, garantias de que as mercadorias que saíam do território americano não seriam enviadas aos inimigos, nem vendidas sem prévia licença do cônsul dos Estados Unidos nos países de destino.

Em discurso em 1917, o primeiro-ministro britânico, David Lloyd George, deixou claro que o corte de suprimentos aos inimigos era uma das estratégias essenciais dos aliados para garantir a vitória no conflito. Segundo ele, a possível contribuição de países como Brasil, Guatemala e Peru ao front aliado iria desequilibrar ainda mais a disputa. "Ainda que a máquina militar alemã pudesse vencê-la – o que não se dará –, essa federação de povos livres pode, boicotando a Alemanha, reduzi-la à impotência e à desolação, e esses povos o farão, se preciso for."

Naquele momento, Lloyd George defendeu que os aliados deviam "permitir à Rússia que se refaça e à América que conclua sua preparação". Em seguida, alertou para uma "ofensiva de nova espécie" iniciada pelos inimigos:

> Cultivemos entre nós a resistência e a firmeza que sabem aguardar o bom êxito. Fechemos os olhos aos que pregam as intrigas. Na França, perceberam-no a tempo. Os alemães tentaram dividir a nossa força. Tentaram semear na América, na Itália e na Rússia a desconfiança contra a Inglaterra. Bem quiseram eles semear a cizânia na própria Inglaterra. Fiquemos firmes e venceremos. A

Alemanha especulou com a intriga entre os aliados. Tenho a felicidade ao declarar que os aliados trabalham neste momento na maior harmonia, e não há entre eles sobra de dissídio.

No mesmo discurso, Lloyd George também comentou as dificuldades financeiras enfrentadas pelos países envolvidos na guerra, especialmente os britânicos. "Gigantesco é o encargo do custeio da guerra. É pesado hoje e será amanhã", sentenciou o líder inglês, antes de prosseguir:

Entretanto, confortam-nos dois ou três pensamentos bem dignos de nós. A Grã-Bretanha ficará mais consolidada do que nunca, não por ter dilatado o seu território, mas por ter aumentado a eficiência do povo e a segurança das suas costas. A prosperidade do país depende menos de seus recursos naturais do que do vigor e da energia do seu povo. A este respeito, o valor da Inglaterra está enormemente aumentado e fortalecido pela consciência de que fizemos uma guerra justa.

Apesar da seriedade do assunto, Lloyd George ainda conseguiu sorrir e arrancar risos dos ouvintes, quando abordou a interminável busca de recursos para o financiamento da guerra. "A maior parte dessa dívida gigantesca será contraída conosco mesmos. A Inglaterra está diariamente pedindo dinheiro a seus filhos. A dívida ficará, pois, em família", brincou.

Entretanto, o ponto alto do discurso se deu quando, em tom mais sério, o chefe do gabinete previu a continuação do conflito por tempo indeterminado. No momento, mais do que encerrar a guerra, disse ele, o objetivo britânico era construir a paz em bases que pudessem ser mantidas, e não que acabassem por resultar em novo conflito armado – e ainda mais sangrento – logo adiante:

Não profetizei o fim da guerra. É certo que ninguém de bom senso prolongaria o conflito por uma hora se houvesse oportunidade para assinar uma paz duradoura, mas, note-se, uma paz duradoura, não uma paz que fosse o prelúdio de nova e mais devastadora guerra. Como bem imaginais, tenho perscrutado ansiosamente os horizontes e nele não vejo sinal algum que nos possa levar à paz duradoura. Lamento que as únicas condições de paz atualmente sejam as que nos levariam a uma trégua armada, que terminaria em uma luta ainda mais terrível. Esta guerra horrível, entre todas e em si mesma horrível, é ainda mais terrível pelas novas possibilidades que ela revelou de novos horrores em terra, no mar e no ar.

Aos que poderiam desejar uma paz prematura, se alguém existe entre vós, peço para refletir um momento no que poderia acontecer se fizéssemos acordos não satisfatórios, se os mais poderosos científicos de todos os países, estimulados pela rivalidade nacional, pelo ódio nacional e pelas aspirações nacionais, devotassem as suas energias durante 10, 20, 30 anos para aumentar o poder destruidor desses agentes terríveis.

Sob aplausos, Lloyd George prosseguiu com sua profecia de uma guerra ainda mais letal que poderia advir de um acordo de paz que não trouxesse justiça aos envolvidos no conflito mundial:

O poder aéreo, que na fase inicial era simplesmente de caráter informativo, desenvolveu completamente todos os elementos químicos que pela primeira vez têm sido utilizados. Se isto tiver de repetir-se depois de 30 anos de trabalho e aplicações científicas, acreditai-me, há homens e mulheres neste recinto que assistirão à morte da civilização. Conflitos desta natureza devem acabar agora, porque é essencial para o bem-estar da raça humana que a força bruta termine com esta guerra, a fim de que os nossos filhos não sejam condenados aos horrores e terrores que mesmo a mais vívida imaginação possa figurar. É por isso que nos esforçamos para atingir o termo justo deste conflito.

Alheia aos discursos de gabinete, Reims, no norte da França, sentia na carne os horrores da guerra química mencionada por Lloyd George. Imersa em um constante bombardeio no qual os projéteis choviam dos dois lados, a população habituou-se a um novo tipo de vida. O drama da "infeliz cidade" foi narrado em detalhes em uma crônica assinada pela Madame C.L. Remy no jornal *Correspondant*:

> *Os habitantes de Reims vivem em subterrâneos, às vezes até em segundos subterrâneos. Freguesias inteiras transportaram-se para as enormes adegas pertencentes aos fabricantes de champanhe, onde se acomodaram como puderam. Além disso, existem as adegas particulares, onde colocaram colchões, cobertas de cama, boas poltronas confortáveis. Pelos respiradouros, saem os tubos fumegantes dos fogões. Toda a vida da cidade se refugiou no subsolo.*
>
> *Até foram uma noite surpreendidos pelos gases asfixiantes, os desgraçados dos habitantes de Reims. Fizeram o conhecimento dos obuses alemães que passavam com misteriosos silvos, sem apreciável estrondo, mas derramando os gases lacrimogêneos e asfixiantes. Pela primeira vez foi necessário pôr as máscaras a toda pressa. As pobres velhinhas tiveram de se familiarizar com estes instrumentos de suplício e assim ficaram todas durante duas horas nas adegas inferiores, onde quase não havia ar.*
>
> *Quando acabou o bombardeio, muitas pessoas quiseram sair para respirar mais livremente. Mas enquanto vagavam pelas*

ruas afora, sem máscaras, sentiam de repente picadas nos olhos, a garganta apertada, os brônquios comprimidos. Então subiam para os andares mais altos das casas, quanto mais alto podiam chegar. Precipitavam-se tossindo e chorando para as janelas, a fim de escapar à asfixia. Infelizmente, os gases deletérios estavam tanto em cima quanto embaixo. E as correntes de ar não conseguiam acalmar a irritação dos brônquios e das mucosas.

Abafava-se durante a noite e alguns pobres velhos circulavam entre os desgraçados que tossiam e gemiam, oferecendo-lhes pastilhas, como se se tratasse de uma tosse vulgar. Queria se respirar ar fresco e não se encontrava senão essa atmosfera sufocante.

De repente, anuncia-se outra onda formidável de gases asfixiantes. Todos correm a fechar as aberturas sem se lembrar que as casas já se achavam cheias de gases. E depois, tendo colocado de novo as máscaras, resignaram-se a acabar a noite passeando pelas ruas. E em meio de toda esta tristeza e horror, na sua cidade em ruínas, a pobre população de Reims está resistindo. Todas as manhãs percorre a cidade para constatar os estragos que uma noite de bombardeio produziu.

Nos mercados os vendedores e, sobretudo, as vendedoras obstinam-se em continuar os seus negócios. Uma dezena de casais de vendedores tinha-se instalado nos subterrâneos do mercado. "Quando há bombardeio durante o dia, desce-se logo cá para baixo", dizem eles. "De noite também se está muito bem aqui. Cada qual tem o seu compartimento particular que parece mesmo um quarto: com colchões colocados sobre caixas e muitas cobertas de lã. Não se tem frio nenhum."

Os habitantes de Reims não perdem o ânimo. Cada novo desastre arranca-lhes gritos de indignação, mas o que mais os desconsola é a mutilação metódica de sua admirável catedral. Cada dia traz com ele novas destruições. Cada noite, novos transes. As ruínas juntam-se às ruínas e eles têm de assistir, impotentes, à agonia da infeliz cidade.

CAPÍTULO 2
Coronelismo e café com leite

vulto á agitação dos ferro- / -os em Santa Maria

entre grevistas e soldados

de Santa Maria, onde estão desenrolando graves acontecimentos

Os debates
O veredictum

Como estava annunciado, entrou hontem em julgamento, na Côrte paulista, na tarde de 26 de setembro do anno passado, morto, a tiros de revólver, João Andréa, dos Focos da Light and Power, onde o accusado trabalhava também como fiscal.

Formichella fôra demitido, 4'ro jarda causes, pelo victimo, que além disso achava também domiciliar, com a irmãa Bimea, ficando assim a familia em completa privação de meios para a sua subsistencia, situação esta que muito se aggravou com a fallencia do marido de mulher de 46, pelo que Formichella buscou, por vezes, que encontre com a victima, afim de convencel-a á companhia este trabalhador.

Andrea, completamente irredutivel na sua resolução, ainda encareceu-se de achar de Formichella a perseguir constantemente, o que levou ao seu cerebro a idea sinistra que o havia commettido.

E hontem foi estava Formichella no jury, acompanhado de seu advogado Evaristo de Moraes, Drs. Veiga Cabral e Carlos de Azevedo, vendo-se a accusação representada pelo promotor publico, Dr. Galdino de Siqueira, e pelo auxiliares da accusação, Drs. Francisco de Gastro e Flavio Ramos, que obtiveram procuração da viuva e dos advogados da Light.

O movimento no tribunal era regular, quando o Dr. Costa Ribeiro, juiz presidente, encerrou a sua sessão, sendo por Formichella em trabalho, no caso de haver numero insu-...

Os infractores do leite

No expediente da sessão de hontem, do Conselho Municipal, deu-se entre ellas diversos requerimentos de interesse pessoal, e o Sr. Laurentino Pinto, apresentou uma indicação solicitando do ministerio da Viação, a redação do frete para collectas pela Estrada de Ferro Central do Brazil, para os productos de pequenos lavoura, conseguindo-se preços mais modicos para os pequenos mercadores desta capital.

O mesmo intendente apresenta um projecto isentando de todos os impostos municipaes os vehiculos de qualquer especie, destinados exclusivamente ao transporte de productos da lavoura, nas relações ferro-viarias das residencias dos lavradores para as feiras livres calculadas e os feiras livres estabelecidas no Districto Federal.

O Sr. Oliveira Alcantara, depois de fazer largas considerações sobre as escolas do livre exaustivo nos paizes mais adiantados, como a Inglaterra, França, Suissa, Italia e Estados Unidos, apresentou um projecto transformando as escolas no ar livre diversas escolas primarias cujas letras que serão assim localisadas: na Quinta da Boa Vista, cujo recebeu no Campo de San' Anna, outra, no Passeio Publico, uma, no Jardim da Infancia Campos Salles. Nesses locaes serão construidos pavilhões adequados para o abrigo das alumnas e deposito do material escolar.

O programma do ensino será o mesmo das escolas primarias, accrescido de uma aula especial de gymnastica respiratoria, sendo os inspectores medicos escolares obrigados a fazer uma visita semanal ás escolas, delxando em livro proprio suas observações e a situação sanitaria de cada alumno.

Uma das indicações, do Sr. Germano Dantos, pedia o calçamento da Rua de Madureira e da rua Dentriana, Lopes.

Tudo fuma !

A resistencia dos automoveis nacionaes

"Senhora do Desterro" foi attingida por um raio
Os seis restantes, escapando milagrosamente, desembarcaram em Cabo Frio

A chalana «Senhora do Desterro»

Os tripulantes da «Zazá», um pequeno rebocador de 10 toneladas de registro, hontem chegado de Goyabanas, trouxeram uma noticia de desventuras.

Saíram de Cabo Frio, de uma colheita, com o seu barco e a sua tripulação, em petição de miseria, em consequencia de uma bafcea electrica caida a bordo. E dous dos marinheiros gravemente queimado e os restantes, violentamente sacudidos e tidos commoção para a cidade de Cabo Frio.

"SENHORA DO DESTERRO" SAHIRIA Á 17 DO MERCADO NOVO

A embarcação avariada, a «Senhora do Desterro», de propriedade de Elias Antonio Ferreira, conhecido pelo vulgo de «Elias Liquério», sahira da barra do Mercado Novo, no dia 17 do corrente, com destino a Cabo Frio.

A SALVAÇÃO APPARECE

Dous dias e duas noites, travada incessantemente, esforçara-se os tripulantes da «Senhora do Desterro».

Tanto a pouco, o turpor foi cercado, e subitos parallelismos escoaram-se delles, a impressão daqueles desgraçados de todos eles foi, em meios de alteroso oceano com velas...

Nova explosão em Costa Rica

Un motorio e quarteirão destruídos

Numero de mortos e feridos

NEW-YORK, 24 (Havas). — Terrível explosão na Penitenciaria desta cidade quarteirão que ficavam pró...

Os grandes falsarios

O summario de Albino Mendes realisa-se hoje no juizo da 2ª vara federal

Deverá ter inicio hoje, no juízo da 2ª vara federal, o summario do grande falsario Albino Mendes, que, compartilha pena do crime de moeda falsa, tinha no seu cubiculo, na Casa de Correção, uma verdadeira fabrica de moeda falsa.

Contra o que havia sido resolvido, a formação...

FONTOURA — O MAIS COMPLETO FORTIFICANTE

Belleza dos Seios da Mulher
Desenvolvidos ■ Fortificados ■ Aformoseados

o uso do BIOTONICO observa-se:

- STO DE PESO VARIANDO DE 1 A 4 KILOS
- AMENTO GERAL DAS FORÇAS COM VOLTA DO APPETITE
- ARECIMENTO COMPLETO DAS DORES DE CABEÇA, INSOMNIA, STAR E NERVOSISMO
- TO INTENSO DOS GLOBULOS SANGUINEOS E HYPERLEUCOCYTOSE
- ÇÃO TOTAL DOS PHENOMENOS NERVOSOS E CURA DA FRA- SEXUAL
- A DEPRESSÃO NERVOSA, DO ABATIMENTO E DA FRAQUEZA EM OS SEXOS
- RESTABELECIMENTO DOS ORGANISMOS DEBILITADOS PRE- DOS E AMEAÇADOS PELA TUBERCULOSE
- ESISTENCIA PARA O TRABALHO PHYSICO E MELHOR DISPOSI- O TRABALHO MENTAL
- E COMPLETO RESTABELECIMENTO NAS CONVALESCENÇAS DE MOLESTIAS QUE PRODUZEM DEBILIDADE GERAL

EM TODAS AS PHARMACIAS E DROGARIAS

m outubro de 1917, três anos após o começo da guerra, a República Federativa dos Estados Unidos do Brasil – assim definida desde a Constituição de 1891 – já não se via tão à margem dos acontecimentos europeus, apesar da enorme distância geográfica do front. Em 4 de agosto de 1914, exatamente uma semana após a declaração de guerra do Império Austro-Húngaro à Sérvia, o Brasil declarou-se oficialmente neutro, por meio do Decreto 11.037 – 15 dias antes de o presidente americano Woodrow Wilson anunciar semelhante decisão.

Entretanto, apesar da neutralidade governamental, uma respeitada voz já se erguia no Brasil logo no primeiro ano da guerra, contrária à cômoda posição anunciada pelo presidente Wenceslau Braz. Aguerrido defensor do direito, Ruy Barbosa acreditava que, ao subverter os preceitos estabelecidos em Haia, na Holanda, sete anos antes, o militarismo alemão devia ser combatido pelos guardiões do direito internacional.

Em 1907, na condição de representante do Brasil na conferência mundial de paz, Ruy transformara-se – com sua inigualável verve – na "Águia de Haia", como os jornais brasileiros viriam a defini-lo depois de sua participação no encontro. Na conferência, o jurista ousara desafiar os planos de fatiamento do mundo em esferas de influência tuteladas pelas maiores potências da época.

Apresentada pela primeira vez em 1815, pelo então secretário de Estado do Exterior britânico, Lorde Castlereagh, a proposta de organização de uma corte permanente de arbitragem internacional voltara à tona quase um século depois em Haia. Entretanto, em vez de um tribunal, o que se previa em 1907 era uma divisão do controle político pelas cinco grandes nações: Inglaterra, França, Prússia, Rússia e Áustria.

Como porta-voz de um país jovem e sem tradição diplomática, Ruy Barbosa opôs-se publicamente ao fatiamento do planeta em tais condições. Para ele, todos os Estados eram iguais perante o direito internacional. Apesar do bombardeio dos diplomatas das grandes nações, Ruy resistiu e, argumento após argumento, discurso após discurso, conseguiu dobrar os oponentes. A saída para a busca de uma fórmula mais equânime, que após uma série de debates pudesse contemplar a todos, foi a criação da Comissão dos Sete Sábios, que incluía os representantes da Alemanha, da Rússia, dos Estados Unidos, da França, do Império Austro-Húngaro, da Itália e de um intruso, o Brasil, representado pelo próprio Ruy Barbosa.

No trabalho da comissão, o brasileiro conseguiu impor sua doutrina. Com o reconhecimento, como princípio inviolável, da ideia de que todos os Estados eram iguais diante da ordem jurídica internacional, o projeto inicial foi eliminado. Por fim, venceu a lógica de que todos os países deviam estar representados na corte permanente de arbitragem internacional. Vitória de Ruy Barbosa.

Após o último discurso nas tribunas do Ridderzaal, edifício do século XIII que sediou os debates, os jornais de todo o mundo reconheceram o sucesso do atrevido estreante. Para o *Tribune*, o discurso de Ruy "provocou a maior e mais expressiva ovação ouvida no Ridderzaal".

Já o *Courrier de La Conférence* afirmou que a oratória de Ruy conseguiu dobrar um público hostil, arrancando aplausos no final:

> *O primeiro delegado do Brasil sobrepujou a si próprio. Ele falou entre um silêncio geral e diante de um auditório que lhe era hostil. Foi um discurso como a conferência ainda não havia ouvido, pois, conforme declarou ontem um dos delegados, o traço característico de todas as conferências é que os seus membros jamais dizem de público o que pensam realmente. O Dr. Barbosa disse livremente o que pensava, num discurso magnífico, e, quando ele retomou o seu lugar, o Ridderzaal vibrou de aplausos, que não têm precedentes, pela duração e intensidade.*

Sete anos depois de Haia, em 1914, no começo da Grande Guerra, um Ruy Barbosa já renomado internacionalmente viu-se forçado pelas circunstâncias a tomar partido. Em 1907, sob a luz dos discursos do diplomata brasileiro, o mundo debatera-se contra a imposição da força de uma nação sobre outra. Por isso, assim que o conflito eclodiu, Ruy – na condição de defensor do direito – julgava-se na obrigação de assumir posição contrária aos alemães, que, com seu militarismo imperialista, se colocavam contra a lei e contra a paz mundial.

Foi assim que, após a eclosão do conflito, ele aceitou a presidência da Liga pelos Aliados. Naquele ano, em meio a um discurso no Senado, Ruy aproveitara para comentar a situação mundial, deixando claro que não concordava com os rumos dos acontecimentos europeus: "uma guerra que varre com a iracúndia dos tufões o princípio tutelar das neutralidades, uma guerra que rompe todas as leis internacionais".

Por isso, dizia Ruy, não era possível naquele momento se falar em neutralidade nacional. Era preciso, sim, lutar – e na trincheira certa:

> *Paz e guerra, senhores, são duas ideias que se contrapõem naturalmente em nosso espírito, como as expressões antagônicas uma à outra do bem e do mal. A guerra nos faz pensar na destruição violenta. A paz, na criação progressiva. Mas comparai a conflagração europeia com a liquidação brasileira e vereis como falha a regra desse contraste. A guerra, quando se peleja pela liberdade, pode ser o pórtico da ressurreição. A paz, quando chafurda no pântano da servidão, é a malária, o tifo, o vômito negro.*

Em 14 de julho de 1916, em Buenos Aires, por ocasião do centenário da Independência da Argentina, Ruy Barbosa voltou a falar do conflito mundial, pregando posições mais definidas por parte dos países neutros, como Brasil e Argentina:

> *Desde que a violência pisa aos pés arrogantemente o código escrito, cruzar os braços é servi-la. Os tribunais, a opinião pública, a consciência não são neutros entre a lei e o crime... A neutralidade inerte e surda-muda cedeu vez à neutralidade vigilante e judicativa. Renunciando a essas funções, tão benignas, tão salutares, tão conciliadoras, a neutralidade atual cometeria o mais lamentável dos erros. Imolaria ao egoísmo de uma comodidade passageira, de uma tranquilidade momentânea e aparente, o futuro de toda a espécie humana, os interesses permanentes de todos os Estados.*

O discurso de Ruy teve reflexos até mesmo na Europa. Ao mesmo tempo em que cidadãos americanos sugeriam ao presidente Woodrow Wilson ouvir as palavras de Ruy, na França o ex-primeiro-ministro Georges Benjamin Clemenceau usava os argumentos do brasileiro para criar uma nova definição para a neutralidade, uma forma de pressionar os países que porventura ainda estivessem no meio do caminho. "Não existe neutralidade entre o direito e o crime."

No Brasil, porém, as palavras proferidas por **RUY BARBOSA**[1] na Argentina causaram efeito negativo. De ascendência germânica, o ministro de Relações Exteriores, Lauro Müller, não nutria simpatia pelos aliados – e muito menos por Ruy. Embora o discurso de Ruy Barbosa tivesse sido feito após o encerramento da missão oficial, na condição de jurista, não de representante do governo, Müller deixou ganhar o mundo a notícia de que o Brasil, oficialmente, havia se posicionado contra a Alemanha, de certa forma tentando forçar um mal-estar que obrigasse o presidente Wenceslau Braz a retratar-se em nome do país perante os alemães. Mas, questionado pelo governo alemão, Braz afirmou que o Brasil não tinha de dar satisfações diplomáticas acerca das opiniões pessoais do jurista Ruy Barbosa.

No Brasil, até então estruturado economicamente como nação agroexportadora, a indústria começava em 1917 a despontar como atividade econômica relevante. Se antes a produção de matérias-primas como couro, algodão, borracha, fumo e madeiras ou de alimentos como café e açúcar era a locomotiva do país, desde 1913 o parque fabril nacional vinha se tornando mais expressivo e já conseguia atender a quase 100% do consumo interno de calçados.

O Estado de São Paulo contava com o maior centro industrial, abrigando cerca de 30% das fábricas brasileiras. Em seguida, apareciam o Rio de Janeiro (7,4%) e Pernambuco (6,8%) – entre 1912 e 1920, o número de trabalhadores na indústria nacional praticamente dobraria. Quatro de cada cinco peças de roupa usadas pelos brasileiros eram produzidas por fábricas locais, que também respondiam por quase 70% das bebidas e mais de 40% dos remédios consumidos pela população.

Durante a guerra, acentuaram-se as dificuldades de fornecimento de produtos fabricados em outros países, envolvidos ou não no conflito. Premido pelas circunstâncias, o Brasil buscava meios de suprir internamente a produção de itens até então importados. Assim, a importação, que até então era responsável pelo abastecimento interno de itens de alimentação (como queijos e manteigas) e de consumo (de lâminas de barbear a caixões de defunto), perdia espaço para a indústria nacional.

Diante da impossibilidade de adquirir produtos estrangeiros, a indústria nacional passava por um surto desenvolvimentista. Da mesma forma que os prédios urbanos cresciam verticalmente na sociedade urbano-industrial que começava a se desenhar, as principais capitais também ganhavam mais e maiores chaminés fabris. Nas ruas, o tradicional barulho das carroças, dos tílburis e das bicicletas também confundia-se com o ronco dos automóveis e o deslizar dos bondes elétricos. Com a industrialização e a ausência de legislações trabalhistas, começaram a desenhar-se extratos sociais urbanos definidos: de um lado, a burguesia industrial, de outro, o proletariado operário.

Mas, em linhas gerais, a economia do país seguia fortemente calcada na produção e exportação do café, cujas vendas externas ainda eram o esteio da atividade agrícola. Devido ao bloqueio marítimo alemão às regiões que davam acesso à França e à Inglaterra, combinado à opção dos britânicos, nos primeiros anos da guerra, de não importar o grão em detrimento de outros itens – o espaço dos navios, em perigo diante da constante ameaça alemã, devia ser destinado a produtos essenciais, e o café era visto como supérfluo –, o Brasil viu suas receitas alfandegárias serem reduzidas drasticamente nos primeiros anos do conflito.

Por isso, em 1915 o governo desvalorizou o mil-réis, reduzindo o poder de compra dos brasileiros, mas ao mesmo tempo favorecendo os exportadores do café. E, para evitar a queda dos preços do produto, Wenceslau Braz determinou a queima de três milhões de sacas de café estocadas no país. A austera política financeira adotada desde o início do governo, em 1914, buscava estimular as exportações de alimentos e matérias-primas e reduzir os gastos públicos.

Ironicamente, o mesmo quadro que atingia as exportações brasileiras começava, em 1917, a se tornar um aliado para a retomada de suas vendas em larga escala para a Inglaterra. Diante da escassez do chá na Grã-Bretanha, o café despontava como possível substituto para a bebida tradicional dos britânicos. Com os estoques em baixa, o chá estava em falta em muitas cidades inglesas. Onde ainda era possível comprá-lo, o preço atingia patamares nunca antes alcançados. Ainda assim, só era possível vender a cada cliente um quarto de libra (pouco mais de 100 gramas). A expectativa geral era de que a escassez prosseguisse por muitos meses.

Para os comerciantes brasileiros, a situação desenhava-se como uma imperdível oportunidade de negócio. Em Londres, os negociantes registraram sensível aumento na procura pelo café proveniente de São Paulo.

Segundo o diário *Times*, também em razão da escassez de chá nos mercados europeus, a procura por cacau disparou, causando elevação nos preços. Entretanto, as dificuldades que envolviam a manufatura do produto impediam que o consumo atingisse grandes proporções, o que não acontecia com o café. Por isso, mesmo diante das dificuldades de transporte impostas pelo bloqueio marítimo alemão, o café atingia os seus maiores estoques na Inglaterra. No começo de outubro, somente em Londres havia cerca de 48 mil toneladas do grão – três anos antes, o estoque mal chegava a 12 mil toneladas.

Tudo isso indicava que, mesmo com as dificuldades, o café brasileiro estava sendo mais valorizado pelos ingleses. Com a falta de chá, o grão brasileiro começava a ser mais e mais experimentado.

Uma grande importadora de chá inglesa começou a vender o café paulista em pacotes e garantia que o produto agradava aos ingleses. Segundo especialistas, as variedades paulistas podiam competir – em vantagem – com os tipos oriundos da América Central e de outros países, as únicas que até 1917 apareciam em larga escala nas mesas dos clubes e das residências abastadas da Inglaterra. Entretanto, um tipo mais suave, o *mild*, teria mais chances de agradar ao paladar britânico e por isso seria o mais indicado a tomar conta do mercado diante da falta de chá.

Para os exportadores brasileiros, o desafio era manter elevados os estoques de café na Inglaterra. Desta forma, evitaria-se a alta do preço semelhante à ocorrida com o chá, pondo a perder a chance de disseminar a cultura do consumo do grão brasileiro em terras britânicas.

Ainda no campo agrícola, o ministro da Agricultura, Indústria e Comércio, João Pandiá Calógeras, pretendia estimular o desenvolvimento da cultura do trigo nos Estados de Santa Catarina e Paraná. Já firmada no Rio Grande do Sul, a plantação do cereal teria condições de se estender com sucesso aos outros dois Estados, segundo ele. Por isso, Calógeras enviou ao inspetor da cultura de trigo no Rio Grande do Sul, Lucio Brasileiro Cidade, um telegrama determinando a tomada imediata de providências para "não só fazer propaganda da futurosa cultura, como ainda iniciar a distribuição de sementes e do respectivo desinfetante" nos Estados vizinhos.

No que dizia respeito às exportações, outra dificuldade enfrentada pelos países era a falta de embarcações, cuja procura havia crescido vertiginosamente após o começo da guerra, tanto para usos tanto militares quanto logísticos. Em 1916, o Brasil contava com três grandes empresas marítimas, o Lloyd Brasileiro (63 vapores, com total de 130,2 mil toneladas), a Companhia Nacional de Navegação Costeira (23 vapores e 31,5 mil toneladas) e a Companhia de Comércio e Navegação (19 vapores e 50 mil toneladas).

Todas as demais empresas brasileiras, juntas, tinham 64 vapores e 86,1 mil toneladas. Em janeiro de 1917, seria fundado o Lloyd Nacional, que incorporava 12 navios de empresas menores, perfazendo um total de 26 mil toneladas brutas.

As principais linhas de grande cabotagem que partiam do Brasil incluíam Inglaterra, França, Itália e Estados Unidos, além dos portos de Buenos Aires e Montevidéu. Em 4 de dezembro de 1916, declarando-os "de necessidade pública enquanto durar a guerra atual", o presidente Wenceslau Braz decidira desapropriar todos os navios da marinha mercante nacional.

Em geral, os equipamentos de comunicação a bordo dos navios eram precários. A imensa maioria dos mercantes não contava com estações de telégrafo. Em 1917, o Lloyd Brasileiro foi a primeira empresa a implantar o sistema em seus vapores.

As questões comerciais estavam longe de serem as principais mazelas brasileiras. Desde a proclamação da República, o Brasil mantinha um sistema democrático de bases questionáveis. Em razão do voto aberto, a manipulação dos currais eleitorais era realidade em praticamente todas as regiões, com a onipresente figura dos capangas amedrontando quem se atrevesse a votar contra os coronéis, o chamado "voto de cabresto".

A compra – por alimentos e roupas – e a adulteração de votos, o sumiço de urnas e os votos fantasmas eram práticas corriqueiras, ajudando a reeleger os grandes proprietários rurais. Também não eram raras as situações em que nomes de eleitores mortos apareciam nas listas de votantes.

Além disso, representantes dos estados mais ricos, São Paulo e Minas Gerais – o primeiro, com economia baseada na exportação de café, o segundo, calcado na produção leiteira –, mantinham acordos para que líderes paulistas e mineiros conduzissem os rumos da nação, a chamada Política do Café com Leite. Todos esses ingredientes contribuíam para um quadro político distante do que em países mais avançados se classificava como democracia.

Suporte para o desenvolvimento das sociedades mais avançadas, a educação universal ainda era uma utopia no Brasil. A cada 10 brasileiros, oito eram analfabetos. E não havia dúvidas de que chegar a um curso superior fosse privilégio exclusivo da elite. Eram raros os filhos de pequenos comerciantes, bancários, profissionais liberais, artesãos e funcionários públicos – a classe média brasileira – que conseguiam alcançar o status de bacharéis.

A própria estrutura educacional não contribuía para que mais gente chegasse aos bancos das escolas superiores. Em todo o Brasil, havia apenas 16 cursos de Direito, que formavam anualmente cerca de 400 profissionais.

Enquanto a Europa se esvaía em sangue, o Brasil preocupava-se com suas disputas internas. A partir de julho de 1917, quando uma grande greve geral paralisou indústria, comércio e transportes em vários estados – especialmente São Paulo, Rio de Janeiro, Rio Grande do Sul e Paraná –, o país assistiu ao amadurecimento de um movimento operário e sindical insuflado por ideais anarquistas e inconformado com os baixos salários, o alto custo de vida e as péssimas condições de trabalho, em muitos casos ainda análogas à escravidão, abolida oficialmente no país havia quase três décadas. Desde 1913, a inflação média anual vinha sendo superior a 20,9%. Os grevistas também eram encorajados por movimentos similares bem-sucedidos no Exterior. Só na Inglaterra, 937 greves atingiram a indústria nos sete meses que antecederam a guerra.

O principal motivo de revolta era a carestia dos alimentos. Com o começo da guerra, parte da produção brasileira passou a ser exportada aos países da Tríplice Entente. Grande parte do lucro das vendas externas ficava com os açambarcadores, que adquiriam os alimentos diretamente dos produtores, no interior do país, canalizando-os para os portos, de onde seguiam para o Exterior. Com a menor oferta interna de produtos, os preços disparavam, dificultando ainda mais a compra de comida por parte do operariado.

A mobilização da classe operária era atribuída à liderança dos imigrantes portugueses, espanhóis e, principalmente, italianos, camponeses sem trabalho ou trabalhadores urbanos desempregados que trocaram a Europa pela América do Sul em busca de melhores condições de vida. Enquanto os espanhóis e portugueses aportaram diretamente nas cidades, os trabalhadores vindos da Itália foram levados inicialmente para as fazendas de café no interior paulista e as regiões serranas do Rio Grande do Sul e de Santa Catarina.

Aos poucos, muitos deles desistiram da vida de semi-escravidão que encontraram no meio rural – especialmente em terras paulistas – e partiram para uma nova tentativa, desta vez nos grandes centros. No entanto, da mesma forma que nas fazendas, acabaram explorados nas cidades, desta vez pelos grandes empresários e industriais.

Por isso, desde a primeira década do século XX, revoltados com as intermináveis jornadas de trabalho – superiores a 12 horas – pagas com salários miseráveis e sem direito a férias, os imigrantes vinham se juntando aos brasileiros na mesma situação, criando uniões, sindicatos, ligas e federações, consolidando um movimento operário organizado no país. Com base no anarco-sindicalismo importado da Europa, foram fundados jornais, gráficas e escolas, que passaram a retroalimentar a contestação ao sistema de exploração do proletariado por parte da burguesia industrial e comercial. Fundada em 1906, a Confederação Operária Brasileira (COB) – embasada em preceitos anarquistas – tornou-se o maior expoente formal dessa nova conjuntura.

Ao lado da COB, outra entidade trabalhista, a Federação Operária Brasileira, opôs-se à entrada do Brasil na guerra. Inspiradas nos preceitos pacifistas da Liga Antimilitarista Brasileira, fundada em 1908 para combater o sorteio militar – instituído em 1875, ele substituía o recrutamento obrigatório vigente até então –, as agremiações usavam seus periódicos para externar a ideia de não adesão do país aos beligerantes.

Além das péssimas condições de trabalho e salários, os operários revoltavam-se contra a exploração dos menores em atividades fabris. Em março e abril de 1917, vários comícios convocados pelo Comitê Popular de Agitação foram realizados na capital paulista contra a exploração de crianças. E também exigiam o fim da cobrança da contribuição pró-pátria, campanha de apoio à Itália desenvolvida pelos empresários italianos, que impunha descontos periódicos nos salários dos trabalhadores. Algumas empresas, como o Cotonifício Crespi, descontavam o valor como suposta contribuição ao esforço de guerra italiano.

O verdadeiro estopim da mobilização que viria a resultar na greve geral, entretanto, foi a morte do sapateiro espanhol José Ineguez Martinez, no momento em que a cavalaria avançou sobre os trabalhadores que protestavam em frente à indústria Mariângela, no Brás, região central de São Paulo. O jovem anarquista tornou-se um mártir. Em uma tarde fria e chuvosa, o esquife percorreu as principais ruas do centro da cidade, sob os ombros de uma multidão de operários, acompanhados de perto pela polícia, que desta vez não interveio. No cemitério, antes da descida ao túmulo, vários oradores revezaram-se em inflamados discursos contra a exploração e a opressão enfrentadas pela classe trabalhadora.

De certa forma, o episódio foi um retrato da política do Brasil na década de 1910. Assim como ocorreu na **GUERRA DO CONTESTADO**[2], terminada em 1916, qualquer demonstração de insatisfação popular no país em oposição aos interesses de empresários e latifundiários era sempre abafada por meio da repressão oficial, com ou sem apoio direto dos coronéis.

Da mesma forma que na Guerra do Contestado, a violenta repressão oficial registrada no episódio que culminou com a morte do sapateiro espanhol em São Paulo gerou uma forte reação popular. Depois do incidente, os operários do Cotonifício Rodolfo Crespi, na Mooca, na zona leste da capital paulista, decidiram entrar em greve. O movimento espalhou-se por outras empresas e bairros operários, como Brás, Pari, Belenzinho, Lapa, Água Branca, Barra Funda, Bom Retiro, Ipiranga e Cambuci, atingindo 70 mil trabalhadores em três dias. Enquanto erguiam barricadas no meio das ruas, usando paus, pedras e carroças viradas, os grevistas saqueavam armazéns e incendiavam carros e até bondes.

Com a paralisação dos transportes, o comércio cerrou suas portas. Os seguidos choques entre policiais e trabalhadores não amainaram a situação, evidenciando a impotência do governo diante da mobilização operária. Os grevistas passaram a comandar a cidade, controlando até mesmo a distribuição de alimentos. Nas ruas, circulavam apenas transeuntes e veículos militares.

Em 11 de julho, dois dias após a morte de José Ineguez Martinez, em comício que contou com mais de 3 mil pessoas, na Praça da Sé, no Centro, o Comitê de Defesa Proletária e os sindicatos lançaram um manifesto, no qual apresentavam 11 exigências:

– que sejam postas em liberdade todas as pessoas detidas por motivo de greve;

– que seja respeitado de modo mais absoluto o direito de associação para os trabalhadores;

– que nenhum operário seja dispensado por haver participado ativa e ostensivamente no movimento grevista;

– que seja abolida de fato a exploração do trabalho de menores de 14 anos nas fábricas, oficinas etc.;

– que os trabalhadores com menos de 18 anos não sejam ocupados em trabalhos noturnos;

– que seja abolido o trabalho noturno das mulheres;

– aumento de 35% nos salários inferiores a $5.000 e de 25% para os mais elevados;

– que o pagamento dos salários seja efetuado pontualmente, a cada 15 dias, e, o mais tardar, cinco dias após o vencimento;

– que seja garantido aos operários trabalho permanente;

– jornada de oito horas e semana inglesa (oito horas de segunda a sexta-feira, quatro horas no sábado pela manhã e folga no domingo, com total de 44 horas de trabalho por semana);

– aumento de 50% em todo o trabalho extraordinário.

Depois de uma semana de paralisação, em 15 de julho, os grevistas receberam a notícia de que a mobilização não havia sido em vão. Além de concederem aumentos salariais entre 15% e 30%, os empresários aceitaram readmitir os grevistas dispensados e ainda comprometiam-se a estudar as demais reivindicações da classe. O governo, como parte no acordo para o fim da greve, aceitou libertar os manifestantes presos.

No Rio de Janeiro, onde os ânimos estavam acirrados desde 7 de julho, após a morte de dezenas de operários no desabamento do NY Hotel, o movimento paulista inspirou a revolta dos trabalhadores. Em 17 de julho, dias depois do enterro transformado em ato de protesto pelo Sindicato dos Operários da Construção Civil, a categoria deu início a uma greve, que se espalhou por outros setores. Após obter algumas conquistas, a Federação Operária do Rio de Janeiro (Forj) acabou fechada pela polícia, em agosto.

Reflexos da mobilização paulista também foram vistos no Rio Grande do Sul. Em 29 de julho, a bordo de uma locomotiva, um grupo de ferroviários saiu de Santa Maria, no centro do Estado, em direção a Marcelino Ramos, convocando uma greve geral. No dia 30, em Porto Alegre, cartazes e boletins distribuídos nas ruas e afixados em postes de luz convocavam os trabalhadores para a concentração pública no dia seguinte, na Praça da Alfândega, no centro da capital gaúcha. Na data da manifestação, ao meio-dia, os ferroviários de Porto Alegre, Gravataí, Santa Maria, Passo Fundo, Rio Grande, Rio Pardo e Cacequi já haviam aderido à paralisação.

Da assembleia pública realizada na Praça da Alfândega, com a presença de operários, pedreiros, carpinteiros e tipógrafos, nasceu a Liga de Defesa Popular. Dela também resultou um manifesto, que trazia as exigências dos trabalhadores. A lista incluía a diminuição dos preços dos gêneros de primeira necessidade, a tomada de providências para evitar o açambarcamento do açúcar, o estabelecimento de um matadouro municipal para fornecer carne à população a preço razoável, a criação de mercados livres nos bairros operários, a obrigatoriedade da venda do pão a peso (e a fixação semanal do preço a quilo), o aumento de 25% sobre os salários, a generalização da jornada de oito horas e o estabelecimento da jornada de seis horas para mulheres e crianças.

Durante cinco dias, a paralisação de pedreiros, estivadores, eletricitários, industriários, tipógrafos, carroceiros e chofres, em um total de cerca de 30 mil trabalhadores, modificou a rotina da capital gaúcha. No dia 5 de agosto, uma violenta intervenção de tropas federais pôs fim ao movimento, que terminou sem grandes conquistas por parte dos trabalhadores.

Em setembro, dois meses depois do começo das manifestações pelo país, o governo federal providenciou a expulsão de cerca de 20 líderes sindicalistas, todos nascidos no Exterior. Segundo o ministro Pandiá Calógeras, os operários expulsos eram "anarquistas e cáftens, perniciosos à ordem pública".

Em meio ao que parecia ser um despertar político, episódios prosaicos do dia a dia ainda preenchiam boa parte das páginas dos jornais brasileiros. Diariamente, notícias sobre brigas, acidentes com automóveis, bondes e trens, pequenos furtos, golpes de estelionatários, dúvidas sobre paternidade, fofocas de bairro, divórcios, suicídios (ou tentativas malsucedidas) e histórias quase surreais disputavam espaço nos principais diários com as notícias que vinham do front europeu.

A *Gazeta de Notícias*, do Rio, contou a história do jovem David Soares, que dias antes ingressara triunfalmente na sociedade carioca. "Muito macho de suas calças", ele decidiu participar de uma reunião familiar em Botafogo. "Alegre e expansivo", executou ao piano tangos argentinos e composições nacionais e internacionais.

E, durante todo o tempo, teve gestos e palavras acompanhados com atenção e curiosidade pelos presentes. "Desde então, nas ruas e avenidas da capital nacional, David é apontado com o dedo". Todos queriam conhecer e conversar, por alguns minutos que fosse, com "a criatura que durante 19 anos suportou, em silêncio e com humildade, a afronta diária das saias e dos cabelos compridos".

Segundo o jornal, David estava aparentemente muito satisfeito com a nova aparência, que, afinal, "parece ser a que Deus lhe deu". "É claro que não faltam pelo caminho as perguntas indiscretas, os inquéritos até certo ponto cruéis e as apoquentações estimuladas pela curiosidade e maldade humanas". Mas David tinha horror ao seu passado. Preferia nem ouvir falar sobre "as duas décadas perdidas de sua vida".

Não bastasse a curiosidade popular, a saga contada de forma pormenorizada em a *Gazeta de Notícias* fazia troça sobre a sua fisionomia. "Acaba de nos chegar às mãos um dos mais fiéis retratos de David, quando era mulher e se chamava Emília", publicou o diário carioca. "Com franqueza, pondo-se de parte exigências muito rigorosas, não era *ella* tão feia quanto seria justo que se calculasse. O nariz talvez ocupe na *physionoma* de expressão enérgica uma área muito longa. Nariz que, depois de começar, parece não ter desejo de terminar."

O texto classificava o penteado da "ex-Emília" como "negligente". Nele, "um tanto cidade nova, há a simplicidade masculina: *indifferentemente* partido ao meio, revela 19 *annos* de rebeldia silenciosa".

Mas os olhos e a fronte, pelo menos, eram agradáveis, dizia o jornal. "No retrato em que David *apparece* de calças e cabelos curtos, que vai junto ao 'feminino', todos esses pequenos indícios *androgynos desapparecem*. E dizer que esse 'marmanjo', em Belo Horizonte, várias vezes, voltando alta noite de visitas a casas de famílias conhecidas suas, teve necessidade – para dar satisfação à sociedade – de ser reconduzido, com respeito e vigilância, por outros marmanjos de sua idade até a sua residência. Velaram sobre um pudor que não existia."

Embora "fantástico", afirmava a reportagem, o caso não era inédito. "Em Guarany, Minas, há 30 *annos* existiu um senhor Antônio de Paula que passava por mulher até ser noiva", relatou o jornal. O escrivão Antônio Porfírio, sobrinho do padre Santos Neves, enamorou-se pela moça. O vigário, "perspicaz e *intelligente*", notou que sua futura sobrinha mostrava em tudo "maneiras que não condiziam com o sexo frágil". E, argumentando a desconfiança, comunicou o caso à polícia, pedindo que a "senhorita" passasse por um exame. A noiva, que já tinha véu, grinalda e vestido prontos, foi intimada pelo oficial de Justiça João Batista do Valle e acabou examinada pelo perito Joaquim de Oliveira. Para a surpresa geral, a noiva era mesmo homem, como suspeitava o vigário, e o casamento acabou desfeito.

1. Ruy Barbosa, a "águia de haia"

Nascido em Salvador, em 5 de novembro de 1849, filho de João José e Maria Adélia Barbosa de Oliveira, Ruy Barbosa foi um dos mais eminentes homens de seu tempo. Apesar da saúde frágil e da aparência franzina – 1,57 metro de altura e 48 quilos –, foi um gigante.

Advogado, político e diplomata, teve o auge de sua carreira na conferência de paz realizada em Haia, na Holanda, em 1907. E foi também um grande defensor do engajamento brasileiro à causa dos aliados na Grande Guerra.

A exímia oratória nasceu nos tempos de criança, quando o pai, que era médico, o estimulava a fazer discursos, em pé, sobre uma mala velha. Fora de casa, Ruy fez seu primeiro grande discurso logo aos 16 anos, na formatura do Ginásio Baiano Dr. Abílio Borges, antes de partir para o Recife, onde pretendia cursar a faculdade de Direito.

Em 1866, ano da morte de sua mãe, Ruy trocou Recife por São Paulo, onde prosseguiria os estudos. Dois anos depois, aconteceria seu primeiro discurso político, em uma saudação ao deputado José Bonifácio, seu professor na faculdade.

Já em 1869, ao lado de Luís Gama, Américo de Campos e Bernardo Pamplona, fundou o jornal *O Radical Paulistano*. Formado no ano seguinte, enfermo, quase não conseguiu exercer a advocacia até 1872. Naquele mesmo ano, começou a colaborar com o *Diário da Bahia*.

Para pagar as contas do pai, que acabara de falecer, em 1874, Ruy dividia-se entre a Santa Casa de Misericórdia, o *Diário da Bahia* e um escritório de advocacia. Costumava acordar às 4 da manhã e trabalhar cerca de 14 horas por dia.

Em 1875, iniciou a campanha contra o serviço militar obrigatório. Em 1876, um ano após a morte da noiva, Maria Rosa, Ruy voltou a ficar noivo, de Maria Augusta Viana Bandeira, que seria a mãe de seus cinco filhos e companheira até o final de sua vida – na viagem de lua-de-mel, Ruy contraiu tifo e ficou de cama por quase dois meses.

No mesmo ano, retornou à Bahia para tentar carreira política, depois de rápida passagem pelo Rio de Janeiro. Em 1878, pelo Partido Liberal, foi eleito deputado provincial. Eleito deputado geral em 1879, prosseguiu no cargo até 1882, quando retirou-se da vida política para exercer a advocacia. Em 1889, com a proclamação da República, tornou-se o ministro da Fazenda.

Dois anos depois, em 1891, após a renúncia coletiva do ministério, em janeiro, e de uma nova crise no governo, em setembro, o marechal Deodoro da Fonseca viu-se obrigado a renunciar, deixando a presidência para o vice, o marechal Floriano Peixoto. Naquele ano, Ruy levou menos de 30 dias para redigir sozinho a nova Constituição do país.

Na imprensa e nos tribunais, Ruy tornou-se um aguerrido opositor do militarista e autoritário Peixoto. Em 1893, por conta das desavenças com o presidente, exilou-se em Buenos Aires e, mais tarde, em Londres. Em 1895, após a eleição de Prudente de Morais como presidente e a morte de Floriano, ocorridas em 1894, Ruy voltou ao Brasil, elegendo-se senador no mesmo ano.

Em 1903, Rodrigues Alves assumiu a presidência, com o apoio de Ruy Barbosa, que também se tornou amigo de Pinheiro Machado, homem forte do governo. Em 1905, Ruy acompanhou Machado em uma coligação para evitar que Alves indicasse o seu sucessor. No ano seguinte, Afonso Pena foi eleito para a presidência, com o seu apoio.

Já em 1907, o baiano brilhou na conferência de paz, em Haia. Orientado por outro diplomata de reconhecida categoria no cenário internacional, o Barão do Rio Branco, então ministro das Relações Exteriores, Ruy fez seus discursos em inglês, dispensando o trabalho de intérpretes, o que também ajudou a causar boa impressão.

Dois anos depois, em 1909, Ruy Barbosa e Pinheiro Machado romperam sua aliança. Com a morte de Afonso Pena, a presidência foi herdada pelo vice, Nilo Peçanha. A campanha para a sucessão de Peçanha foi acirrada. Enquanto Pinheiro Machado apoiava a candidatura de Hermes da Fonseca, Ruy Barbosa foi lançado como candidato pela Bahia e por São Paulo.

Em 1910, a eleição fraudulenta que elevou Hermes ao poder deixou Ruy profundamente desiludido. Mesmo assim, o baiano não desistiu de lutar, dando início a uma violenta oposição. Ruy concorreria quatro vezes à Presidência, mas nunca chegaria ao cargo máximo da política brasileira.

Amante do cinema, Ruy ia quase diariamente ao Cine Ideal, uma das principais salas do Rio. Em 1913, tornou-se dono de um dos primeiros automóveis do Rio de Janeiro, um Daimler Benz. À noite, lia durante horas, com uma lâmpada de cabeceira improvisada à beira da cama.

Quatro anos depois da eleição de Hermes da Fonseca, foi a vez de Wenceslau Braz assumir a presidência. Enquanto o governo mantinha-se oficialmente neutro na guerra europeia, Ruy, de imediato, declarou sua posição pró-aliados, passando a fazer campanha nos jornais em prol do engajamento nacional.

Em 1916, ano em que Pinheiro Machado seria assassinado, Ruy representou o Brasil nas comemorações da Independência da Argentina, onde fez retumbante discurso contra a neutralidade. No mesmo ano, apresentou mais de 1,8 mil emendas ao projeto do Código Civil Brasileiro levado ao Congresso pelo jurista Clóvis Bevilacqua.

Já em 1917, diante dos torpedeamentos de embarcações brasileiras, Ruy foi um dos maiores defensores da entrada do Brasil no conflito.

No ano seguinte, com a morte de Rodrigues Alves, que – reeleito para a presidência – não chegou a tomar posse, o cargo foi disputado em eleição por Ruy e Epitácio Pessoa, que acabou vencendo. Ruy prosseguiu sua carreira como senador. Em 1922, ele apoiou a eleição de Artur Bernardes.

Eleito pelo júri da revista Época como o maior brasileiro da História, Ruy Barbosa morreu no ano seguinte, em 1º de março, vítima de paralisia cerebral. Seu corpo foi enterrado em 3 de março, no Rio, com honras de chefe de Estado e sob grande comoção popular e da classe política.

2. A Guerra do Contestado e a "monarquia celeste"

Em 1912, cerca de 20 mil camponeses miseráveis e abandonados pelo governo revoltaram-se contra a expulsão de suas terras para a construção de uma estrada de ferro ligando São Paulo ao Rio Grande do Sul. Liderados pelo carismático beato José Maria, os rebeldes – fanáticos religiosos – pregavam uma sociedade sem a instituição de impostos ou propriedades privadas e pretendiam implantar uma espécie de "monarquia celeste".

Durante quatro anos, empunhando espingardas de caça, facões e enxadas, os contendores enfrentaram forças federais e estaduais muito bem armadas, em um conflito que ainda envolvia uma disputa de territórios entre Paraná e Santa Catarina, em razão da riqueza de suas florestas e plantações de erva-mate.

A Guerra do Contestado só terminou em 1916, dois anos após o começo da Grande Guerra e um ano antes da entrada do Brasil no conflito mundial, depois que mais de 5 mil rebeldes haviam sucumbido à força do Exército nacional e com a pacificação da região, nos limites entre os dois Estados.

CAPÍTULO 3

O rompimento com a Alemanha

não entre na fila!

Para quem usa NINHO não existe o problema do leite. Nem "filas" nem receio quanto à qualidade, nem imprevistos. A qualquer hora, em qualquer lugar e para qualquer fim — alimentação de crianças, de adultos, e todos os usos do leite fresco — com NINHO tem-se leite ótimo e na quantidade desejada.

NINHO PROPORCIONA TRANQUILIDADE E SATISFAÇÃO

RÁPIDO
O tempo de dissolver o pó em água e está pronto um leite de confiança: puro, higiênico, nutritivo e saboroso.

PRÁTICO

NINHO NESTLÉ LEITE EM PÓ

MOÇA • NESTOGENO • LACTOGENO • NINHO • PELARGON • ELEDON • FARINHA LACTEA NESTLÉ • NESSUCAR • NESCÃO

BICYCLETTES

Gonorrhéas

GONORRHEA-

DENTISTA

MEDICOS

ULTIMOS ANNUNCIOS

Anna Maria Bastos

Francisca Maria da Conceição

Edmar do Nascimento Rezende da Silva

Jacintho da Costa Leite

Camilla B. de Andrade

Maria Augusta Ribeiro Maciel Brondi

Alberto Paladini

João Marthins Coelho

João Cabreiro Garrido

Luiz Frugone

Viuva Dr. Drummond Franklin

PARTEIRAS
PARTEIRA
MYSTERIOS

Dr. Alvino Aguiar

Consultas gratis
Doenças dos olhos
ouvidos, nariz e garganta

VIAS URINARIAS

PARTOS

Homœopathia

MUTAMBINA

RAIOS X para diagnostico e tratamento
das doenças do estomago, intestinos, figado, pulmões, coração, rins, ossos, etc., pelo DR. RENATO DE SOUZA LOPES. Preço modicos. Rua São José 39, de 2 ás 5 ás terças, quintas e sabbados.

MOVEIS

POLIDORES

IMPOTENCIA

Depilina Sarah

DIVERSOS

TONICO BAY-RUM

Cartões de visitas e luto

GONORRHEAS

A os poucos, a guerra fora envolvendo mais e mais países – e parecia não haver formas de se manter incólume. No Brasil, pairava a silenciosa percepção de que, mais cedo ou mais tarde, o país também seria forçado a tomar partido. E um mal-entendido ajudou a acelerar esse processo.

Menos de dois anos depois da eclosão do conflito, um submarino alemão afundou o navio Rio Branco, em 1º de maio de 1916, às 6h35min, no norte da Inglaterra, a 30 milhas da pequena ilha de Coquet. O fato de a embarcação envergar a bandeira brasileira, estampando também o nome de uma das figuras mais eminentes da então recente história brasileira, espalhou indignação pelo país. E, já naquele momento, a neutralidade começou a ruir.

O Rio Branco viajava de Christiania para o porto inglês de Hull, na zona bloqueada pelos alemães. Levava para a Inglaterra um carregamento de madeira – item que os ingleses consideravam contrabando de guerra – proveniente da Noruega, quando o submersível veio à tona, determinando que a embarcação parasse suas máquinas. Oficiais do submarino germânico subiram a bordo do navio, exigindo a apresentação dos documentos de identificação do vapor, que foram levados para o submarino.

Os tripulantes do Rio Branco tiveram tempo de pegar seus pertences e levá-los aos escaleres. Em seguida, o U-boot (abreviatura derivada do alemão *Unterseeboot,* ou, em português, *submarino*) lançou um torpedo contra o navio, completando o ataque com 11 tiros de canhão. Os náufragos foram recolhidos pelo navio dinamarquês Ajax, cerca de uma hora e meia após o incidente, e acabaram desembarcados no porto britânico do Blyth.

Assim que a notícia do incidente chegou ao Brasil, em 5 de maio de 1916, a população ensaiou uma violenta reação contra os imigrantes germânicos, fomentada pela imprensa, em sua maioria de tendência pró-aliada e fortemente influenciada pelos argumentos de Ruy Barbosa. Entretanto, o fato de a embarcação ser tripulada por noruegueses e navegar em águas restritas, a serviço da Inglaterra, acabou por enfraquecer a revolta popular. Segundo nota oficial do governo brasileiro sobre o incidente, a tripulação era composta por escandinavos, um inglês e dois noruegueses naturalizados brasileiros.

Mais tarde, soube-se que o navio, na realidade, fora vendido à Noruega em 9 de novembro de 1915 – seis meses antes do afundamento – e estava arrendado a armadores ingleses. O uso da bandeira do Brasil, como de outros países neutros, era uma forma de tentar driblar a vigilância dos U-boots. Mas, até que todas essas informações viessem a público, o estrago já havia sido feito: entre a grande massa, a notícia de que um navio brasileiro – mesmo que apenas no nome – fora afundado por um submarino alemão estava disseminada.

O episódio do Rio Branco serviu para, aos olhos da população, clarear as posições dos jornais brasileiros perante o conflito.

Embora em menor representatividade, alguns setores da imprensa nacional contrapunham os jornais pró-aliados. Em Santa Catarina, por exemplo, *O Dia*, órgão do Partido Republicano do Estado, com sede em Florianópolis, partiu para o confronto contra os opositores dos germânicos.

Por vários dias seguidos, a publicação defendeu que não havia qualquer ilegalidade no ataque do submarino alemão. Conforme a publicação, o Rio Branco era "um paquete de propriedade de um brasileiro naturalizado, com dupla nacionalidade, norueguês para os portos de saída e de destino, sem dois terços de brasileiros na equipagem, dois requisitos indispensáveis, segundo nossas leis, para que um navio seja considerado brasileiro".

Conforme *O Dia*, a pressão exercida pela imprensa *alliadóphila* buscava fazer com que o Brasil saísse da neutralidade, imitando os Estados Unidos. Para o jornal, o torpedeamento do Rio Branco "foi de uma legalidade absoluta", com a visita a bordo, a apreensão dos papéis e "o tempo que a generosidade do submarino alemão dilatou, para o salvamento das bagagens respectivas". "Esperemos, agora, pela reparação que a imprensa *alliadóphila* do Brasil deve à verdade dos fatos, depois das violências que escreveu, baseadas em informações especiais inglesas", provocou *O Dia*.

Em sua linha editorial, o veículo catarinense empunhava sem temor a bandeira germânica. Dois dias após o torpedeamento do Rio Branco – a notícia ainda não havia chegado ao Brasil –, o jornal dedicou maior parte de sua capa a um perfil elogioso do conterrâneo Lauro Müller, ministro das Relações Exteriores, "pontífice máximo do Partido Republicano", que se preparava para seis meses de licença médica nos Estados Unidos. Natural de Itajaí (1863), Müller era descendente de alemães e um inequívoco representante do germanismo no governo brasileiro:

Espírito altamente patriota, cercado da confiança ilimita-da do chefe da nação e prestigiado por todos os elementos políticos do país, que nele, nosso glorioso patrício, veem o digno continuador do grande Barão do Rio Branco, a sua retirada temporária do ministério não importa o menor resquício de diminuição do seu imenso prestígio, assegurado pela sua passagem através da alta administração do país, onde soube, por uma série ininterrupta de serviços, engrandecer o Brasil e elevar bem alto o seu nome individual. (...)

Lauro Müller é um dos mais belos patrimônios do Brasil. Eminentemente culto, espírito dotado de alto descortino, alma ardente de patriota, o nosso venerando conterrâneo ao deixar, provisoriamente, a pasta do Exterior, fá-lo exclusivamente por motivo de saúde, pois, pelo seu nome, pela sua competência, tantas vezes comprovada, pelos seus relevantes serviços prestados ao país, ninguém, jamais, mereceu mais confiança do que ele por parte do honrado senhor presidente da República.

Nas páginas de *O Dia*, em vez de notícias positivas dos aliados, ganhavam espaço as vitórias alemãs, austro-húngaras e turcas em todas as frentes. Na mesma estratégia aplicada pelos jornais aliadófilos, a ideia dos veículos pró-Impérios Centrais era criar uma imagem vitoriosa dos alemães e austro-húngaros no front, aumentando a simpatia da população em relação à Alemanha e à Áustria-Hungria e tentando fazer com que, no momento que fosse obrigado a se decidir por um ou outro lado, o governo brasileiro levasse tais informações em conta.

Desta forma, *O Dia* optava quase exclusivamente pelas notícias positivas sobre os Impérios Centrais, ignorando eventuais derrotas, que, noticiadas, poderiam diminuir o moral junto aos leitores. Na mesma data em que o Brasil tomava conhecimento do afundamento do Rio Branco, por exemplo, o diário informava que cinco aviões inimigos foram abatidos pelas forças germânicas. Noticiava também um ataque frustrado dos franceses, que resultara na prisão de 60 inimigos, e uma ofensiva alemã bem-sucedida contras as linhas belgas.

Anunciava ainda que uma série de supostos motins e revoltas teriam ocorrido nas forças armadas aliadas. Em Portugal, teria estourado um "movimento revolucionário", com "tropas amotinadas" e incêndios em arsenais militares em Lisboa. Na Itália, uma brigada teria se amotinado na linha de frente. Já em Nápoles "houve manifestações contra o rei, tendo sido queimado na praça pública o retrato do propagandista de guerra Ricotti". Segundo o jornal, durante o cortejo "homens e mulheres gritavam 'desejamos o fim da guerra'", e a ordem só teria sido restabelecida com o emprego de forças do exército.

Passada a polêmica envolvendo o Rio Branco, a crise entre Brasil e Alemanha veio a agravar-se, verdadeiramente, um ano depois. Em 3 de fevereiro de 1917, o governo brasileiro foi notificado pelos alemães do bloqueio marítimo que seria imposto pela armada germânica aos seus inimigos, notadamente Inglaterra, França e Rússia. Diante da estratégia determinada pelo kaiser, os Estados Unidos adotaram uma medida drástica: o imediato rompimento de relações, em razão da campanha submarina indiscriminada a ser levada a cabo pelos alemães. Já o Brasil optou por uma posição mais serena, levada a público por meio de um protesto formal:

A inesperada comunicação, agora recebida, de um extenso bloqueio de países com os quais o Brasil tem ativas relações econômicas e está em ininterrupto contato por navegação também brasileira produziu a mais justificada e profunda impressão pela ameaça iminente de injustos sacrifícios de vidas, destruição de propriedade e completa perturbação das transações comerciais.

Seguindo invariavelmente o seu propósito anterior, o governo brasileiro, depois de ter estudado a matéria da nota alemã, declara, nesta ocasião, que não pode aceitar como efetivo o bloqueio ora subitamente estabelecido pelo governo imperial alemão, porque, tanto pelos meios empregados para realizar-se esse bloqueio e a desmedida extensão das zonas interditas, quanto pela ausência de quaisquer restrições de ataque, inclusive a dispensa de prévio aviso aos navios, mesmo neutros, e o uso anunciado de destruição por quaisquer meios armados, tal bloqueio não seria regular nem efetivo e desobedeceria aos princípios de direito e cláusulas convencionais em que Brasil e Alemanha sejam partes.

Por meio de telegramas e notas diplomáticas, o governo brasileiro externou às representações germânicas que considerava "essencial para a manutenção de suas relações com a Alemanha que nenhum navio brasileiro fosse atacado, em qualquer mar, sob pretexto algum, mesmo o de conduzir contrabando de guerra". Segundo a diplomacia brasileira, a classificação de "contrabando de guerra" teria sido estabelecida arbitrariamente pelas nações beligerantes, incluindo nesse rol todo o tipo de transporte marítimo.

O Brasil invocava ainda as declarações de Paris, em 1856, e de Londres, em 1909, com princípios reconhecidos do Direito Internacional a serem seguidos pelos beligerantes. Os alemães, por outro lado, defendiam-se mencionando o fato de os aliados utilizarem em seus navios as bandeiras de países neutros, justamente como forma de confundir os comandantes dos submarinos alemães.

Internamente, o governo brasileiro era pressionado pelos marítimos, que temiam por sua segurança nas viagens que viessem a realizar à Europa. Depois de uma assembleia com a categoria, o presidente da União dos Foguistas apresentou um pedido à entidade que representava todos os marítimos:

> *Indico que a Federação Marítima Brasileira, tendo em vista o fato de se acharem minados os portos europeus e para evitar perdas de vidas que nos são caras, nomeie uma comissão de 11 membros, a qual se entenderá com o Sr. ministro da Marinha, no intuito de obter a intervenção de S. Exa. junto ao Exmo. Sr. presidente da República, no sentido de não se permitir mais que, na vigência da guerra, navios brasileiros demandem portos para cujo acesso é necessário atravessar a zona atualmente perigosa.*

Em 6 de fevereiro, três dias após a notificação alemã, o governo brasileiro voltou à carga, com um telegrama enviado pela Legação do país em Haia, dirigido a Berlim, no qual o ministro Lauro Müller reafirmava o interesse do Brasil em manter-se fora da guerra.

> *O Brasil não tem o menor propósito de se envolver no conflito. Como é do seu dever, vai responder à nota alemã protestando com moderação e cortesia contra a guerra submarina sem reservas, no propósito exclusivo de se manter dentro dos princípios consagrados em convenções a que ele próprio tradicionalmente tem obedecido e para salvaguarda de interesses seus e de seus nacionais cujo sacrifício alarma a opinião pública.*

Mas os argumentos diplomáticos brasileiros foram ignorados pelos alemães, então muito mais preocupados em barrar a movimentação de víveres e suprimentos para os seus inimigos do que em manter a amizade de um país quase insignificante do ponto de vista militar. A consequência da decisão alemã não poderia ser diferente. Se em 1º de maio de 1915, cerca de 5 mil pessoas haviam comparecido a um ato público no Largo São Francisco, no Rio, com a leitura do manifesto "Pela Paz" e exigindo que o Brasil não se envolvesse no conflito, depois do estremecimento causado pelo episódio do Rio Branco, em 1916, e do anúncio do bloqueio continental por parte dos alemães, em fevereiro de 1917, tudo começou a mudar – e rapidamente. A estratégia de guerra submarina teutônica, que colocava em risco as embarcações neutras – entre elas, as brasileiras –, contribuiu para dissipar a ideia de que seria possível manter o Brasil afastado da beligerância mundial.

O golpe fatal para o fim da neutralidade brasileira aconteceu em abril de 1917, dois meses depois do anúncio do bloqueio continental alemão. Navegando com destino à França, levando 93 mil sacas de café, o navio brasileiro Paraná foi posto a pique na madrugada do dia 3 para o dia 4 – um dia antes, Wenceslau Braz tornara-se o primeiro presidente a ver o país do alto, a bordo de um hidroavião C3 da Marinha, pilotado pelo tenente Virginius de Lamare, que durante mais de meia hora sobrevoou Rio e Niterói após a formatura de uma nova turma de pilotos da Armada.

Maior navio em operação na marinha mercante brasileira, o Paraná, que havia deixado o porto de Santos em 1º de fevereiro, foi atingido por um torpedo do submarino alemão UB-32, liderado pelo comandante Max Viebeg. O projétil acertou o compartimento das máquinas, a cerca de um metro abaixo da linha de flutuação. Ironicamente, atingiu em cheio o letreiro onde podia-se ler claramente "Brasil".

No momento do ataque, por volta de 0h30min, a cerca de 10 milhas de Barfleur, na costa francesa, um temporal atingia a região, o que dificultou o salvamento dos tripulantes. O Paraná sofreu uma pane elétrica imediata, tendo todas as luzes apagadas instantaneamente.

Assim como quase todo o restante da tripulação, o comandante José da Silva Peixe, que já havia feito várias viagens com o Paraná entre o Brasil e Portugal, para outras nações europeias e também para os países escandinavos, dormia no momento do torpedeamento. Depois de quatro dias sem pregar o olho, Peixe pedira ao imediato que tomasse conta da embarcação, que seguia em marcha reduzida com a meta de chegar ao Havre pela manhã do dia 4.

Ao perceber o ataque, o comandante subiu rapidamente ao convés, tentando acalmar os tripulantes e iniciar os procedimentos de salvamento. Embora algumas das baleeiras tivessem sido espatifadas pela explosão, havia salva-vidas suficientes para todos.

No instante em que embarcavam nas baleeiras, os tripulantes viram a alguma distância luzes que pensaram ser de um navio, que pudesse ter parado para socorrê-los. No entanto, cinco tiros de canhão consecutivos deixaram evidente que as luzes eram, na verdade, do submarino agressor.

Apavorados, os náufragos embarcaram nos barcos salva-vidas, tentando manter-se longe do navio, que começava a afundar. Já nas baleeiras, os sobreviventes – vários feridos, alguns queimados, outros seminus – assistiram à agonia do Paraná, que durou cerca de 25 minutos.

Segundo o comandante, no momento em que viam o navio desaparecer nas águas os tripulantes notaram a ausência de um dos maquinistas, do cabo foguista e do carvoeiro, este visto pela última vez enquanto rastejava, ferido, no convés. No final, soube-se que o pernambucano Antonio Soares Machado, o baiano Carolino Santos e o sergipano José Marinho Falcão haviam morrido no episódio. Dos três, apenas Antônio Soares Machado teve detalhes de sua vida particular divulgados pela imprensa: solteiro, de cor parda, tinha 29 anos de idade e era filho adotivo de Fausta Maria de Araújo, com quem vivia à Rua do Sereno, 31, na Saúde, no Rio.

Após 11 horas à deriva, com fome, sede e muito frio – durante a noite, chegou a nevar –, por volta do meio-dia a baleeira do comandante foi resgatada por dois torpedeiros franceses e um navio inglês. Depois de recolhida, a tripulação foi levada a Cherburgo.

Segundo o comandante Peixe, embora quase toda a tripulação tenha conseguido enxergar o submersível agressor, ninguém pôde identificar a qual país pertencia. "A maioria da tripulação viu-o. Foi impossível reconhecer a sua nacionalidade", escreveu, em telegrama enviado à Companhia de Comércio e Navegação. No Consulado do Brasil em Cherburgo, no Canal da Mancha, o comandante informou que todos os oficiais escaparam ilesos. No entanto, os foguistas feriram-se sem gravidade.

Português de Nascimento, natural de Ílhavo, Peixe ainda tinha parentes próximos morando em Portugal. No percurso entre Vigo e Lisboa, o capitão passou pela cidade do Porto, onde ficou hospedado por alguns dias no Hotel Aliança, aproveitando para visitar familiares residentes na cidade. Em rápida entrevista, Peixe lamentou o fato de alguns dos seus tripulantes, feridos no ataque, terem ficado hospitalizados em Vigo.

A tripulação do Paraná só chegou ao Brasil em junho, dois meses após o torpedeamento, no mesmo dia em que o paquete Tocantins, do Lloyd Brasileiro, embarcava rumo à Europa, comandado pelo capitão Francisco dos Reis Júnior. O cais em frente ao armazém 17 estava repleto de amigos e familiares dos náufragos do Paraná. Assim que o primeiro sobrevivente surgiu na escada, a multidão irrompeu em palmas e gritos.

Minutos após o desembarque dos náufragos do Paraná, o comandante Peixe teve de comparecer ao escritório da Companhia de Comércio e Navegação, onde tomou conhecimento de algumas acusações que lhe haviam sido feitas pela tripulação. No começo de junho, tripulantes do Paraná, em entrevistas concedidas na passagem pelo porto de Salvador, contaram ter "sofrido na mão do comandante".

Segundo eles, enquanto passavam fome e frio, Peixe e os oficiais compravam para si vestimentas finas, adquirindo roupas "ordiníssimas" para os tripulantes. As compras teriam sido feitas com o dinheiro arrecadado para os náufragos – 82 francos para cada um, dos quais apenas 72 teriam sido repassados efetivamente por Peixe aos comandados.

Os marinheiros contaram ter sido pessimamente tratados na Espanha. Em Portugal, onde almoçavam e jantavam sardinhas, chegaram a ser chamados de "macaquitos".

Em resposta, Peixe afirmou que não mereceu "a compaixão dos que o acusaram tão injustamente" e garantiu que iria provar ser brasileiro nato, casado no Estado do Pará e residente no Brasil desde criança.

Dias depois da polêmica, a Companhia de Comércio e Navegação anunciou a dispensa dos ex-tripulantes e náufragos do Paraná. Como indenização, a empresa pagou um total de dois salários a cada trabalhador. Os valores adiantados após o naufrágio em águas europeias, porém, foram descontados. A demissão em massa causou grande revolta entre os marítimos do país, uma vez que a empresa não teria sofrido prejuízo algum com o naufrágio – a perda do Paraná foi coberta pelas companhias seguradoras.

No dia 9 de abril, seis dias após o ataque ao navio, a Companhia de Comércio e Navegação mandou celebrar missa, na matriz da Candelária, no Rio, em memória aos três marinheiros mortos no torpedeamento do Paraná. O terceiro maquinista titular do navio, Augusto José de Freitas, casado, 30 anos, comemorou o fato de não ter embarcado em direção a águas europeias, em 1º de fevereiro. Assustado depois de um sonho impressionante que tivera dias antes, ele, que morava à Rua da Saúde, 178, em São Paulo, havia desistido de viajar.

Nos dias seguintes à notícia do torpedeamento do Paraná, a revolta da população e a pressão por medidas de represália foram crescentes. Convocado por Wenceslau Braz, o presidente do Estado do Rio, Nilo Peçanha, compareceu ao Catete, onde durante uma hora os dois conferenciaram a respeito da situação. "Fui ao Catete, atendendo a um gentilíssimo convite do senhor presidente da República, que durante uma hora me expôs todas as ocorrências sobre o lamentável torpedeamento do Paraná. O que posso adiantar é que a atitude do governo brasileiro independe absolutamente de qualquer inquérito alemão. O presidente tem agido com toda a calma e altivez em defesa da nossa dignidade e em completo acordo com as afirmações contidas nas notas da nossa chancelaria", comentou à imprensa na saída da audiência.

Peçanha garantiu que, se a investigação brasileira apontasse que o torpedeamento fora de fato executado por alemães, o Brasil reagiria com determinação: "Neste caso, sem dúvida, se dará a ruptura de relações diplomáticas", assegurou.

Desde o início da crise do navio Paraná, Wenceslau Braz também manteve contato estreito com o conselheiro Rodrigues Alves, ex-presidente da República entre os anos de 1902 e 1906, enquanto aguardava a conclusão do inquérito sobre o torpedeamento, conduzido por Frederico Castello Branco Clarck, encarregado pelo Ministério das Relações Exteriores em Cherburgo.

No dia 8, quatro dias depois do torpedeamento e dois após a divulgação da notícia nos jornais brasileiros, o país estava em polvorosa. Chamado a uma conferência com Wenceslau Braz, o ministro alemão no Brasil, Adolpho Pauli, apresentou argumentos que colocavam em dúvida a suposta autoria do ataque por parte de um submarino teutônico:

1) Que a hora em que se deu o desastre e a proximidade do porto francês seria impossível submarinos alemães estarem operando.

2) Que, tendo passado incólumes vários navios brasileiros na mesma zona e o fato de um outro ter arribado a Vigo, esses fatos serviriam para demonstrar as intenções não agressivas do seu país contra os navios e tripulantes brasileiros.

3) Que as informações do vapor Paraná são contraditórias porque

a) tendo declarado que houve três mortos, o Ministério da Marinha Francesa, em informação prestada ao Ministério do Brasil na França, alega que só houve um desaparecido, podendo-se muito bem dar-se o caso de este também ter sido salvo.

b) no seu primeiro telegrama, o comandante do Paraná dizia que o navio havia sido torpedeado por um submarino alemão, ao passo que ontem declarava "ter sido impossível reconhecer a nacionalidade do submarino".

4) Que é convicção de sua excelência não ter sido submarino algum de seu país o autor do torpedeamento do navio brasileiro.

Na audiência com Adolpho Pauli, estiveram presentes o ministro das Relações Exteriores, Lauro Müller, o subsecretário do ministério, Souza Dantas, o oficial de gabinete, Raul Sá, e o secretário do presidente, coronel Maggi Salomon. Na saída, com um pé no estribo do táxi, outro na calçada, o representante alemão falou à imprensa brasileira, com um sorriso amável no rosto e em bom portunhol, sobre o encontro com as autoridades brasileiras, mas disse que, "em virtude da gravidade da situação", não poderia fornecer mais detalhes.

Segundo apuraria o inquérito aberto pela Legação brasileira na França, o objetivo dos alemães era afundar o navio brasileiro rapidamente, fazendo com que ninguém escapasse com vida. Assim, a hipótese de que a embarcação teria batido em uma mina poderia ser considerada pelo governo brasileiro como a causa do afundamento. Imediatamente após receber o inquérito, o presidente convocou o ministério para avaliar a situação e definir a atitude a ser tomada pelo governo.

Dois dias depois da audiência entre a cúpula do governo brasileiro e o ministro alemão no Brasil, coube ao introdutor diplomático Luiz Guimarães Filho a formalização do rompimento de relações diplomáticas e comerciais entre os dois países. Em 1911, em Cuba, ele convivera com o ministro alemão no Brasil, Adolpho Pauli, na época em que o brasileiro era encarregado de negócios do governo junto à nação caribenha.

Discreto e simpático, Pauli era bem visto pelos vizinhos da legação. Todos os dias, passeava com os seus seis cães de raça pelas imediações da representação germânica. Mas não era a sua postura que estava em questão, e sim a atitude alemã diante do Brasil.

Sob chuva fina, Luiz Guimarães Filho dirigiu-se com o automóvel presidencial à sede da legação alemã, na Rua 13 de Maio, 135, onde foi recebido por Adolpho Pauli. Quando o chofer desceu para abrir a portinhola do carro para Guimarães, Fritz, o mordomo da legação estrangeira, já aguardava, solícito, com o guarda-chuva aberto, para auxiliar o brasileiro no caminho até o interior do prédio. Acima, no topo da escada, outro funcionário perfilava-se, respeitoso e solene. O encontro foi acompanhado pela imprensa à distância, do jardim da mansão, através do vidro da sala onde os dois diplomatas conversariam rapidamente.

Depois de aguardar por alguns segundos, em pé, Guimarães percebeu a chegada de Pauli, cumprimentando-o formalmente antes de entregar-lhe a nota assinada pelo ministro Lauro Müller. Em seguida, o ministro alemão convidou o brasileiro a sentar-se, enquanto lia atentamente o documento que acabara de receber.

Por cerca de 10 minutos, Guimarães argumentou sobre a decisão tomada pelo governo. O representante teutônico usou da palavra por alguns minutos.

Além das fisionomias sérias dos interlocutores, os jornalistas avistavam o escudo imperial alemão e o mastro despido da bandeira germânica. Nada pôde ser ouvido do jardim, onde aglomeravam-se dezenas de jornalistas. Mas todos já sabiam o que acabara de ocorrer.

Na despedida, com aparência triste, Pauli acompanhou Guimarães até a porta. Às 11h23min do dia 10 de abril de 1917, estavam oficialmente rompidas as relações entre as duas nações. À saída do brasileiro, ainda pôde-se ouvir a promessa de Adolpho Pauli:

– Logo que vossa excelência partir, farei tirar o escudo da legação.

– Perfeitamente. Obrigado – respondeu o representante brasileiro.

Em sua última medida como representante alemão no país, Adolpho Pauli mandou publicar nos jornais nacionais uma nota dirigida aos patrícios:

> *Antes de deixar o Brasil, digo um adeus sincero aos meus patrícios aqui residentes. Possuo a segurança de que os alemães domiciliados no Brasil não devem temer o menor constrangimento pessoal ou material. Podem os meus patrícios continuar tranquilamente a tratar das suas pacíficas ocupações. Peço, portanto, que tenham a maior confiança no destino e voltem os olhos para um futuro melhor e para a pátria.*

Na mesma noite, no Catete, o ministro do Exterior, Lauro Müller, anunciava o rompimento de relações com os alemães à população. Em frente ao palácio, uma multidão empunhando bandeiras do Brasil irrompeu em "vivas" ao Brasil e "morras" à Alemanha. Na janela superior do prédio, o presidente Wenceslau Braz dirigiu apenas duas frases, suficientes para levar os populares ao delírio. "O Brasil cumpriu o seu dever. Viva a República!"

A nota enviada pelo governo brasileiro à representação alemã explicava detalhadamente a decisão. Além de lembrar o protesto feito pelo governo brasileiro dois meses antes, por ocasião do anúncio do bloqueio naval germânico, a correspondência apontava o descumprimento, por parte do submarino alemão, de preceitos previstos nas declarações de Paris (1856) e Londres (1909):

I – Os neutros não são obrigados a respeitar o bloqueio que não seja efetivo, isto é, mantido por força suficiente para vedar realmente o acesso ao litoral inimigo.

II – O navio que tentar infringir o bloqueio efetivo está sujeito a ser apresado, mas não destruído.

III – Quando mesmo uma necessidade excepcional pudesse autorizar a destruição do navio neutro violador do bloqueio, as pessoas que nele se encontram devem ser respeitadas.

Conforme o governo brasileiro, o empenho em honrar a sua isenção propalada desde o começo da guerra não encontrou acolhida junto aos alemães. No episódio do torpedeamento do Paraná, os preceitos referentes à abordagem de embarcações neutras não foram seguidos. O navio, dizia a nota brasileira, não foi intimado a receber a visita para verificação de sua qualidade de neutro e dos papéis atestando a natureza da carga, além de não ter sido avisado de que ia ser posto a pique, mesmo que não resistisse. Além disso, a tripulação não recebeu a mínima assistência humanitária por parte dos agressores:

A esse ato hostil às relações amistosas do Brasil para com a Alemanha, vieram juntar-se não só a destruição total de interesses materiais de monta, mas principalmente a perda de vida de brasileiros, além do ferimento de outros, sacrificados sem forma de processo, contra expressas regras do direito das nações e com postergação de princípios aceitos em convenções e adotados pela própria Alemanha. Sobre a compensação desses fatos, o governo brasileiro resolverá oportunamente.

O Sr. presidente da República está certo de que tem dado aos compromissos livremente assumidos pelo Brasil com o governo alemão, na vida internacional, o mais cabal cumprimento. Tem por isso mesmo grande pesar em reconhecer que é forçado, à vista de quanto se passa, a suspender as relações diplomáticas e comerciais com a Alemanha.

Segundo a correspondência de Lauro Müller a Adolpho Pauli, "o incidente não comporta, sinto dizê-lo, possibilidade de explicação ou negociação". Imediatamente após o rompimento, o ministro das relações exteriores do Brasil telegrafou à representação brasileira em Berlim informando que todos os brasileiros residentes na Alemanha deveriam deixar o país no dia seguinte.

Aos olhos de alguns setores, porém, o próprio Lauro Müller estava em maus lençóis. Com a ira anti-germânica instalada no país, a ostentação de um sobrenome de origem alemã lhe trouxe antipatias e desconfianças. No jornal *A Noite*, do Rio, o articulista Medeiros de Albuquerque ocupou uma coluna inteira da capa da edição de 11 de abril, um dia após o rompimento de relações, para questionar o posicionamento de Müller diante da contenda entre os dois países:

A Notícia de ontem achava que eu chegara, no auge do meu exagero, a acusar o senhor Lauro Müller, unicamente por ter nomes alemães. Felizmente, os leitores desta seção – se é que os há – sabem que isto não é exato.

Durante muito tempo, pensei que, bem ao contrário do que escrevera A Notícia, *que o senhor Lauro Müller seria capaz de vencer as suas inclinações de raça, de educação e de interesses políticos. Depois, pouco a pouco, os fatos têm demonstrado que, apesar de todo o seu alto valor intelectual, ele não pode resistir à força daqueles fatores.*

Mas a minha opinião individual pouco importa. O que importa é a opinião pública. E é incontestável que essa opinião não tem confiança no doutor Lauro Müller. Vários fatos estão provando que essa desconfiança é geral e justa.

Ontem à tarde o Jornal do Commercio *deu em resumo a opinião de todos os ministros. Atribuiu ao doutor Lauro Müller a de que havia sugerido enviasse à Alemanha uma nota pedindo compensações materiais para as vítimas do Paraná.*

Essa informação era contestada. O ministro nega formalmente que tenha pensado em indenização pecuniária e garante que estava firme na ideia de rompimento.

O que se assevera, entretanto, é que na sua opinião esse rompimento devia ser precedido da remessa de uma nota à Alemanha. Essa nota teria uma resposta. E provavelmente essa resposta viria de modo a suscitar uma réplica, que talvez pedisse uma tréplica... E ninguém sabe como isso acabaria. Mas admitamos que essa notícia acerca do nosso Ministério do Exterior seja insensata. (...)

Sejam quais forem as erratas posteriores, o que se sente, diante disso, à primeira vista, é que, mesmo os defensores mais habituais da nossa política internacional estão sempre prontos a admitir como verossímil qualquer notícia que implique tendências germanófilas do ministro do Exterior. Embora, portanto, garantam depois em fórmulas expressas que têm toda a confiança naquele político, provam, pelas notícias, que não duvidam acolher como, de fato, não tem confiança alguma.

Lê-se hoje nos jornais o rompimento de relações da Argentina com a Alemanha. Para chegar a esse fim, o governo argentino não alega nenhum "fato concreto". Baseia-se exclusivamente em uma aceitação dos mesmos princípios firmados pelos Estados Unidos.

No entanto, quando aqui chegou a notícia do rompimento desta aliada nação com a Alemanha, o ministério do Exterior afirmou, gravemente, solenemente, que nós não podíamos fazer o mesmo sem um "fato concreto". E por trás, à socapa, empenhava-se em um conchavo com a Alemanha para que o "fato concreto" não aparecesse.

Apesar de tudo, o "fato concreto" aparece. Mesmo diante dele, o senhor Lauro Müller procura achar ainda um adiamento, um simples pretexto para a troca de notas diplomáticas...

É possível, nestas condições, estar tranquilo? E ter confiança?

A nota de rompimento deve apenas ser a primeira parte de nossa ação. Falta a requisição dos navios. Desde já, porém, pode-se prever que o senhor Lauro Müller fará todo o possível para embaraçar esse complemento natural da nossa nota.

Há jurisconsultos que acham aquela requisição perfeitamente legítima. É esse, por exemplo, o parecer do eminente advogado doutor Paulo de Lacerda. Mas há outros que negam a legitimidade desse ato. Tudo indica, ou pelo menos tudo faz desconfiar que, como por acaso, o Ministério do Exterior se arranjará para que a opinião dos últimos prevaleça.

O que há de angustioso nesse momento é que deveríamos estar absolutamente confiantes na ação do governo. Sabe-se hoje que podemos confiar no senhor Wenceslau Braz. Sabe-se que sempre que o ministério deliberar reunido, nada há a recear. Mas o que todos podem temer é o lento preparo do espírito do

*chefe de estado, por meio de pequenas notícias e informações ten-
denciosas, que o doutor Lauro Müller irá acumulando. E essas
informações o doutor Wenceslau Braz e os outros ministros não
as têm senão por essa fonte.*

*No meio de todas as afirmações e desmentidos dos últimos
dias, é bom não esquecer que ninguém desmentiu o fato do senhor Lauro Müller ser sócio da Deutsche Südamericanische Gesellschaft, poderosa associação pangermanista. Ninguém negou
que, em discurso feito em Berlim, o senhor Lauro Müller tenha
afirmado que, se tinha orgulho pelo Amazonas, estava "ligado
por um respeito filial ao Reno de seus pais".*

*Aliás, se alguém negasse, mais fácil seria fazer imediata-
mente a prova.*

*Assim, A Notícia se ilude, quando supõe que a minha des-
confiança vem do nome do senhor Lauro Müller. Ela vem da
autêntica declaração do ministro do Exterior de que o seu coração oscila entre o Amazonas e o Reno – isto é, entre o Brasil e
a Alemanha. Ela vem de que, no momento em que se trata de
combater a influência germânica, não se pode crer que o mais
idôneo para este fim seja o sócio ilustre da pangermanista associação Deutsche Südamericanische Gesellschaft.*

Da mesma forma que alguns jornais, a Liga Brasileira pelos
Aliados entrou na campanha para a derrubada de Lauro Müller.
Em sessão do seu comitê diretor, a entidade recomendou o afasta-
mento do ministro e o desarmamento imediato das sociedades de
tiro germânicas. A proposta era detalhada em um manifesto:

*Considerando a inconveniência para a paz pública da ma-
nutenção de tiros federados germânicos existentes nos estados do
Sul do Brasil;*

Considerando a desvantagem da circulação de jornais alemães, cujas ideias subversivas ofendem o espírito nacional;

Considerando os perigos a que a espionagem alemã tem exposto os países que ora combatem pela liberdade contra a tirania prussiana, se não deverá consentir na expedição de correspondências de alemães para o Exterior e mesmo o seu trânsito no interior do país;

Considerando a grande vantagem que auferirá o Brasil em colaborar com os aliados e com a República Americana do Norte nesse nobre esforço por eles tomado em prol da liberdade dos mares do mundo civilizado;

Considerando que o nosso estrito e legítimo interesse, já lesado pela sonegação de capitais que nos são de há muito devidos por gêneros de comércio depositado em portos alemães, pelos quais não recebemos o devido pagamento;

Considerando que quaisquer que sejam os atos do ministro do Exterior, se acham esses, pelas origens e ligações dele, desde logo inquinados de suspeição, de insinceridade;

Resolve a Liga Brasileira pelos Aliados sugerir ao presidente da República as seguintes medidas de caráter urgente:

1º) Fazer desarmar todos os tiros germânicos federados existentes no Sul do país;

2º) Sustar a expedição de correspondências dos súditos germânicos para o Exterior e o seu trânsito no interior do país, bem como estabelecer a indispensável vigilância permanente dos súditos alemães domiciliados entre nós;

3º) Suspender a publicação de todos os jornais germânicos cujas ideias possam alarmar e desviar o espírito público;

4º) Oferecer aos aliados à Grande República Americana do Norte a eficaz colaboração da nossa gloriosa marinha de guerra no prélio final que se vai travar com os piratas que infestam os mares;

5°) Sequestrar todos os navios alemães internados nos portos do país até que medidas de caráter mais grave e radical possam ser aplicadas no intuito de fazê-los pagar os danos por nós sofridos ou aqueles venhamos a suportar no futuro;

6°) Demitir o atual ministro do Exterior, substituindo-o pelo senador Ruy Barbosa, que concretiza nesta memorável fase atravessada pelo nosso país as ideias adiantadas do Brasil de repulsa às atitudes inconfessáveis dos bárbaros atuais, que ofendem a civilização e desonram de modo irremediável toda a humanidade.

Após o rompimento de relações com a Alemanha, apesar da enxurrada de críticas e da desconfiança – ou talvez justamente em razão de ambas –, o ministro do Exterior trabalhou sem parar. Virou a noite no Itamaraty, ditando notas e telegramas e assinando uma infinidade de documentos relativos à medida. Durante todo o período, esteve acompanhado pelo subsecretário do Exterior, Sousa Dantas, pelo chefe de gabinete, Sylvio Romero Filho, e pelos oficiais de gabinete Pessoa de Queiroz, Coelho Rodrigues e Carlos Maximiliano de Figueiredo. Até mesmo os jornais que o atacavam chegaram a noticiar que Lauro Müller deixou o palácio somente às 6h, "a fim de ir à sua residência fazer toalete".

AS DECLARAÇÕES DE GUERRA EM 1915

23/5 – Itália ao Império Austro-Húngaro

3/6 – San Marino ao Império Austro-Húngaro

21/8 – Império Austro-Húngaro ao Império Turco-Otomano

14/10 – Bulgária à Sérvia

15/10 – Grã-Bretanha à Bulgária

15/10 – Montenegro à Bulgária
16/10 – Itália à Bulgária
16/10 – França à Bulgária

O anúncio do rompimento de relações com a Alemanha ecoou pelo país, na forma de manifestações de apoio ao governo e de revolta contra os tedescos. Em vários Estados, houve manifestações contra a presença de empresários, banqueiros e negociantes de origem teutônica do lado de cá do Atlântico. No Rio, a Liga dos Aliados, que desde 1914 insistia para a entrada do Brasil na guerra, publicou artigos em vários jornais e conclamou o conselheiro Ruy Barbosa – um dos maiores defensores da causa – a ir de Petrópolis, onde morava, até a capital federal, onde seria recebido pelos militantes para um barulhento *meeting* em favor da Tríplice Entente. Da mesma forma, a Associação Brasileira de Estudantes mobilizou-se para demonstrar apoio a uma ação enérgica do governo.

Na Praça Tiradentes, um grupo liderado por acadêmicos empunhou bandeiras dos países aliados, fornecidas pela empresa Paschoal Segreto. Depois de criticar a atitude do ministério do Exterior, classificando-a como "fraca e indecisa", o acadêmico Miranda Moura foi freneticamente aplaudido. Na Glória, uma barreira montada por 20 policiais a cavalo, que tentaram bloquear a passagem dos manifestantes, foi transposta pelos jovens aos gritos de "viva a polícia", enquanto os agentes, atônitos, deixavam o grupo cruzar por entre as fileiras de cavalos.

Apenas na chegada ao Palácio do Catete o grupo soube da ausência do presidente Wenceslau Braz, que estava em Petrópolis, visitando a família. Assim, membros das Casas Civil e Militar ciceronearam os manifestantes.

Em seguida, o grupo partiu em direção a Botafogo, onde saudou as legações aliadas e americanas. Na representação da Argentina, na Rua Senador Vergueiro, o ministro Ruiz de Los Lianos chegou a receber os líderes da manifestação. Na saída, ele próprio acompanhou os jovens brasileiros até o jardim da legação, saudando-os com "vivas" ao Brasil e recebendo em troca "vivas" à Argentina. Em frente ao Club Germânia, um funcionário que ousou mostrar o rosto na janela frontal durante a passagem do grupo recebeu uma enxurrada de apupos e palavrões.

Em Curitiba – à época, escrevia-se *Curytiba* –, um grupo de manifestantes percorreu as ruas do Centro, passando em frente às redações dos jornais, protestando contra o torpedeamento do Paraná. Embora sem atos de violência ou vandalismo, o ato permaneceu por alguns instantes em frente ao consulado alemão, ao qual dedicou uma sonora vaia.

Em Barra Mansa, Estado do Rio, uma multidão reuniu-se na praça Ponce de Leon para demonstrar sua indignação diante do ataque ao navio Paraná. Em Juiz de Fora, Minas Gerais, manifestantes reuniram-se em frente à redação do jornal *Pharol*, onde foi afixado um telegrama com a informação do rompimento de relações diplomáticas. Ao tomar conhecimento da notícia, a multidão explodiu em "vivas" ao Brasil e ao presidente Wenceslau Braz.

Em Santa Catarina, um grupo de rapazes afixou um cartaz na Praça XV de Novembro, em Florianópolis, convidando o povo a fim de pedir vingança pela morte dos brasileiros no torpedeamento do Paraná. O chefe de polícia, Ulysses Costa, porém, avisou que permitiria qualquer *meeting* com objetivos pacíficos, mas que não consentiria a realização de passeata, porque, acreditava, poderia resultar em perturbações. Também pediu aos organizadores – e foi atendido – que transferissem o *meeting* para outro dia, em razão da realização, à mesma hora anunciada, da Mi-Carême, versão brasileira da festa realizada na França desde o século XVI, promovida pelos clubes carnavalescos da cidade.

Policiadas por piquetes de infantaria e cavalaria, as ruas de Florianópolis foram tomadas pelos carnavalescos. Além de centenas de foliões, a festa contou com diversos carros alegóricos, entre eles um que simbolizava o destróier Alagoas. Na capital catarinense, apesar do princípio de mobilização e revolta contra os alemães, não foram registrados maiores incidentes.

No porto da cidade, o comandante do verdadeiro navio Alagoas, ancorado em serviço de vigilância, enviou ao ministro da Marinha, almirante Alexandrino de Alencar, um relatório sobre as "possíveis traições" dos alemães domiciliados na capital catarinense. Segundo o capitão de corveta Durval Guimarães, por várias vezes a embarcação recebeu despachos misteriosos, transmitidos por estações de rádio clandestinas. Em outra ocasião, a guarnição de bordo percebeu alguns códigos luminosos – feitos de traços e pontos, como nos tradicionais sinais telegráficos – nas nuvens, que pareciam ser feitos por holofotes de longo alcance.

Corria também em Florianópolis a informação de que a fábrica alemã Bromberg S/A teria enviado aos imigrantes germânicos de Santa Catarina grande quantidade de armas e munições, incluindo metralhadoras e até cinco canhões Krupp. Desta forma, os teutos poderiam reagir contra qualquer deliberação do Brasil de declarar guerra contra a Alemanha.

Em Paraibuna, no interior de São Paulo, dezenas de pessoas percorreram as ruas centrais, empunhando a bandeira nacional, dando "vivas" ao Brasil, ao Exército, à Armada, às nações aliadas, ao chefe da nação, ao senador Ruy Barbosa e ao poeta Olavo Bilac, outro ferrenho defensor da participação brasileira na guerra no front aliado.

Dias depois, centenas de pessoas, enfurecidas, jogaram pedras, quebraram vidros das janelas e entraram no prédio onde operava o *Diario Español*, em São Paulo, revoltadas com a linguagem ofensiva usada pela publicação em relação ao Brasil após o rompimento de relações. Depois de invadir o prédio, aos gritos, a multidão tentou danificar as máquinas do jornal. A polícia interveio com praças de cavalaria.

Dispersados por alguns minutos, os populares voltaram a se reunir na Rua da Direita. Em poucos minutos, foram apedrejadas a Casa Alemã, a Casa Cosmos e a Casa Enxoval. Entraram em ação, então, cerca de 100 policiais, comandados pelos delegados Mascarenhas, Neves e Bandeira de Mello, que, depois de muito trabalho, conseguiram pôr fim ao tumulto. Na confusão, vários populares e policiais – apedrejados – acabaram feridos, todos sem gravidade.

Em Caxias do Sul, na Serra Gaúcha, centro de uma região de colonização italiana, centenas de pessoas desfilaram pelas ruas centrais, empunhando bandeiras do Brasil e da Itália. Em seguida, dirigiram-se à praça Dante Alighieri, onde oradores se revezaram em discursos inflamados contra a agressão germânica.

Embora houvesse grande animosidade dos brasileiros em relação aos alemães, a situação não chegava próxima do que noticiava o jornal alemão *Die Post*, sob o título "O número de mortos nas batalhas do Brasil". A publicação, segundo noticiava o brasileiro *Diário de Pernambuco*, afirmava haver uma guerra instalada entre brasileiros e alemães no sul do país:

> *A guerra alastra-se a toda região sul da república. Os colonos alemães das várias grandes comunidades germânicas ao sul do Brasil estão a braços com uma guerra feroz contra os civis comandados por oficiais do Exército Brasileiro.*
>
> *De ambos os lados, são numerosos os mortos. A vaga dos combates já se estende a toda região meridional do Brasil, desde Porto Alegre até Uruguaiana.*
>
> *Da mesma forma que em Porto Alegre, os alemães de Uruguaiana estão há dois dias pelejando contra brasileiros, defendendo*

suas mulheres e crianças, contra centenas de nacionais, que, desorganizados, circundam os edifícios e despejam fogo à pistola e à espingarda contra o fogo calculado dos fuzis alemães.

O levante do Brasil meridional contra os alemães tornou-se geral. Todas as notícias afirmam que a luta atingiu um estado de verdadeira guerra.

Mesmo que não se vislumbrasse naquele momento qualquer possibilidade de o Brasil enviar tropas ao teatro de guerra europeu, o ministro da Guerra, marechal José Caetano de Faria, expediu comunicado aos comandantes de unidades determinando a intensificação dos exercícios militares das linhas de tiro. Em todo o país, civis e militares reformados acorreram aos quartéis, oferecendo-se para engajar-se nas fileiras do Exército.

Apesar disso, as autoridades brasileiras e os líderes da Tríplice Entente tinham claro que, do ponto de vista militar, a adesão do Brasil aos aliados traria poucas vantagens. Sem força aérea, com uma esquadra obsoleta e com um exército mal equipado, o país não tinha condições de contribuir efetivamente na luta contra o poderio alemão e austro-húngaro. Em 1917, o Brasil contava com menos de 100 metralhadoras, contra mais de 15 mil da Alemanha.

Mas, no seio popular, as demonstrações de coragem para lutar pela pátria não cessavam. No Rio, Louis George Maller, sargento reformado do exército francês, compareceu ao Itamaraty oferecendo-se para prestar serviço às forças armadas brasileiras. Ex-integrante do 365º Regimento de Infantaria da França, Maller recém havia chegado do Havre, depois de participar do assalto a Verdun, onde acabara ferido em uma das pernas. Um dos funcionários do Itamaraty orientou-o a procurar o Ministério da Guerra, único órgão capaz de autorizar o seu engajamento às forças brasileiras, uma vez que a Constituição proibia a participação de estrangeiros nas forças armadas brasileiras. No ministério, Maller foi recebido pelo primeiro-tenente Marcolino Fagundes, ajudante de ordens do ministro Caetano de Faria, que agradeceu a boa-vontade do francês, mas liquidou de vez com suas expectativas de servir ao Exército brasileiro.

No dia seguinte, apresentou-se ao governo brasileiro a cidadã Veronica Müller, que, apesar do sobrenome alemão, dizia ter origem britânica. A senhorita ofereceu seus préstimos à Cruz Vermelha do Exército, mas, da mesma forma que o francês Maller, recebeu um agradecimento oficial e a informação de que, por ora, seus serviços não seriam necessários.

O torpedeamento do Paraná também causou repercussão no Exterior, principalmente entre os países beligerantes. Em Paris, com boas doses de exagero e oportunismo, o jornal *Petit Parisien* afirmou que os meios oficiais e a população do Brasil nunca esconderam sua antipatia pelos Impérios Centrais. A publicação mencionava a conferência do senador Ruy Barbosa, que condenou veementemente o atentado teutônico, e o enérgico protesto do chanceler Lauro Müller, seguido de uma nota que colocava o Almirantado Alemão como responsável pelo afundamento da embarcação nacional. Por fim, indicava que o Brasil estava prestes a tomar uma atitude de represália contra a Alemanha, garantindo também que a irritação contra os Impérios Centrais já se espalhava pela América Central.

Já o *Excelsior* afirmava que os alemães escolheram o momento errado para torpedear um navio brasileiro. A publicação mencionava os interesses germânicos no Brasil, país que os alemães julgavam cair sob sua influência logo que sua hegemonia na Europa pudesse vir a ser confirmada. Dizia ainda que "a grande república sul-americana" era vista "como uma futura colônia de povoamento". Segundo o jornal, o Brasil, "que mostrou a resolução de fazer respeitar os seus direitos, tem a seu dispor muitos meios de exercer represálias eficazes".

O *Gaulois*, lembrando as advertências feitas pelo Brasil à Alemanha, previa que "a república se juntará à cruzada dos povos que querem ser livres e respeitados".

Em artigo no *Echo de Paris*, um editorialista elogiava a posição brasileira, ao mencionar a situação criada na América Latina em razão da grande presença de imigrantes germânicos. Segundo ele, o movimento iniciado por bancos, comércio e navegação alemães foi um meio inédito de criar na América Latina as condições para o estabelecimento de um império germânico. "O honrado chanceler brasileiro sabe bem de que esforços indecentes lança mão a propaganda alemã, no trabalho que faz entre os seus compatriotas no Rio Grande do Sul e em Santa Catarina. Na Argentina, a manobra germânica é inteiramente diversa: aí eles procuram excitar a opinião pública local contra o Brasil, não na quimérica esperança de provocarem um conflito entre as duas nações, mas no intento de fornecerem um argumento aos neutralistas do Brasil".

De Londres, o representante brasileiro informou que o anúncio do rompimento de relações foi recebido "com a maior satisfação".

No Peru, o jornal *El Commercio*, de Lima, fazia votos de que o Brasil encontrasse uma solução digna e pacífica da "questão provocada por atos que violam os princípios do direito internacional". O *Tiempo* publicou um enérgico editorial intitulado "O dever da América do Sul", no qual dizia esperar que todos os povos da América aderissem à atitude dos Estados Unidos, auxiliando-os "tanto quanto possam para abater e arrancar as garras da águia de Postsdam", referência ao antigo centro da monarquia alemã dos Hohenzollern.

Ainda como represália ao torpedeamento do Paraná, dias depois do rompimento de relações o governo brasileiro anunciou, "como medida de polícia e de segurança, sem caracterizar confisco", que assumiria a guarda, por meio de força federal, de um total de **45 EMBARCAÇÕES ALEMÃS**[3] internadas nos portos de Rio de Janeiro, Belém, São Luís, Cabedelo (PB), Recife, Salvador, Santos (SP), Paranaguá (PR), Itajaí (SC) e Rio Grande (RS). Segundo a nota do governo, as guarnições dos referidos navios vinham praticando atos de destruição dessas embarcações, "que estão sob jurisdição e guarda das autoridades brasileiras, sobretudo agora que aqui não mais existem autoridades do império alemão".

A lista de navios sob tutela brasileira incluía a canhoneira Eber, aportada em Salvador. Na mesma data, o governo brasileiro anunciou que as embarcações mercantes brasileiras seriam preparadas para, sempre que necessário seguir para a zona bloqueada, fazê-lo equipadas com peças de artilharia, "com instruções meramente defensivas".

Sucessor de Rio Branco no cargo de ministro das Relações Exteriores, o catarinense Lauro Müller, nascido em Itajaí, em 1863, não tinha o traquejo e a experiência do antecessor. Como se não bastasse, a ascendência alemã tornara-se um peso constante no seu dia a dia como ministro do Exterior. Acuado, em 7 de maio, quase um mês após a ruptura de relações, Müller viu-se forçado a renunciar e acabou substituído, no mesmo dia, pelo ex-presidente Nilo Peçanha, amigo de Ruy Barbosa, com quem dividia pensamentos similares relativos à crise mundial.

Em meio ao alvoroço causado pelo ataque alemão ao Paraná no Brasil, nos Estados Unidos o presidente Woodrow Wilson ainda recebia manifestações de apoio à declaração de guerra contra a Alemanha. A medida fora anunciada no dia 6 de abril, quatro dias antes do rompimento de relações do Brasil com a Alemanha. Na ocasião, Wilson enviara uma mensagem ao congresso americano, solicitando uma sessão especial para apreciar o seu pedido de declaração de guerra. Dizia o texto:

> *A atual guerra submarina alemã contra o comércio é uma guerra contra a humanidade. É uma guerra contra todas as nações. (...) Nosso objetivo não será vingar-nos, nem afirmar vitoriosamente o poder físico do país, mas unicamente a defesa do direito, do direito humano. (...) Há uma opção que não podemos fazer, uma escolha que estamos incapacitados para fazer – não optaremos pela via da submissão. (...) Com um sentido profundo do caráter, solene e ainda trágico do ato realizado (...) proponho que o Congresso declare que a decisão recente do governo imperial alemão não é nada menos, de fato, que a guerra contra o governo e o povo dos Estados Unidos.*

Embora tenha espalhado otimismo entre os aliados, a entrada dos Estados Unidos no conflito levou medo a muitos norte-americanos. Semanas antes do envio dos primeiros soldados americanos ao front europeu, jovens ainda lutavam para não ter de embarcar para o Velho Continente, o que, para alguns, equivalia ao risco de perder a vida em uma luta na qual os Estados Unidos sequer deveriam se envolver. De um lado ao outro do país – de sul a norte, do Atlântico ao Pacífico –, cresceu assombrosamente o número de requerimentos de licença para casamento.

O governo interpretava o fenômeno com otimismo, afirmando que os jovens estavam optando por casar-se antes de se apresentar como voluntários às forças armadas. Entre a população, porém, estava claro que, mesmo em idade de servir às forças armadas, os apressados noivos acreditavam que, uma vez que estivessem casados, não seriam chamados tão depressa quanto os solteiros, caso o serviço militar se tornasse obrigatório.

Por coragem ou covardia, o fato era que, em Nova York e Chicago, a multidão aglomerada em frente aos edifícios onde eram processadas as petições de casamento foi tão grande em alguns dias que a polícia precisou ser chamada para colocar ordem na situação. Apesar das troças dirigidas pelos populares e das censuras feitas pelos próprios escriturários, o número de noivos aumentava a cada dia. Nos cartórios, muitos admitiam que estavam casando somente para fugir do serviço militar. Outros culpavam as noivas, afirmando que elas os obrigaram ao casamento, tentando para eles uma licença matrimonial.

Em Chicago, uma senhorita respondeu a um jovem que lhe pedira a mão em casamento com uma ironia: "Se fores tão fiel à tua esposa como és à tua bandeira, queira Deus apiedar-se dos Estados Unidos". Somente em um dia, foram concedidas em Nova York 482 licenças de casamento e, em Chicago, outras 110.

Na mesma época da corrida aos cartórios, em Eddystone, uma explosão em uma fábrica de munições deixou centenas de feridos. Enquanto os bombeiros tentavam conter as chamas, equipes da Cruz Vermelha retiravam as mais de 600 vítimas do prédio. Embora a causa do incidente não tenha sido identificada, havia entre os americanos a desconfiança de que a origem pudesse ser criminosa. Entre os suspeitos, estavam imigrantes alemães e cidadãos americanos de tendência germanófila.

3. O predestinado Baependy

Um dos navios apreendidos pelos brasileiros foi o Baependy, de 4.800 toneladas. A embarcação, que sob a bandeira germânica se chamava Tijuca – homônima do Tijuca brasileiro, que seria afundado em maio de 1917, durante a Grande Guerra –, e serviria ao Brasil por décadas, até tornar-se protagonista de uma das maiores tragédias navais brasileiras.

Em 15 de agosto de 1942, durante a Segunda Guerra Mundial, o Baependy seguia do Rio com destino a Recife, onde desembarcariam centenas de soldados que formariam o 7º Grupo de Artilharia de Dorso. No caminho, porém, o navio foi torpedeado pelo submarino alemão U-507, na altura do litoral sergipano. Das 308 pessoas a bordo, 270 morreram.

Nos dois dias seguintes, outras quatro embarcações brasileiras – Araraquara, Aníbal Benévolo, Itagiba e Arará – foram atacadas pelo mesmo submersível, comandado pelo capitão de corveta Harro Schacht, nos litorais de Sergipe e da Bahia. No total, 607 pessoas perderam a vida.

Pressionado pela fúria popular, que saiu às ruas depredando estabelecimentos comerciais e industriais pertencentes a imigrantes alemães, italianos e japoneses, o presidente Getúlio Vargas declarou, uma semana depois, em 22 de agosto, estado de beligerância contra a Alemanha e a Itália, que também havia afundado navios brasileiros. No dia 31 de agosto, o Brasil decretava guerra aos dois países. Vinte e cinco anos depois da entrada do Brasil na Grande Guerra, um novo ataque levado a cabo por um submarino alemão jogava o país na Segunda Guerra Mundial.

CAPÍTULO 4
Tijuca e Lapa, as novas vítimas

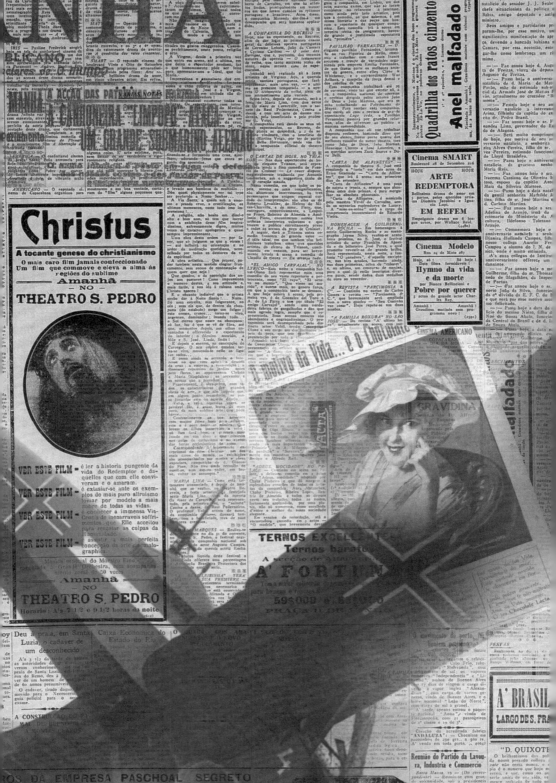

No dia 13 de maio de 1917, Lúcia de Jesus, de 10 anos, e os primos Francisco, de nove, e Jacinta Marto, de sete, conduziam um pequeno rebanho na Cova da Iria, freguesia de Fátima, em Portugal. Ao meio-dia, depois de rezarem o tradicional terço, eles tentavam construir uma casinha de pedras, mas foram interrompidos por uma repentina luz brilhante.

Assustados com o que parecia ser um relâmpago, os pequenos decidiram voltar para casa, mas foram novamente atraídos por um clarão. De cima de uma pequena azinheira, uma "senhora mais brilhante do que o sol" segurava um terço branco. Segundo o trio, a senhora pedira-lhes que rezassem muito – era necessária muita oração para acabar com a devastadora guerra europeia – e que voltassem ao mesmo local nos cinco meses seguintes, sempre no dia 13, naquele mesmo horário.

Assim, nos dias 13 de junho, julho, setembro e outubro, as crianças retornaram à azinheira, onde garantiram que a senhora voltou a lhes falar. Em agosto, a aparição deu-se em outro lugar, conhecido como sítio dos Valinhos, porque no dia 13 daquele mês as crianças tinham sido levadas para a Vila Nova de Ourém.

Com o passar dos meses, a notícia dos diálogos entre aquela que parecia ser uma santa com as crianças portuguesas atraiu a atenção e a curiosidade do povo de toda a região. Em 13 de outubro, milhares de pessoas presenciariam a última aparição, quando a imagem teria dito aos pequenos que era a "Senhora do Rosário". A história ganhou o mundo e, até os dias atuais, cinco milhões de peregrinos de todo o mundo visitam o local do evento misterioso nos dias 13 de cada mês.

Um mês e meio depois que o Paraná foi a pique, outras duas embarcações brasileiras – os navios Tijuca e Lapa – seriam afundadas em águas europeias, quase como represália ao rompimento de relações diplomáticas adotado por Wenceslau Braz em 10 de abril.

Eram 22h40min do dia 20 de maio, uma semana depois da primeira aparição da Senhora do Rosário em Portugal. Por orientação do almirantado britânico, o Tijuca seguia para Brest, onde deveria receber novas instruções de navegação. O navio da Companhia de Comércio e Navegação viajava a cinco milhas a sudoeste do isolado farol de Pierres Noires, próximo à entrada do Canal da Mancha, a marcha reduzida – uma milha e meia por hora –, quando uma explosão na altura da casa de máquinas deixou a embarcação às escuras.

Segundos antes do impacto, um dos marinheiros havia percebido na água o sulco que indicava a aproximação de um torpedo e chegou a dar o grito de alerta. Mas não houve tempo para uma manobra evasiva. Após a explosão, enquanto os tripulantes corriam de um lado a outro, assustados, o marinheiro contou ao comandante, Carlos Antônio Duarte, que havia percebido a aproximação do torpedo.

Rapidamente, Duarte iniciou o trabalho de salvamento da equipagem, mandando arriar as baleeiras, enquanto os porões do Tijuca gemiam, ruidosamente, invadidos pela água. O afundamento foi tão rápido que os marinheiros não tiveram tempo para recolher documentos, objetos pessoais ou mesmo víveres para levar às baleeiras.

O mar calmo, com uma ligeira brisa, contribuiu para que quase todos os 38 tripulantes do Tijuca saíssem ilesos. A exceção seria José Maximiliano dos Santos Brito, de 27 anos, que morreu afogado enquanto tentava arriar a baleeira de número três, junto com o primeiro piloto, Tycho Brahe Machado, e o telegrafista, cujo nome não foi divulgado. Quando o Tijuca afundou, entre quatro e cinco minutos após o torpedeamento, a baleeira onde estava o trio foi sugada para dentro do mar com o navio, e Brito, ao contrário dos dois colegas, não conseguiu voltar à tona com vida.

Dois foguistas ficaram levemente feridos. Mesmo tendo sofrido várias contusões pelo corpo, o telegrafista ainda tentou pedir socorro, mas, como o torpedo atingira a casa das máquinas, não havia eletricidade para fazer o sistema operar.

Após o afundamento completo do Tijuca, o submarino alemão UC-36, comandado pelo capitão Gustav Buch, submergiu e aproximou-se da baleeira número dois, conduzida pelo imediato, José Castello Junior. Primeiro, o interlocutor falou em alemão, mas não foi compreendido. A seguir, tentou em inglês, mas seguiu sem respostas.

Depois que um dos náufragos arriscou informar a nacionalidade do grupo – "brazilian, brazilian" –, o oficial do submarino passou a falar em espanhol e, assim, conseguiu concluir o seu interrogatório. Em dois minutos, questionou os náufragos sobre a natureza e o destino do carregamento, a nacionalidade, o porto de registro, a procedência e o destino do navio. Por fim, indagou sobre a existência de oficiais entre os sobreviventes, o que Castello Junior negou, temendo possíveis atos de violência por parte dos agressores.

Além dos "ya, ya" com que o oficial sinalizava às respostas dos brasileiros, os náufragos garantiram ter visto as cores da Alemanha no flanco do submarino. Não havia dúvida de que se tratava de um submarino alemão. Segundo os sobreviventes, ao saber que a principal carga transportada pelo Tijuca era café, os tripulantes do U-boot deliciaram-se em gargalhadas, que soaram como verdadeiro deboche à tragédia que acabara de lhes atingir. Terminado o interrogatório, o submarino afastou-se, abandonando os náufragos à própria sorte.

Em duas baleeiras, os náufragos velejaram até um farol, onde foram socorridos por volta de 4h da manhã do dia 21, cerca de cinco horas e meia após o torpedeamento. Do farol, os sobreviventes foram transportados, ainda nas baleeiras, para uma ilha, onde um destróier francês apanhou-os e transportou-os até Brest, onde chegaram no dia 22. Outros 16 náufragos, que alcançaram Ouessant às 7h do dia 21, juntaram-se ao grupo principal em Brest. Horas depois, o comandante recebeu um telegrama do Lloyd, informando que a direção lhe enviara, via Banco Francez-Italiano, a soma de 30 mil francos para custear as despesas dos náufragos em terra.

O Tijuca, que partira em 28 de março do Rio de Janeiro com destino ao porto de Havre, na França, levava 37.750 sacas de café. Entrou no porto de Recife no dia 4 de abril e saiu no dia 7. Fez escalas ainda em São Vicente e Funchal, na Ilha da Madeira. Estava no oitavo dia de viagem desde a saída da ilha portuguesa quando foi atacado.

Construído pelo estaleiro Andrew Leslie & Co, de Hebburn, Inglaterra, em maio de 1883, o navio – de 2,3 mil toneladas e 99 metros de comprimento – estava arrendado ao governo, mas seria entregue ao Lloyd após descarregar no Havre. Antes de chamar-se Tijuca, ostentava o nome Buffon, quando operado pela Lamport & Holt, de Liverpool, entre 1883 e 1908.

Em 1916, um ano antes do afundamento, o Tijuca havia sofrido uma explosão acidental quando atracado no porto de Nova York. A reforma exigiu um investimento de mais de 400 contos.

Natural do arquipélago de Cabo Verde, à época pertencente a Portugal, o capitão Carlos Antônio Duarte já havia comandado o Capivary e fazia em 1917 a sua primeira viagem com o Tijuca. Sua tripulação incluía o imediato José Antônio de Brito, português naturalizado, e os pilotos Júlio Antônio da Silva (primeiro) e João Ferreira Coelho (segundo). O comando das máquinas estava a cargo do experiente Joseff Elliot, que trabalhava na Companhia de Comércio e Navegação desde a sua fundação, em 1905.

Após uma viagem de 37 horas, os náufragos do Tijuca chegaram a Bordeaux, onde, segundo telegrama enviado pela representação brasileira ao Lloyd, elogiaram "a bravura dos marinheiros franceses" responsáveis pelo seu salvamento e também as populações de Ouessant e Brest, pelo carinho com que os receberam.

Quando do torpedeamento do Tijuca, havia oito embarcações brasileiras ancoradas no porto do Havre, todas pertencentes à Companhia de Comércio e Navegação: Tibagy (3.800 toneladas), Taquary (1.900), Mossoró (2.300), Araguary (4.200), Guahyba (2.600), Jacuhy (2.600), Mucury (2.800) e Corcovado (4.200).

No dia em que os náufragos do Tijuca pisavam em solo francês, várias manifestações patrióticas eram realizadas na capital federal Rio de Janeiro. Em uma delas, centenas de pessoas acorreram ao Cemitério São João Batista, onde um ato seria realizado em

Director
Edmundo Bittencourt

Correio da Manhã

Redactor-chefe
Dr. A. J. de Azevedo Amaral

Impresso em tinta de H. WILLIAMS & C.ª
... em papel de HOLMBERG BECK & C. — Stockolmo e Rio

Endereço telegraphico — "CORREOMANHA".
TELEPH.: Red. 7698 C.—Red-chefe 3701 C.—Gerencia 5443 C.

ANNO XVI — N. 6.668
Gerente — V. A. DUARTE FELIX

RIO DE JANEIRO — QUARTA-FEIRA, 23 DE MAIO DE 1917

REDACÇÃO
Largo da Carioca n. 13

O MOMENTO NACIONAL

MAIS UM NAVIO BRASILEIRO TORPEDEADO!

O "TIJUCA" FOI POSTO A PIQUE, NO DIA 20, NAS PROXIMIDADES DAS COSTAS DA BRETANHA

A MENSAGEM PRESIDENCIAL SOBRE A POLITICA DA SOLIDARIEDADE CONTINENTAL É ENVIADA A' CAMARA

O MINISTERIO DO EXTERIOR RECEBEU HONTEM, Á NOITE, CONFIRMAÇÃO DA NOTICIA

O "Tijuca", em Nova York, por occasião da grande explosão que o damnificou, custando os reparos 400 contos

A SOLIDARIEDADE AMERICANA

A mensagem, enviada hontem pelo presidente da Republica ao Congresso Nacional, marca o inicio de uma nova éra na politica externa do Brasil. Não ha, na orientação traçada pelo chefe do poder executivo, nenhuma innovação que destôe das tradições da nossa diplomacia. Pelo contrario. Como muito bem observa o sr. Wenceslão Braz, a politica que hoje se impõe ao paiz, como a unica fórmula consentanea com os nossos interesses e com a nossa dignidade nacional, *não é a politica deste periodo de governo, nem deste regimen, mas a politica tradicional da Nação Brasileira*". Quando dizemos, portanto, que a mensagem de hontem inaugura uma nova phase historica, não queremos levar a impressão de que o Brasil, ligando-se aos Estados Unidos, se vae aventurar por um terreno inexplorado e no qual vá romper com a continuidade das suas tradições. A importancia e o caracter decisivo da communicação presidencial consistem exactamente no facto de que a iniciativa do governo do sr. Wenceslão Braz vem assignalar o ponto de partida de uma applicação pratica das idéas que, desde a Independencia, guiaram e inspiraram a nossa politica externa. Encarada sob esse ponto de vista, a attitude, que vamos assumir em relação aos Estados Unidos, constitue a synthese definitiva de uma preparação diplomatica secular, cujos alicerces foram lançados nos primeiros dias do Brasil independente.

Mas a situação que vae surgir, como corollario da mensagem, representa ainda, na evolução historica deste paiz, o momento critico da nossa maioridade internacional. Pela primeira vez, o Brasil vae sair do ambiente estreito do jogo diplomatico restricto á zona fronteiriça, a que até agora se limitou a actividade da nossa chancellaria. Protestando a sua solidariedade com os Estados Unidos, o Brasil emerge do circulo a que se reduziram as suas preoccupações, para cooperar activamente na grande obra americana, movendo-se no plano das grandes potencias, como collaborador dos Estados Unidos. Por uma curiosa particularidade, que encerra, talvez, o segredo do nosso destino historico, as infelicidades da politica domestica, os erros e os desfallecimentos da nossa vida interna, contrastam com a afortunada orientação que, de um modo geral, tem presidido aos actos da acção externa do Brasil, tanto no Imperio como na Republica. Dir-se-ia que o instincto politico da nação se concentrou nesse esforço ininterrupto para a solução do problema, ainda confusamente delineado, da nossa missão internacional no continente. As lacunas na acção dos governos, os desvios da trajectoria definida, as fraquezas da diplomacia, não têm sido mais do que episodios transitorios, cuja influencia perturbadora é logo neutralizada pelo effeito combinado das tendencias historicas, que nos impellem para a expressão das energias nacionaes, de modo a tornar-nos o eixo de gravitação, o centro coordenador da politica sul-americana, o complemento indispensavel no continente meridional da acção dos Estados Unidos.

Esses são os antecedentes, que conferem á mensagem de hontem e aos actos que, em virtude della, partirem do Congresso, uma significação sem precedente. Não ha o minimo exaggero em dizer que nunca os poderes publicos do Brasil agiram em tão perfeita harmonia com os instinctos mais profundos da nossa nacionalidade, como ao exprimirem, agora, em um gesto positivo e inequivoco, a solidariedade incondicional com os Estados Unidos e a firme resolução de identificar o nosso futuro e as nossas aspirações com a sorte da grande Republica, a que nos achamos unidos pela mais natural e mais forte das allianças, que é a creada da communidade de interesses e da fatalidade de um destino, que nos impõe a cooperação mutua como uma condição essencial de sobrevivencia politica. Muito antes das chancellarias do Rio de Janeiro e de Washington terem trocado as communicações, que, nestes ultimos dias, encaminharam a futura marcha da historia americana, já haviam os maiores estadistas do Brasil e dos Estados Unidos comprehendido e sentido a inevitavel necessidade de tornar mais intimos os laços de solidariedade entre as duas maiores potencias americanas.

No ultimo quartel do seculo XIX, quando ao descortino politico de James Blaine se afigurou opportuno aconselhar o presidente Harrison a iniciar a phase de applicação pratica das idéas, apprehendidas sete decadas antes pela intuição de Monroe, e cujas fecundas possibilidades tinham fascinado a generosa intelligencia politica de George Canning, foi para o Brasil que se voltaram logo as vistas do governo de Washington. E, por uma dessas coincidencias que formam as rimas historicas, o nascimento do movimento pan-americanista coincidiu com a revolução brasileira, que nos divorciou do velho passado iberico, para nos harmonizar, pela communidade de instituições, com o ambiente politico da America. Desde o momento, em que o rompimento do vinculo dynastico, que nos prendia ás raizes coloniaes, consummou a obra nacional iniciada pela Independencia, a approximação entre o Brasil e os Estados Unidos vem progredindo sem esforço e com a naturalidade das coisas necessarias.

Tanto em um, como em outro paiz, os estadistas mais clarividentes dedicaram as suas energias á preparação dessa grande obra de cooperação continental. Na America do Norte, Cleveland, Mc. Kinley, Roosevelt, Root e Wilson sentiram todos que a tarefa tremenda que o seu paiz tinha a desempenhar no mundo nunca poderia ser realizada sem o estabelecimento de uma solida união continental, cuja base teria fatalmente de ser a intima amizade entre o Brasil e os Estados Unidos. Pelo nosso lado, a politica de approximação com a grande republica do norte, que havia servido de norma á acção da nossa chancellaria, durante o regimen imperial, foi carinhosamente cultivada por todos os governos republicanos. Os maiores patriotas que tiveram a responsabilidade do poder nestes ultimos vinte e oito annos foram partidarios enthusiastas dessa *entente* americano-brasileira. A uns, como Rio Branco e Nabuco, foram a cultura e o conhecimento profundo do nosso problema internacional que os levaram á convicção de que, na fórmula pan-americanista, estava a chave da futura grandeza do Brasil. Outros, como Floriano, em quem a synthese dos principaes elementos ethnicos da raça brasileira creára uma profunda consciencia nacional, sentiram, instinctivamente, que nos Estados Unidos tinhamos o alliado natural para a defesa dos interesses empenhados no jogo da politica externa.

As condições, em que vamos cooperar politicamente com os Estados Unidos, conferem uma importancia e um alcance particularmente notaveis á nossa entrada na arena mais vasta da acção internacional. Neste momento, a Republica americana vae representar no grande conflicto mundial um papel, que se não poderia comparar ao de nenhum outro belligerante. O governo de Washington não saiu da neutralidade para defender interesses especificos dos Estados Unidos, nem para apoiar os pontos de detalhe do programma dos alliados. A acção americana inspira-se na consciencia de que se acham em jogo os interesses supremos da civilização e que, para poder collaborar com efficacia na reconstrucção politica, juridica e economica do mundo, era indispensavel a colligação com o grupo belligerante, que representa maior somma de interesses e de aspirações geraes da humanidade em opposição ao exclusivismo racial dos germanicos dos imperios centraes.

Essas circumstancias collocam a intervenção americana — a que a nossa solidariedade nos associa agora — em um plano superior, de onde a America, unida e forte, poderá, no momento da paz, fazer valer o ponto de vista novo e original do nosso continente, imprimindo-o como factor de primeira ordem na obra da futura reorganização. Se nos tivessemos deixado ficar em um isolamento preguiçoso e ineptamente egoistico, seriamos de ante-mão excluidos da collaboração nesse trabalho, de que aliás dependerão os nossos mais graves interesses politicos e economicos. Felizmente, esse perigo está eliminado, e a nossa situação continental passou a ser a de cooperadores intelligentes e autonomos da politica americana.

O novo grave caso

E' digno de applausos o modo como a opinião publica recebeu a noticia do torpedeamento de mais um navio brasileiro, o *Tijuca*, que navegava nas aguas francezas, destino do Havre, com carregamento de café para duas firmas desta praça.

Quando se effectuou o torpedeamento do *Paraná*, o povo, em demonstrações inequivocas, fez ver ao governo que a ruptura de relações com a Allemanha se impunha por força daquelle acto de franca belligerancia, commettido contra um navio de uma nação neutra, cuja conducta perante as potencias envolvidas no conflicto era admittida por uns e outros como absolutamente exemplar.

O sr. Carlos Antonio Duarte, commandante do "Tijuca"

Aliás, não era preciso que a opinião se manifestasse daquelle modo. O governo pelo orgão do sr. Lauro Müller, então ministro do Exterior, já havia notificado á Allemanha que qualquer aggressão aos nossos navios, em transito na zona do bloqueio por ella delimitada, seria caso para futuras providencias do governo brasileiro.

E realmente foi o que se deu. Torpedeado o *Paraná*, o governo rompeu as relações commerciaes do Brasil com a Allemanha. A opinião comprehendeu, nesse momento, que a questão nos seus desdobramentos já não mais estava affecta ás suas manifestações, mas ás decisões do governo, que de modo tão patriotico soube encarar o primeiro "caso concreto" que surgiu ás nossas cogitações de potencia americana.

E' essa a razão por que a opinião publica não se deu a manifestações neste momento, em que pela segunda vez os submarinos allemães investem contra o nosso direito de nação organizada. Já agora a questão se desloca do terreno puramente governamental para a alçada do legislativo. Mas, mesmo ahi, a iniciativa que nos levou a assumir a attitude de rompimento de relações com a Allemanha encontra, por inspiração do governo, a mesma corrente patriotica que indicou aos nossos parlamentares um movimento de franca resposta ao torpedeamento do *Tijuca*, completando a ruptura de relações consequente ao torpedeamento do *Paraná*.

Em 10 de abril, o *Correio da Manhã*, no seu primeiro editorial, tratando do nosso rompimento de relações com a Allemanha, publicou o seguinte:

"*Ha uma hypothese, que nem desejariamos julgar possivel, mas que não podemos, infelizmente, excluir das eventualidades que ainda venham a se nos deparar. Tão violenta e tão indiscriminada é a acção dos submarinos teutonicos, que não é impossivel que algum outro navio brasileiro, navegando, como o "Paraná", em aguas infestadas pelos submersiveis germanicos, tenha sorte identica á do malfadado cargueiro. Se tal acontecer, não será impossivel ao Brasil deter-se no limite do rompimento diplomatico a que chegámos agora. Em semelhante hypothese, a nação exacerbada exigirá do governo represalias; e nenhum brasileiro se oppõe a que essas represalias tomem fórma mais violenta que a nossa civilização e a nossa cultura o permittam. Sejam quaes forem os sacrificios que tivermos de fazer, os riscos que precisarmos de affrontar, não poderemos deixar impune a reincidencia em crimes como o afundamento do "Paraná". E será conveniente que, ao romper relações diplomaticas com a Allemanha, a nossa chancellaria faça sentir ao governo de Berlim que um novo attentado creará uma situação de que tomaremos, como represalia, todas as medidas hostis ao nosso alcance.*"

Infelizmente, os acontecimentos nos conduzem para esse caminho. E o povo fez muito bem em confiar na acção do governo.

As primeiras noticias telegraphicas sobre o torpedeamento do "Tijuca"

Paris, 22 (A's 14,35) — (Urgente) — (A. H.) — Telegrapham de Ouessant:

"Acaba de chegar a este porto uma embacação com dezeseis homens do vapor brasileiro "Tijuca", torpedeado no dia 20 do corrente, ás 22 horas e 40, cinco milhas a sudoeste do pharol de Pierres Noires.

O primeiro official do "Tijuca" declarou ao commandante militar da ilha que ainda estavam no mar tres embarcações com tripulantes do vapor, dos quaes dois, pelo menos, apresentavam ferimentos".

Paris, 22 (A. H.) — O vapor brasileiro "Tijuca" foi mettido a pique por um submarino allemão no dia 20 do corrente ao largo das costas da Bretanha.

Foi recolhida parte da equipagem.

Paris, 21 (A. A.) — Noticias recebidas aqui esta manhã, mais tarde confirmadas pelo Almirantado Inglez annunciam ter ido a pique, hontem, entre as ilhas Britannicas e a costa franceza, o vapor brasileiro "Tijuca", pertencente á Companhia Commercio e Navegação.

Parte da tripulação já foi recolhida, não havendo ainda dados positivos sobre se se trata de mina submarina ou torpedo.

Paris, 22 (A. A.) — Confirma-se a noticia da perda do "Tijuca".

Os jornaes estampam pormenores sobre a scena dizendo que o vapor brasileiro foi torpedeado por um submarino allemão já em aguas do Canal da Mancha, a poucas milhas da ilha de Ouessant, quando se dirigia para o Havre.

A Legação do Brasil nesta capital acaba de receber communicação do vice-consul em Brest dando pormenores e informando da sorte que tiveram os naufragos, grande parte desembarcada hontem, á noite, em Ouessant.

O ministro do Exterior e as primeiras noticias

O ministro das Relações Exteriores, com a noticia do torpedeamento do "Tijuca", que lhe foi transmittida pela madrugada e por fonte particular — desde muito cedo que se encerrou no seu gabinete, só tendo recebido alguns deputados.

Ao meio dia e pouco s. ex., acompanhado do chefe do seu gabinete, foi ao palacio do Cattete, conferenciar com o presidente da Republica sobre a mensagem que ia ser apresentada ao Congresso.

Por essa occasião o sr. Nilo Peçanha informou ao presidente nada haver ainda recebido sobre o torpedeamento do "Tijuca".

Necessitando de varios papeis referentes ás relações de boa intelligencia existentes entre o Brasil e os Estados Unidos, s. ex. tornou ao Itamaraty e ao fim de alguns minutos regressava ao palacio do governo.

Finda que foi a reunião ministerial, o ministro do Exterior deu entrada no Itamaraty, acompanhado do sr. Sylvio Romero.

O sr. Franz Kolossa

Pouco depois do meio-dia, esteve no palacio Itamaraty o sr. Franz Kolossa, ministro da Austria, que foi attendido pelo sr. Sylvio Romero, chefe do gabinete do ministro do Exterior.

O sr. Franz Kolossa, segundo soubemos de fonte segura, foi não só deixar o seu cartão em visita ao ministro do Exterior, como tambem pedir uma audiencia, audiencia essa que ficou marcada para amanhã, ás 12,30.

O local do torpedeamento

O "Tijuca" foi torpedeado no oitavo dia de viagem da travessia de Funchal ao Havre, a 1.920 milhas do primeiro porto, levando a marcha média de 10 milhas horarias.

A Companhia Commercio e Navegação ainda não teve communicação

Como por occasião do torpedeamento do "Paraná", a directoria da Companhia Commercio e Navegação, logo que teve conhecimento pelos jornaes do desastre do "Tijuca", telegraphou immediatamente para a Europa, pedindo informações, que ainda não haviam chegado, segundo nos foi declarado.

O "Tijuca" e a sua tripulação

Era um bello navio de 3.100 toneladas, construido em New Castle, no anno de 1883, por A. Leslie & C., quando foi baptizado com o nome de "Bullion".

Saiu do Rio a 28 de março, com destino ao Havre, com um carregamento de 37.330 saccos de café e cinco caixas de amostras embarcadas por Grace & Comp., fazendo escalas por Recife, onde entrou no dia 4 e saiu no dia 7; S. Vicente, onde entrou a 15 do mesmo mez e saiu a 28; Funchal, onde entrou a 6 de abril e saiu a 12, seguindo dali em viagem directa para o porto do Havre.

Levava a seguinte tripulação:

Carlos Antonio Duarte, commandante; José Santos de Brito, immediato; Julio Antonio da Silva, 1º piloto; João Ferreira Coelho, 2º piloto; Josias Elliot, 1º machinista; Alfredo Garcia Ferreira, 2º machinista; Joaquim Magno Coelho Junior, 3º machinista; Noé de Oliveira Monarte, 4º machinista; José Gomes Moreira, mestre; Orlando Aquino dos Santos, cabo calfeirinha; João Leandro de Lima, cabo foguista; José Pedro da Rocha, cabo carvoeiro; Ormenlio José de Campos, foguista; Ananias Candido dos Santos, foguista; Tunil Góes de Lacerda, foguista; Genesio Gomes Pereira, foguista; Silverio Patricio Sant'Anna, foguista; Pedro Nicoláu Duarte, marinheiro; Manoel Affonso, marinheiro; Antonio Gomes Pedrosa, marinheiro; José dos Santos Colonia, marinheiro; José Maximiano de Brito, marinheiro; Francisco Augusto Miranda, carvoeiro; José de Abreu, carvoeiro; Ismael Cavalcanti de Oliveira, carvoeiro; José Galdino dos Santos, carvoeiro; Mauricio Canuto ..., moço; Antonio Gomes Ferreira, moço; José Luiz do Espirito Santo, moço; Francisco da Silva, moço; Manoel Luiz Mendes, moço; Manoel Ramalho da Costa Campos, despenseiro; José Francisco Querido de Oliveira, 1º cozinheiro; Antonio Amorim da Silva, 2º cozinheiro; José Maria Ramos, taifeiro; Bartholomeu Pessca Guimarães, taifeiro; Julio Simões de Almeida, taifeiro; Francisco Puccini, telegraphista.

Quando se deu, o anno passado, uma grande explosão em Nova York, o "Tijuca", que estava atracado ao cáes, foi grandemente damnificado, tendo por isso de soffrer reparos que orçaram para mais de 400 contos.

O governo recebe communicação official do torpedeamento

A' noite, o dr. Nilo Peçanha, pelo telephone, se communicou com o chefe de Estado annunciando ter recebido da nossa legação em Paris um telegramma confirmando a noticia do torpedeamento do vapor brasileiro "Tijuca" e declarando que iria abrir inquerito, ouvindo os tripulantes sobreviventes.

O presidente da Republica, logo que receba o resultado do inquerito a que se está procedendo pela nossa legação em Paris, envial-o-á ao Congresso, que determinará a posição que deveremos assumir deante de mais esse grave caso.

O immediato do "Tijuca", José Santos de Brito

Os navios brasileiros que estão no Havre

No porto do Havre acham-se presentemente, nada menos de oito navios brasileiros, pertencentes á Companhia Commercio e Navegação.

A' medida que os seus navios vão chegando ao Havre, a Commercio e Navegação os tem ido entregando ao governo.

Esses navios são os seguintes: *Tibagy*, com 3.800 toneladas, e *Taquary*, com 2.600 toneladas, entrados em 18 de fevereiro deste anno; *Mossoró*, com 2.300 entrado em 3 de março; *Araguary*, com 4.200 toneladas, entrado em 28 de março; *Guahyba*, com 2.600 toneladas, entrado em 29 de março; *Jocuhy*, com 2.600; *Mucury*, com 2.800, entrados a 7 do corrente e finalmente, o *Corcovado*, entrado no dia 13.

Como os jornaes de Paris encaram o torpedeamento do "Tijuca"

Paris, 22 — (A. H.) — Os jornaes vêem no torpedeamento do paquete brasileiro "Tijuca" um novo motivo para o Brasil evoluir sem demora no sentido da guerra. E' uma solução que deixam de resto prever — dizem os jornaes — o inicio dos debates sobre o torpedeamento do "Paraná" no Congresso do Rio de Janeiro, o envio de uma missão militar á Europa e a moção do senador Azeredo, pedindo a inserção da mensagem do presidente Wilson nos annaes do Congresso Brasileiro.

Na Marinha, de nada se sabia, officialmente

O almirante Alexandrino de Alencar, que estivera na reunião ministerial, voltou ao seu gabinete pouco antes das 3 horas da tarde.

S. ex., tambem pouco depois, passou a conferenciar com os almirantes Gustavo Garnier, chefe do Estado Maior da Armada, e Francisco de Mattos, commandante da divisão naval, capitão de mar e guerra Pompeu de Andrade, commandante da divisão de destroyers, e capitão de corveta Henrique Guilherme, director do Deposito Naval, sobre assumptos referentes aos seus navios e repartições.

Quanto á noticia do torpedeamento do "Tijuca", disse-nos o capitão de fragata Cesar de Mello, chefe do gabinete, que o Ministerio da Marinha não tinha ainda communicação alguma official, nesse sentido.

O ministro da Marinha estivera em palacio apenas para tomar parte na reunião ministerial que tomou conhecimento da mensagem enviada ao Congresso.

O commandante, o immediato e 1º machinista do "Tijuca"

O commandante e immediato do "Tijuca" são portuguezes naturalizados, nascidos nas ilhas do archipelago de Cabo Verde. Ambos gozam de toda a confiança da empresa e são muito conhecidos nas nossas rodas maritimas como bons officiaes.

O primeiro commandava o "Capivary", tambem da Commercio e Navegação, tendo sido transferido para o "Tijuca", nesta viagem, que era a primeira que emprehendia á Europa.

O segundo era immediato do "Tijuca", quando no anno passado foi attingido pela tremenda explosão nas docas em Nova York. E' um antigo official da Commercio.

O 1º machinista, negro, natural de uma possessão colonial britannica, serve á companhia desde a sua fundação. Chama-se Joseph Elliot.

A repercussão nos Estados

S. Salvador, 22 — (A. A.) — Causou grande sensação a noticia do torpedeamento do vapor brasileiro *Tijuca*.

O momento e o Governo

No palacio do governo esteve, hontem, pouco depois do meio-dia, o dr. Nilo Peçanha, ministro do Exterior, que durante longo tempo conferenciou com o chefe do Estado sobre importantes pontos da nossa vida internacional, ficando assentado fosse convocado o ministerio para uma reunião que se realisaria, ás 2 horas da tarde. Ao retirar-se o nosso chanceller, foi s. ex. abordado pelos representantes dos jornaes diarios, que lhe solicitaram informações sobre a noticia do torpedeamento do vapor brasileiro "Tijuca", tendo como resposta não haver nenhuma communicação official, a respeito, não obstante já a ter solicitado.

Reune-se o ministerio

A's 2 horas da tarde, realisou-se no salão de despachos a reunião do ministerio, convocada pelo chefe da Nação, e a que compareceram todos os secretarios.

Teve longa duração essa conferencia e muito importantes foram os assumptos nella debatidos.

O chefe do Estado expoz aos seus auxiliares de governo a nossa situação internacional e a acção que nesses ultimos tempos tem a nossa chancellaria desenvolvido, terminando por ler uma mensagem que iria dirigir ao Congresso Nacional, e a qual encerrava a proposta de quebra da nossa neutralidade, no conflicto europeu.

Aproveitando o ensejo, o chefe do Estado trocou idéas com os seus ministros, sobre a questão de navegação e da exploração de carvão nacional, combinando medidas complementares ás já assentadas para solução do importante problema, que tanto interessa á nossa vida economica.

O ministro do Exterior, após a conferencia, communicou ao chefe do Estado que, ao terconhecimento da noticia do torpedeamento do vapor nacional "Tijuca", telegraphára aos nossos ministros em Londres e Paris, pedindo-lhes prestassem, com a maior urgencia, informações minuciosas a respeito.

A mensagem lida na reunião do ministerio foi enviada, hontem mesmo, ao Congresso, sendo portador o secretario da presidencia da Republica coronel Maggy Salomon, que ás 2 e 25 da tarde, deixou o palacio, em desempenho da sua missão.

A mensagem do governo da Republica ao Congresso

A's 3.45 da tarde, chegou hontem á Camara dos Deputados levada pelo coronel Maggi, a mensagem do governo relativa á nossa situação deante dos Estados Unidos, envolvido na guerra européa. Quando a mensagem chegou ao Monroe, achava-se orando um deputado que, sciente do que occorria, interrompeu o seu discurso, facultando ao sr. Astolpho Dutra o ensejo de mandar proceder á leitura e dar conhecimento á Camara do conteúdo da mensagem. Leu-a o sr. Costa Ribeiro, sob absoluto silencio, ouvido, aliás, por um grupo pouco numeroso áquellas horas de deputados. A mensagem dizia assim:

"Srs. membros do Congresso Nacional:

Na mensagem por mim apresentada ao Congresso Nacional, a 3 do corrente mez, declarei que havia expedido o decreto 12.458, de 25 de abril ultimo, sobre a neutralidade por parte do Brasil perante o estado de guerra entre os Estados Unidos da America do Norte e o governo do imperio allemão, embora suspensas as relações diplomaticas e commerciaes com a Allemanha.

Assim o fiz seguindo a regra geral, até então admittida e em obediencia ao decreto 11037, de 4 de agosto de 1914, que consubstancia os preceitos das duas Convenções assignadas pelo Brasil na Haya, referentes aos direitos e deveres das potencias e pessoas neutras mas, deixando de usar, nesse documento, dos termos empregados em actos anteriores dessa natureza e mandando apenas que as autoridades observassem e cumprissem as regras de neutralidade, enquanto contrario não lhes fosse ordenado.

O governo não podia ir além: mas a Nação Brasileira, pelo seu orgão legislativo, poderá sem intuitos bellicosos, mas com firmeza, considerar que um dos belligerantes é parte integrante do Continente Americano e que, a esse belligerante, estamos ligados por uma tradicional amizade e pelo mesmo pensamento politico, na defesa dos interesses vitaes da America e dos principios acceitos de Direito Internacional.

Tem sido esta sempre a conducta do Brasil: a Republica mantem-se sempre fiel á tradição ininterrupta da sua politica externa; hoje não poderia repudiar as idéas que inspiraram a nota-protesto do Imperio do Brasil, em 15 de maio de 1866, quando uma esquadra européa bombardeou uma cidade sul-americana.

A nossa orientação já era, então, de que as nações do continente de riqueza e população disseminadas ao longo de costas extensas e indefesas, necessitam mais que outras que sejam mantidas as maximas da civilização moderna e que constituem sua principal e mais efficaz protecção.

Accentuando, por fim, que a politica de solidariedade continental não é a politica desse periodo de governo, nem desse regimen, mas a politica tradicional da Nação Brasileira, submetto o assumpto ao julgamento do Congresso Nacional, convencido de que, se porventura alguma resolução fôr adoptada, firmará ainda mais a feliz intelligencia que deve existir entre o Brasil e os Estados Unidos da America no Norte. — Rio de Janeiro, 22 de maio de 1917 — WENCESLAO BRAZ."

* * *

Em torno da demora dos vasos de guerra inglezes em aguas nacionaes

Na hora do expediente, hontem, da sessão da Camara, o sr. Bueno de Andrada occupou a tribuna para justificar o seguinte requerimento de informações:

"1º — Por que, depois do rompimento das relações diplomaticas e commerciaes com o Imperio da Allemanha, permittiu o governo do Brasil que o navio de guerra inglez — "Glasgow" — permanecesse dentro do porto do Rio de Janeiro mais de 48 horas?

2º — Por que marcou prazo para essa licença?

3º — Se o governo entende ser conveniente aos interesses nacionaes, depois da cessação das nossas relações diplomaticas e commerciaes com o Imperio da Allemanha, continuar limitando prazos de permanencia em nossos portos para os navios de guerra da nação ingleza; bem como para os da França, da Italia, de Portugal e Estados Unidos da America? — (A.) — Bueno de Andrada."

A mensagem é enviada aos nossos agentes diplomaticos

O ministro das Relações Exteriores transmittiu na integra, pelo telegrapho, aos nossos agentes diplomaticos no exterior, o texto da mensagem enviada pelo presidente da Republica ao Congresso Nacional.

A navegação hollandeza para o Brasil

O Ministerio das Relações Exteriores vem, já ha alguns dias, por intermedio da nossa legação na Haya, se esforçando para que o Lloyd Real Holandez restabeleça as viagens de seus navios para a America do Sul.

Communicação agora recebida pelo Itamaraty, annuncia que o paquete "Zeelandia", da referida Companhia, partirá da Hollanda para o Brasil, no proximo dia 2 de junho.

A primeira viagem será feita via Nova York.

frente ao túmulo do Marechal Floriano Peixoto, ex-presidente da República. O grupo, que incluía até uma banda de música, havia se reunido em frente a uma praça na região central, deslocando-se até o cemitério em 14 bondes especiais. Enquanto assinavam um livro de presença, colocado em uma mesa sob uma tenda improvisada com a bandeira nacional, os manifestantes ouviam uma série de discursos.

O primeiro a falar foi o orador Brício Filho:

Há túmulos que falam. E de dentro daqueles mármores um vulto, de porte gigantesco, de braço estendido, apontando patrioticamente a estrada da honra e do dever, na linguagem do predestinado e na eloquência do benemérito, vibrantemente diz: "levanta-te, Brasil! Vai, caminha, marcha, olha sempre para cima, anda sempre para diante, prospera, avulta, cresce, destaca-te, engrandece-te, vence, triunfa, desempenha gloriosamente a tua missão, segue gloriosamente o teu destino".

A seguir, o coronel Ribeiro de Menezes, depois de uma longa descrição dos feitos e da importância de Floriano Peixoto para a república, seguiu enaltecendo a memória do ex-presidente e invocando a altivez do povo brasileiro.

Hoje, que o Brasil atravessa o momento mais sério e solene da história de sua diplomacia, hoje, que toda a América tem forçosamente de intervir na conflagração europeia, pelos direitos da humanidade e da civilização mundial, deixemos aqui, em sua estátua, o grande marechal Floriano Peixoto como sentinela avançada da honra do novo pavilhão, da integridade do nosso solo e da grandeza de nossa pátria.

Em outro ato, uma multidão aproximou-se do Palácio Itamaraty, dando "vivas" ao Brasil e ao presidente Wenceslau Braz. Em meio à manifestação, o ministro **NILO PEÇANHA**[4] decidiu receber uma comissão de estudantes. Após a saída do grupo, Peçanha foi até a sacada, onde teve seu nome gritado de forma uníssona pelas centenas de pessoas que se acotovelavam em frente ao palácio.

Em Juiz de Fora, Minas Gerais, depois que os jornais afixaram em suas fachadas boletins sobre o torpedeamento do Tijuca, teve início uma grande movimentação pelas ruas centrais da cidade. No fim da tarde, um *meeting* de protesto reuniu centenas de pessoas, com oradores revezando-se em inflamados discursos contra a nova barbárie alemã.

Do outro lado do Atlântico, jornais franceses e ingleses anunciavam com entusiasmo a crescente revolta brasileira em relação aos alemães. Segundo o *Petit Parisien*, a Alemanha "pode contar desde já com mais um inimigo". Para a publicação francesa, "a grande república sul-americana está seguindo o processo dos Estados Unidos, que a levará fatalmente ao estado de guerra, solução inevitável em razão das afinidades de raça, de mentalidade e de cultura que a levarão a fazer causa comum com as nações latinas". Outros jornais franceses arriscavam títulos ainda mais taxativos para demonstrar a beligerância latente entre brasileiros e alemães: "Guerra iminente" e "As duas Américas contra a Alemanha".

Em nota divulgada no dia 22 de maio, após tomar conhecimento da nova agressão a uma embarcação brasileira, ocorrida dois dias antes, Wenceslau Braz demonstrava a clara intenção de seguir os passos dos Estados Unidos:

Tem sido esta sempre a conduta do Brasil. A República mantém-se sempre fiel à tradição ininterrupta da sua política externa. Hoje não poderia repudiar as ideias que inspiraram a nota-protesto do Império do Brasil, em 13 de maio de 1866, quando uma esquadra europeia bombardeou uma cidade sul-americana.

A nossa orientação já era, então, de que as nações do continente de riqueza e população disseminadas ao longo de costas extensas e indefesas, necessitam mais que outras que sejam mantidas as máximas da civilização moderna que constituem sua principal e mais eficaz proteção.

Acentuando, por fim, que a política de solidariedade continental não é a política deste governo, nem desse regime, mas a política tradicional na nação brasileira, submeto o assunto ao julgamento do Congresso Nacional, convencido de que, se porventura alguma resolução for adotada, firmará ainda mais a feliz inteligência que deve existir entre o Brasil e os Estados Unidos da América do Norte.

Em meio às notícias sobre o afundamento do Tijuca, cresciam a revolta e a desconfiança sobre os alemães residentes no país. Em São Paulo, as lojas de empresários alemães seguiram funcionando normalmente, mas protegidas pela polícia. No dia 24, pela manhã, um grupo distribuía um panfleto nas ruas centrais da capital paulista:

Ao povo – Em nome da dignidade nacional, mais uma vez ofendida pela Alemanha com o torpedeamento do vapor brasileiro Tijuca, apela-se para todos os brasileiros, a fim de cessarem de hoje em diante todas as relações de interesses com súditos ou casas comerciais alemãs.

No Rio, o comandante do navio alemão Coburg foi detido, acompanhado do seu terceiro oficial e de cinco tripulantes – três deles chineses –, por suspeita de estarem planejando um atentado na Ilha do Governador. Segundo testemunhas, o grupo teria sido visto fazendo sinais luminosos nas proximidades de um paiol de pólvora.

Entretanto, G. Vendling, o comandante do Coburg, afirmou não saber da existência do paiol. "Não sei porque fui preso com meus companheiros. Não nos julgamos criminosos", disse Vendling, antes de ser questionado sobre a presença próxima ao paiol. "Absolutamente ignorava isso. Já tinha estado lá (na Ilha) há dois meses, a passeio. Onde fomos presos, não vimos indício da existência de paióis de pólvora. Fomos ali apenas para apanhar terra para bordo. Plantamos no navio."

Mais tarde, a investigação policial verificou que os alemães mantinham uma horta no Coburg, onde cultivavam alface, couve, chicória e salsa, entre outras verduras e legumes, em grandes caixões de madeira, com cinco metros de comprimento. Ouvidos pelo delegado Armando Vidal, os civis que haviam dado o alarme sobre o possível atentado alemão, Francisco Theodoro Rebello e José Soares da Silva – este, empregado do paiol –, afirmaram que, nas proximidades dos botes usados pelos alemães, havia latas e sacos cheios de terra.

Enquanto os brasileiros voltavam suas atenções aos alemães, em Portugal a população revoltava-se contra a carestia dos alimentos. Indignada, uma massa de populares investiu contra padarias e armazéns, saqueando os estabelecimentos para tentar aplacar a fome. A polícia, a guarda republicana e o exército intervieram, o que resultou em grande conflito nas ruas de Lisboa. Segundo o balanço divulgado pelas autoridades, 14 pessoas morreram e centenas ficaram feridas. Mais de 200 pessoas foram internadas ou precisaram ficar em tratamento em casas particulares.

O ataque com uma bomba de dinamite caseira contra uma guarnição do exército matou quatro cavalos. As forças oficiais revidaram, e, no tumulto, morreu o tenente Uchoa, da guarda republicana.

No dia seguinte, a Associação dos Vendedores de Víveres de Lisboa publicou manifesto contra o governo. A entidade acusava as autoridades de terem se mantido "inertes durante os preparativos que conheciam do saque dos estabelecimentos de gêneros alimentícios". Conforme o documento, "embora tivessem perfeito conhecimento do que se preparava, as autoridades nada fizeram para evitar os atentados contra a propriedade particular". Por fim, os comerciantes pediram ao governo a indenização dos prejuízos ocorridos nos saques.

A cidade retomou a normalidade aos poucos. Dias depois, a circulação de bondes foi regularizada. Mas os *meetings* e espetáculos artísticos foram proibidos.

Os náufragos do Tijuca chegariam ao Brasil somente em maio, a bordo do navio francês Garonna, depois de escalas em Leixões, Lisboa, Dakar e Salvador. Junto com a tripulação do Tijuca, desembarcou no Garonna o brasileiro Alberto Payau. Filho de uma francesa, esposa de Celestino Simões, funcionário do Lloyd Brasileiro, o jovem havia alistado-se no 141º Regimento de Infantaria da França, pelo qual lutou na batalha de Verdun. Funcionário do Banco Hypothecario, ele licenciou-se em 1914, quando embarcou a 8 de agosto – na segunda semana de guerra – para a França, aos 29 anos de idade. Três anos depois, desembarcava de volta ao Rio, ao lado de dezenas de colegas franceses, licenciados depois de cumprir seu papel nas forças armadas – alguns seguiriam para o Chile, outros para a Argentina.

Se em maio, quando do desembarque dos náufragos do Tijuca em solo francês, telegramas oficiais eram só elogios ao tratamento dados pelos franceses aos brasileiros, em 29 de junho, após a chegada do grupo ao Brasil, o que se ouvia eram praticamente só queixas sobre a maneira como foram tratados na França.

Um dos sobreviventes relatou que, "em Brest, fomos alojados em um hotel conhecido como Bola de Ouro, dormimos entre três ou quatro na mesma cama, imunda, cheia de percevejos e pulgas". Segundo ele, o jantar, servido às 19h, incluía dois ovos cozidos, alface e uma fatia de carne com agrião, acompanhados de meia garrafa de cerveja por pessoa.

De Brest para Bordeaux, a maioria dos náufragos foi transportada, durante boa parte da viagem, em vagões destinados a animais – apenas quatro oficiais, entre eles o comandante, viajaram em vagões de terceira classe. Somente depois que um soldado francês reclamou da situação, alegando que os náufragos eram "vítimas da guerra" e deveriam ser tratados com alguma dignidade é que os condutores providenciaram a passagem dos 27 homens do vagão de animais para um de passageiros, ainda assim na terceira classe.

A tripulação também reclamou do seu comandante. Em uma estação onde o trem fazia uma parada de duas horas para refeição, Carlos Antônio Duarte teria passado apenas 85 francos para todos os 27 náufragos (3,14 francos por pessoa). Depois de muita discussão, ele acabaria distribuindo os valores enviados pelo cônsul do Brasil – embora a refeição custasse quatro francos, o governo destinara cinco francos por refeição para cada marinheiro.

Em Bordeaux, ninguém esperou pela chegada dos náufragos. Assim que aquele grupo de estranhos e esfarrapados desembarcou na cidade, a polícia deu início a um interrogatório. Só depois de muitas explicações é que os brasileiros foram levados a um albergue noturno.

Durante dias, eles passaram fome e tiveram de ser transferidos do albergue para um quartel e, mais tarde, para hotéis. Segundo os náufragos, o comandante Carlos Antônio Duarte "se entregou ao vício da embriaguez" e abandonou a equipagem à própria sorte.

Os tripulantes reclamavam que sua estadia era sempre de baixa categoria para que o comandante pudesse economizar. "Essa economia, como outras, servia naturalmente para cobrir as despesas das viagens a São Nicolau, onde ele ia sempre em visita à família. Essas viagens eram feitas sem conhecimento e autorização da companhia", acusou um dos tripulantes.

Outro marujo prosseguiu: "O nosso comandante, capitão Carlos Duarte, nos abandonou completamente. Logo que chegamos a Brest, eles, os oficiais, deixaram-nos ficar ao relento, pois passamos toda a noite numa estação, encostados às paredes. Roupa, só tínhamos a do corpo, nada nos sendo fornecido", reclamou.

O comandante, por outro lado, se disse magoado com as acusações. Segundo ele, todos passaram por grandes privações, não tendo sido distinguidos os marinheiros dos oficiais. Na primeira noite, como chegaram tarde e todos os hotéis estavam fechados, a solução foi dormir na estação. "Quanto à comida, não é verdade que nós, oficiais, tenhamos passado melhor que os demais, pois ficamos no mesmo hotel".

Enquanto os jornais brasileiros noticiavam a polêmica entre os sobreviventes do Tijuca, em Zurique, a imprensa clerical atacava o general von Endres, membro da missão alemã no exército turco, que aconselhara a adoção da bigamia turca como "excelente método de aumentar a natalidade da Alemanha". Escandalizados com a teoria do militar, os clérigos pediam que o assunto fosse discutido no Reichstag, prédio do parlamento alemão, para que o general fosse publicamente censurado.

Apenas dois dias depois do torpedeamento do Tijuca, outro submarino alemão afundaria o navio brasileiro Lapa, do Lloyd Nacional. Entre 11h30 e meio-dia do dia 22, a embarcação, que seguia de Santos para Marselha carregada com 20 mil sacas de café – além de 200 caixas de madeira de plátano, embarcadas nas ilhas Canárias –, foi torpedeada no Golfo de Cadiz, em águas espanholas, a 90 milhas marítimas de Sagres e a 140 de Cabo Trafalgar. A tripulação foi salva por pescadores espanhóis e levada à costa.

Conforme a imprensa espanhola, o submarino agressor havia sido perseguido dias antes por navios de patrulha portugueses e aliados. Alguns marujos afirmavam ter visto não apenas um, mas dois submersíveis nas imediações do local do afundamento.

Embora não tenha torpedeado o Lapa com a equipagem a bordo, a abordagem do submarino, que envergava a bandeira do Império Alemão, não foi nada sutil. Antes de lançar o torpedo, o comandante do submersível – um "jovem", segundo marinheiros do Lapa – obrigou a embarcação a parar com três tiros de canhão, que não acertaram o navio. Depois de subirem a bordo, dois submarinistas alemães retiraram a bandeira brasileira do mastro do Lapa, enquanto oficiais do U-boot conversavam com a equipagem do navio, dando-lhe cinco minutos para embarcar nas baleeiras.

Ironicamente, os marinheiros do submarino comentaram aos náufragos que ficassem tranquilos: depois de cinco dias remando, poderiam chegar à costa espanhola sãos e salvos. E comemoraram ao saber dos brasileiros do que se tratava a carga da embarcação: "Café! Café! Obrigado! Obrigado!", diziam, entre risos sarcásticos.

Passados os cinco minutos, com todos os tripulantes do Lapa a bordo das baleeiras e remando para longe do navio brasileiro, o U-boot também afastou-se do Lapa. Mais alguns minutos depois, lançou o torpedo, que atingiu a embarcação em cheio. Em menos de cinco minutos, o barco afundou verticalmente, de proa.

Os 31 náufragos aportaram em Sanlúcar de Barrameda, na costa espanhola. Ninguém ficou ferido, conforme informações repassadas à companhia por telegrama pelo comandante do navio, Francisco de São Marcos.

Após o "novo ultraje alemão ao Brasil", dezenas de familiares de tripulantes acorreram à sede do Lloyd Nacional, na Rua Primeiro de Março, 37, em busca de informações. No mesmo dia, o Lloyd enviou telegramas às famílias de todos os familiares de tripulantes, avisando-os sobre o torpedeamento do navio e informando-os de que todos os marinheiros haviam sido salvos.

Apesar da notícia de que os marinheiros passavam bem, no Brasil a família de Vicente Ferreira Gomes, que seguira a bordo do Lapa como taifeiro, estava apreensiva. Quando recebera o convite para embarcar para a Europa, Gomes havia sido alertado pelo primo João Osório, com quem dividia uma casa no Rio de Janeiro, que havia o risco de o navio ser atacado.

Mesmo diante dos insistentes argumentos do primo, que afirmava ter certeza de que o navio seria afundado, Gomes decidiu embarcar assim mesmo. "Deixa. Deus não consentirá que eu morra e, se tal desgraça me acontecer, os meus filhos não ficarão na miséria, pois deixo-lhes o seguro de vida", argumentou.

Depois do afundamento do Lapa, o primo Osório permaneceu em vigília na sede do Lloyd, garantindo que não sairia do local enquanto não tivesse alguma informação mais precisa do que acontecera com o primo. Precisava, afinal, mandar notícias mais

Correio da Manhã

Director: Edmundo Bittencourt
Redactor-chefe: Dr. A. J. de Azevedo Amaral

ANNO XVI — N. 5.867
Gerente — V. A. DUARTE FELIX

RIO DE JANEIRO — DOMINGO, 27 DE MAIO DE 1917

REDACÇÃO
Largo da Carioca n. 13

O MOMENTO NACIONAL

OUTRO NAVIO BRASILEIRO POSTO A PIQUE!

O NOSSO CONSUL EM CADIZ COMMUNICA QUE O CARGUEIRO "LAPA" FOI TORPEDEADO NO MEDITERRANEO

Chegou ao Congresso a mensagem do presidente da Republica sobre o caso do "Tijuca"

A NEUTRALIDADE DO BRASIL RELATIVAMENTE AOS ESTADOS UNIDOS DA AMERICA DO NORTE

consistentes à sua própria mãe, que criara Gomes como seu filho e ainda morava em Sergipe. Osório, enfim, só deixou o local quando soube que o primo estava bem, sem ferimentos.

O Lapa havia zarpado do Rio no dia 21 de março, levando a bordo 8 mil sacas de café. No dia 22, aportou em Santos, onde recebeu um carregamento de frutas, feijão e mais de 12 mil sacas (740 toneladas) de café. No porto, o imediato titular desistiu de seguir viagem. A empresa escalou, então, o imediato do vapor Campista, José Alves Castello, para assumir o posto no Lapa na viagem à Europa. De Santos, o Lapa seguiu para o norte, precisando arribar em Vitória em razão de problemas nos tubos condensadores. A seguir, passou por Recife, onde exigiu novos reparos, seguindo finalmente para São Vicente, na Ilha da Madeira. Mais uma vez apresentando defeitos, o navio passou por mais consertos antes de seguir viagem. Da ilha, partiu no dia 10 de maio, chegando a Las Palmas no dia 16, e saindo em direção a Gibraltar – de onde iria para Marselha – no dia 18. Foi neste trecho que se deu o torpedeamento.

Construído em Newcastle e lançado ao mar em 1872, o Lapa tinha 229 metros de comprimento, 34 de largura e 16 de calado. Pesava 1.366 toneladas brutas e 805 líquidas. A força motriz era de 202 cavalos. A embarcação trazia nos dois costados o nome estampado em grandes letras brancas, seguido de "Rio de Janeiro – Brasil" em letras maiúsculas. À noite, utilizava um grande letreiro iluminado, suspenso, a boa altura.

Antes de ser Lapa, chamava-se Sparta e envergava a bandeira francesa. Mais tarde, vendido a um armador argentino, passou a levar o nome Tagus, até que foi adquirido pelo armador brasileiro F.A. Marçallo, que posteriormente o negociou com o Lloyd Nacional. O navio estava segurado em 30 mil libras esterlinas, enquanto a carga tinha seguro de 20 mil liras italianas.

Em decorrência do novo afundamento de um navio nacional, em audiência com Nilo Peçanha, o diretor do Lloyd Brasileiro,

Müller dos Reis, sugeriu que os navios brasileiros fossem pintados em cores escuras, armados e viajassem preferencialmente à noite, inclusive na costa brasileira. No início da guerra, o raciocínio defensivo que se fazia no Brasil era justamente o oposto: a ideia era exibir a bandeira nacional, demonstrando que a embarcação pertencia a um país neutro. Mas, desde que os navios começaram a ser atingidos, mesmo quando deixavam claro ser de nacionalidade brasileira – especialmente após o rompimento de relações com a Alemanha, em abril –, o governo decidiu mudar a orientação. Assim, pela nova lógica, quanto menos visível a embarcação, melhor.

Após o torpedeamento do Lapa, o governo e as empresas brasileiras de navegação chegaram a levantar a hipótese de que os navios brasileiros pudessem ser comboiados até a Europa. Mas a ideia acabou não vingando.

O Lapa "era um velho barco quase imprestável", conforme o jornal *A Época*. "Com dificuldades enormes fazia as viagens para a Europa e, para conseguir chegar ao ponto onde foi torpedeado, sofreu vários reparos. A sua construção é antiga e a presente crise de transportes o valorizou".

Apesar do péssimo estado de conservação do navio, a notícia do torpedeamento espalhou nova onda de revolta pelo país. Em Goiás, depois de um acalorado *meeting*, milhares de pessoas desfilaram pelas ruas, bradando contra a nova "barbárie alemã", que se somava aos ataques ao Paraná e ao Tijuca. Em Curitiba, temendo depredações, vários empresários alemães modificaram as denominações de suas casas comerciais, passando a adotar nomes brasileiros.

Os náufragos do Lapa chegariam ao Brasil em 14 de agosto, a bordo do Itajubá, quase três meses após o torpedeamento do navio na costa europeia. O caminho entre a Europa e a América do Sul foi feito no Valhanera, que desembarcou em Montevidéu. Da capital uruguaia até o Brasil, o trajeto foi feito no Itajubá.

Ao perceber que nem o rompimento de relações com a Alemanha fora capaz de diminuir a ação dos U-boots sobre as embarcações nacionais, o governo brasileiro passou a buscar formas de compensação aos prejuízos sofridos pela navegação do país. Em 26 de maio, após audiência com Nilo Peçanha, Wenceslau Braz enviou à Câmara uma mensagem na qual considerava "urgente a utilização dos navios mercantes alemães ancorados nos portos do Brasil, excluída, entretanto, a ideia de confisco, que tanto repugna ao espírito de nossa legislação e ao sentimento geral do país".

Segundo o presidente, "a utilização acharia fundamento nos princípios da convenção assinada em Haia, em 18 de outubro de 1907, e seria sem compensação até que possamos verificar se trata de bens de propriedade particular, que, mesmo em caso de guerra, devem ser respeitados, e o Brasil o fará, ou se pertencem a empresas que tenham quaisquer laços de dependência com os poderes oficiais". Para Braz, "de um modo ou de outro, o que parece inadiável ao governo é que sejam tomadas as medidas impostas a um tempo pelo interesse público e pelo decoro da nação".

No dia seguinte, 27 de maio, uma semana após o ataque ao Tijuca e cinco dias depois do torpedeamento do Lapa, o presidente convocou uma audiência com Nilo Peçanha, o vice-presidente Urbano Santos e os conselheiros Ruy Barbosa e Rodrigues Alves. No encontro, que durou cerca de duas horas, Braz fez uma longa exposição sobre a postura adotada pelo Brasil desde o começo da guerra e afirmou que, "no momento grave que estamos passando", gostaria de ter o apoio de todos os brasileiros, "representados pelos mais altos expoentes de sua cultura, de seu prestígio e de sua experiência política".

No encontro, Rodrigues Alves elogiou a política de prudência do governo brasileiro e o "conveniente" apoio manifestado aos Estados Unidos. Ruy Barbosa também teceu elogios à aproximação com os americanos, mas afirmou que "não podemos esquecer antigas relações históricas entre o Brasil e várias nações da Europa, notadamente a Inglaterra e a França, às quais estamos ligados por elos de ordem econômica, política e social". Segundo ele, a "nossa aproximação para com certos povos da Europa é tanto mais necessária quanto exigida pela lógica dos acontecimentos".

Ao final da audiência, em entrevista – *interview*, como mencionam os jornais da época –, o vice-presidente Urbano Santos deixou clara a intenção do governo de aproximar-se cada vez mais dos Estados Unidos e, se necessário, adotar uma posição oficial na guerra travada do outro lado do Atlântico:

> *Estou em perfeita comunhão com o governo, e o governo está agindo de modo a serem todas as providências que tenhamos de tomar sobre a situação internacional, consideradas com justiça e propriedade atos do Brasil, e não somente do governo brasileiro.*
>
> *Quanto às medidas em preparo, acho que o governo está muito bem orientado no caminho que tem seguido até hoje e no que vai seguir daqui por diante, desde que obtenha no Congresso as necessárias autorizações.*
>
> *O Brasil não é uma nação guerreira, posto que os brasileiros sejam corajosos e valentes na defesa de sua bandeira quando a dignidade nacional é ofendida. Portanto, a ação do Brasil nesta melindrosa situação não significa hostilidade para com qualquer nação, mas unicamente a defesa dos interesses da dignidade e dos direitos do Brasil.*
>
> *Nossa aproximação com os Estados Unidos justifica-se plenamente não só pela sequência tradicional da nossa história diplomática como também porque no momento essa atitude é*

a que mais convém aos interesses vitais de nossa terra, sem a pre-ocupação de hostilizar o outro, repito, mas para salvaguardar não somente os interesses materiais do Brasil, como os princípios que temos sustentado nas diferentes conferências internacionais a que temos comparecido, princípios que se tem consubstanciado em tratados, de que somos signatários.

Nossa resolução, colocando-nos ainda mais próximos dos Estados Unidos, em face da situação no mundo, tem uma inter-pretação natural de solidariedade continental e ela nos levará de certo a uma aproximação também com as nações hoje aliadas dos Estados Unidos. Considero que esse segundo passo será uma questão de pouco tempo. A lógica dos acontecimentos nos enca-minhará fatalmente para essa solução.

Finalmente, penso, como o governo do Brasil, que, não obs-tante os atos de agressões que a Alemanha tem praticado, não devemos declarar guerra a essa nação, e sim nos colocarmos sim-plesmente em atitude de defesa de nossa dignidade ofendida.

A esta altura, no cenário internacional, os Estados Unidos já começavam a desempenhar papel relevante na guerra europeia. Conforme os jornais britânicos, nas sete primeiras semanas após a declaração de guerra os ianques já haviam enviado de cerca de 100 mil homens ao front, o equivalente a cinco divisões alemãs. De acordo com os diários ingleses, os planos do governo americano incluíam a organização de um exército de 2 milhões de homens, a fabricação de 3,5 mil aeroplanos de guerra e a instrução de 6 mil aviadores. O pacote de auxílio aos aliados proveniente da América do Norte também abrangia um empréstimo de U$ 750 milhões, a alocação dos destróieres americanos na zona de guerra, o envio de nove regimentos de engenheiros, que já estavam em ação na França, além de 10 mil médicos e enfermeiros, que se somariam aos que já atuavam na Inglaterra.

Cinco dias depois da audiência da cúpula do governo brasileiro, por meio do decreto 3.266, de 1º de junho de 1917, o presidente decretou a revogação da neutralidade do país relativamente aos Estados Unidos, o que comprometia o país com a causa americana e, por consequência, aliada. Na prática, a medida desobrigava o Brasil de manter-se neutro na guerra, à medida em que o amigo do norte já havia assumido posição entre os beligerantes. Estava pavimentado o caminho para que o Brasil pudesse entrar na guerra assim que uma ocasião justificável se apresentasse. Dizia o novo ato do governo, assinado pelo presidente e por seus ministros:

Artigo 1º – Fica sem efeito o decreto 12.458, de 25 de abril do corrente, que estabelece a neutralidade do Brasil na guerra dos Estados Unidos com o Império Alemão.

Parágrafo único – Para execução deste artigo, o presidente da República fica autorizado a tomar as medidas necessárias, praticando os atos decorrentes da cessação da referida neutralidade.

Artigo 2º – É autorizado o Poder Executivo a:

1 – Utilizar os navios mercantes alemães ancorados nos portos do Brasil, para o que poderá praticar os atos que forem necessários, nos termos da mensagem de 26 de maio do corrente ano.

2 – Tomar atitudes de defesa de nossa navegação no Exterior, podendo combinar, com as nações amigas, providências que assegurem a liberdade de comércio de importação e exportação, e a revogar, para esse fim, os decretos de neutralidade quando o julgar conveniente.

Artigo 3º – É o Poder Executivo autorizado a abrir os créditos que forem necessários para a execução da presente lei.

Artigo 4º – Revogam-se as disposições em contrário.

Rio de Janeiro, 1º de junho de 1917 – 96º da Independência e 29º da República

*Wenceslau Braz P. Gomes, Nilo Peçanha, Carlos Maximi-
liano Pereira dos Santos, João Pandiá Calógeras, José Caetano
de Faria, Alexandrino Faria de Alencar, Augusto Tavares de
Lyra e José Rufino Bezerra Cavalcanti.*

Em 2 de junho, um dia após a publicação do decreto, o governo utilizou-se do artigo 2º para assumir o controle dos 45 navios alemães apreendidos após o rompimento de relações diplomáticas, todos ainda atracados em portos brasileiros. Dois anos
depois de Portugal ceder às pressões inglesas e tomar posse dos
navios alemães e austro-húngaros atracados em seus portos, para
posteriormente entregá-los aos ingleses, fato que culminou com a
declaração de guerra dos alemães aos portugueses, o Brasil seguia
caminho semelhante ao dos irmãos lusitanos. De certa forma, pode-se dizer que o governo cedera à pressão iniciada pela imprensa
aliadófila, que havia longo tempo pregava a adoção, por parte do
Brasil, de medida semelhante à tomada por Portugal, em 1916.

Um dos defensores da tomada dos navios alemães era o *Jornal
do Commercio*. "A única salvação para o Brasil estava em apossar-
se, o quanto antes, dos navios dos impérios centrais, confiados a
nossa guarda, com um golpe embora admirável de força e civismo
semelhante ao que imortalizara para sempre nos anais do século
XX a República portuguesa", escreveu o diário, em editorial.

Mas houve quem contestasse a medida. "As doutrinas ultraci-
vilizadas de alguns dos nossos cultores do direito estabelecem ser
muito natural e honesto lançar mão de coisas alheias, desde que o
dono esteja, pelo menos momento, impossibilitado de as defender",
argumentou *A Defesa Nacional*. "Essas doutrinas podem ser muito
boas e lucrativas como moral de milhafres (*"gatunos", "ladrões", em
figura de linguagem popular*), porém, além de serem extremamente
perigosas, não são decentes para uma nação que se preze".

Os alemães mostraram-se indignados com a decisão. No Rio, no momento em que oficiais brasileiros arriavam a bandeira germânica e hasteavam a brasileira no navio Hohenstaufen, os marinheiros da embarcação, "como que impelidos por uma mola elétrica, julgando os seus melindres patrióticos ofendidos, não se puderam conter", conforme noticiou a *Gazeta de Notícias*. "Viva a Alemanha!, gritaram, em um timbre de voz em que se via muito orgulho e muito patriotismo". Segundo o jornal carioca, enquanto alguns comentavam algo como "não faz mal, não faz mal", muitos lacrimejavam e outros, ainda, contavam o hino nacional alemão.

Com a tomada de posse do Hohenstaufen pelo governo brasileiro, o comandante do navio, que dois meses antes se revoltara com o rompimento de relações do Brasil com a Alemanha, teve ainda de engolir a retirada da bandeira alemã e o hasteamento do pavilhão brasileiro na embarcação, onde até então era o todo poderoso. Em abril, exatamente no dia em que o Brasil anunciou o rompimento de relações, vestido à paisana, o comandante havia sido abordado por uma lancha da Polícia Marítima, enquanto tentava abandonar a embarcação de bote, levando uma mala com roupas e objetos pessoais, acompanhado de um tripulante. Conduzido de volta ao Hohenstaufen, enquanto subia as escadas de cara amarrada, fez com as mãos um sinal quase pornográfico para as autoridades brasileiras.

Ao tomar posse das embarcações alemãs, os oficiais do Brasil logo perceberam que dois terços dos vapores haviam sido sabotados pelos seus tripulantes. Posteriormente, 30 dos 45 navios seriam fretados à França, com tripulações brasileiras, praticamente repetindo o que os portugueses haviam feito após confiscarem os vapores alemães, repassando-os aos ingleses. O valor acertado para a transação, 100 milhões de francos, nunca foi pago.

Enquanto o Brasil ainda debatia-se com as repercussões dos ataques ao Tijuca e ao Lapa, cidadãos de outros países também revoltavam-se contra os alemães. Na Espanha, chegava notícia de que o navio Eizaguirre fora torpedeado por um submarino alemão, causando mais de 70 mortes. Oficialmente, no entanto, o governo não admitia tal versão, garantindo que a embarcação espanhola fora atingida, na verdade, por uma mina submarina. Segundo a imprensa local, a postura do governo tinha como objetivo evitar novas manifestações populares antigermânicas. Logo que a notícia foi divulgada no país, milhares de pessoas saíram às ruas indignadas contra os imigrantes alemães.

Em Madri, o chefe de gabinete do governo espanhol, Garcia Prieto, informava ter recebido a resposta alemã à nota de protesto em razão da violação de neutralidade das águas espanholas por submarinos teutônicos, como no caso do ataque ao navio brasileiro Lapa. Segundo Prieto, a Alemanha declarou reconhecer os direitos da Espanha e mostrou-se disposta a fazer com que as águas espanholas fossem respeitadas, prometendo sanções aos comandantes de submarinos que as violassem.

Já em Londres, 13 sobreviventes do navio norueguês Madura, que acabavam de aportar na capital britânica, denunciavam que, enquanto tentavam alcançar os barcos salva-vidas, os tripulantes do submarino alemão que os atacara atiravam sem parar em direção aos náufragos. Como resultado, dois homens morreram e sete dos 13 sobreviventes chegaram a Londres feridos. Um deles teve parte do pé esquerdo decepada. Outro, um pedaço de pele do crânio arrancada. Um terceiro sofreu graves escoriações no pescoço.

Depois de afundar o Madura, de 1.928 toneladas, o mesmo submarino teria colocado a pique o russo Lyntes, de 3.324 toneladas. Conforme testemunhas, as duas embarcações foram atacadas sem qualquer aviso e, em ambos os casos, repetiram-se os tiros contra os náufragos. No caso do Lyntes, apesar do pesado bombardeio que se seguiu ao torpedeamento, todos os 23 tripulantes – entre eles, a esposa do comandante – sobreviveram, alguns com ferimentos.

As agências de notícias britânicas se esforçavam para demonstrar as diferenças de tratamento entre os submarinistas ingleses e alemães. Uma nota publicada nos jornais dizia que a Associação Holandesa de Comandantes da Marinha Mercante recebeu detalhes de como um submarino inglês rebocou, durante muitas horas, os escaleres carregados de náufragos do navio holandês Lacampine. Mesmo sob risco de ataque, o submersível seguiu transportando os sobreviventes até um porto seguro.

Os ingleses também denunciavam que, enquanto mantinham os prisioneiros alemães a distâncias de, no mínimo, 18 milhas do front, os alemães utilizavam o trabalho dos prisioneiros britânicos a três milhas das trincheiras. Assim, os ingleses aprisionados eram forçados a trabalhar sob o fogo da própria artilharia britânica e, muitas vezes, acabavam vitimados pelo fogo amigo.

Na Noruega, um jornal local publicava que o país perdera até então uma tonelagem bruta de 740 mil toneladas de navios afundados, o equivalente a um terço de sua frota. De janeiro a abril de 1917, as perdas ultrapassavam os afundamentos totais verificados durante os anos de 1915 e 1916, uma prova concreta do recrudescimento da campanha submarina germânica.

Duas semanas após o torpedeamento dos brasileiros Tijuca e Lapa, os vizinhos sul-americanos Argentina e Uruguai também tiveram motivos para se revoltar contra a Alemanha. No Mediterrâneo, um U-boot afundou um vapor argentino. Os náufragos conseguiram alcançar o porto de Toulon, no sul da França. No Uruguai, a presidência recebeu a notícia de que o veleiro Rosário fora torpedeado, também por um submarino germânico.

À mesma época dos torpedeamentos de Tijuca e Lapa, o advogado de Paiva Coimbra, assassino do general Pinheiro Machado, requereu sua internação em um hospício, por considerá-lo vítima de problemas mentais. O Dr. Atrelino Leal, chefe de polícia, designou os médicos Dr. Antenor Costa e Dr. Couto para observá-lo. Em relatório, os médicos afirmaram que Paiva Coimbra foi submetido a longos e constantes interrogatórios sobre o crime, respondendo sempre com precisão e riqueza de detalhes.

Paiva Coimbra afirmava que foi bastante impulsionado pela leitura de jornais inflamados de oposição, todos com rígido posicionamento anti-Pinheiro Machado. Dizia ser republicano por convicção – "não desta república de politiqueiros ralos e sem escrúpulos, que só sabem enriquecer". Por fim, prometeu que, se fosse perdoado por seu crime, não trataria mais de política e nem leria mais jornais, passando a dedicar-se ao operariado.

Em junho de 1917, em todas as frentes, os aliados comemoravam vitórias, mas também colecionavam derrotas. As informações recebidas pelas agências de notícias aliadas diziam que Moçambique estava ocupado por soldados portugueses e completamente livre dos alemães.

Em comunicado ao governo de Londres, o marechal Sir Douglas Haig informava estar enfrentando a atividade habitual da artilharia inimiga, mais intensa no setor de Zennecke, nas proximidades de Saint-Julien e Steenback. "Os nossos artilheiros executaram o bombardeiro concentrado das posições inimigas. A artilharia alemã esteve também ativíssima nas vizinhanças de Arieux. No resto da frente, nada de importante a mencionar".

Sobre a guerra nos ares, Haig dizia que "nossos aviadores bombardearam uma importante posição de um canhão de grosso calibre, nas imediações de Doual". Também foram alvejados um aeródromo alemão, o que resultou no abate de seis aviões inimigos. "Sete dos nossos aeroplanos não retornaram". Em um voo de reconhecimento sobre dois aeródromos alemães, cinco aeronaves britânicas foram atacadas por 20 aviões inimigos. Um avião inglês e dois alemães teriam sido destruídos.

Em 25 de maio, três dias após o torpedamento do navio Lapa, uma incursão de 17 aviões e dirigíveis alemães sobre Londres deixou um total de 75 mortos e 174 feridos. Os germânicos realizaram o ataque durante o pôr-do-sol, momento em que do solo era mais difícil visualizar as aeronaves, fosse a olho nu ou por meio de refletores. O principal alvo dos invasores foi a região central, onde a circulação de pessoas prosseguia até mais tarde. Só em uma rua, morreram seis homens, 14 mulheres e sete crianças.

Novamente, os esforços empreendidos pelo novo aliado que vinha das Américas surgiam como esperança para a Tríplice Entente. Em Washington, o Aero Club America prometia recrutar e instruir um corpo de 10 mil aviadores. "Os avanços aliados por terra são lentos, e não há probabilidade de uma vitória naval em futuro próximo", disse o presidente do Aero Club, Sr. Arhawley, em audiência com membros do governo dos Estados Unidos. "A única maneira, pois, de se ganhar a guerra é pelo ar". Entretanto, apesar da disposição da entidade, a ideia, mesmo que viesse a ser posta em prática com total êxito, ainda demoraria para trazer efeitos práticos nos campos de batalha, em razão do tempo necessário para o recrutamento e treinamento dos 10 mil pilotos.

Um comunicado das forças armadas francesas indicava que, depois de uma preparação do terreno por parte da artilharia, tropas penetraram nas trincheiras alemãs região do moinho de Laffaux. "Destruímos muitos abrigos e trouxemos cerca de 100 prisioneiros.

O inimigo tentou um ataque em Chevreux, mas sem resultado".

No mar, a situação não era diferente. Embora os resultados dos aliados parecessem cada vez mais significativos, a guerra ainda se mostrava distante de um desfecho. Lloyd George declarou que a Alemanha perdeu, nos primeiros 10 meses de 1917, 10 vezes mais submarinos do que no ano anterior. Segundo ele, a derrocada da armada germânica tornava-se mais evidente a cada dia.

Uma das razões da confiança de Lloyd George era a dedicação britânica à construção de novas embarcações. Ao longo do rio Clyde, de Glasgow até o mar, gigantescos estaleiros estendiam-se por 22 milhas, trabalhando dia e noite. O ruído ensurdecedor de soldadores, martelos e arrebitadores não era interrompido por um segundo sequer, fazendo com que a cada dia navios de todos os portes ganhassem o mar com a bandeira britânica. Se os submarinos alemães tinham lá os seus êxitos, parecia difícil que a tonelagem que conseguissem mandar para o fundo do mar superasse a tonelagem que os ingleses conseguiam pôr em circulação diariamente.

Conforme Lloyd George, em maio e junho de 1917, mais de 1,7 mil navios de várias nacionalidades entraram ou saíram com naturalidade dos portos franceses. No período, teriam sido afundadas na região, por submarinos germânicos, apenas duas embarcações, uma de 1.600 toneladas, outra de tonelagem menor. Outros cinco navios foram atacados sem sucesso pelos U-boots na região. Mas episódios como os dos brasileiros Tijuca e Lapa escancaravam uma realidade bastante diferente da versão oficial inglesa: chegar e sair da França e da Inglaterra por via marítima ainda era, àquela altura dos acontecimentos, uma tarefa bastante complexa.

Mesmo assim, os jornais ingleses faziam o seu papel no sentido de manter o moral elevado no país. Em junho, os diários britânicos anunciaram a captura de um submarino alemão e avisavam que o submersível seria exposto em breve no Central Park, em Nova York. Depois de desmontado, o tubarão de aço seria transportado por três caminhões gigantescos, até ser remontado por operários da Marinha americana.

Diante de uma guerra que ainda parecia longe do fim, com vitórias de ambos os lados em importantes batalhas, os inimigos tentavam desempatar a contenda por meio da propaganda. Conforme a *Gazeta de Notícias*, do Rio, "a Grã-Bretanha e a Alemanha, demasiadamente impacientes para esperar o juízo da história sobre quem venceu a batalha naval da Jutlândia, celebraram ambas o aniversário da vitória, cada qual renovando os clamores do glorioso feito".

Segundo o jornal carioca, a comemoração inglesa baseou-se na venda de bandeirinhas, divisas de várias cores e outros objetos decorativos pelas ruas:

> *Nos diários e nas revistas apareceram editoriais historiando o memorável embate, especialmente na* Westminster Gazette: *quando a grande esquadra combateu a frota alemã em alto mar e afundou alguns navios, os restantes voltaram procurando a segurança de suas bases, não sem consideráveis avarias.*
>
> *Pela nossa parte, não esquecemos que a Alemanha, sempre impertinente, reclamou a vitória e ainda agora as bandeiras em Berlim desfraldam-se comemorando a vitória naval da Jutlândia. Porém, sabemos que a temos, porque a nossa supremacia no Mar do Norte é tão completa como nunca. Não esquecemos, é verdade, os submarinos. Porém, este é outro tema.*

Por outro lado, informava o diário brasileiro, os alemães também se vangloriavam do feito na mesma batalha. Conforme o jornal alemão *Lokal Angeizer*, o triunfo germânico foi histórico:

A vitória alemã fez época, porque forçou a esquadra inglesa a observar uma política de defesa. E, depois dessa derrota, nunca mais a esquadra britânica se acercou da costa alemã, pois os almirantes ingleses continuam temerosos das surpresas, afora mesmo neste momento eles andam bem ao largo, apesar da cooperação dos destróieres americanos.

Considerado o maior combate naval da história, a Batalha da Jutlândia envolveu mais 1,6 milhão de toneladas de embarcações e quase 100 mil homens nas proximidades da Dinamarca. Passados 100 anos do embate, especialistas afirmam que os dois lados tiveram o que comemorar. Os germânicos celebraram uma vitória numérica, causando mais danos à esquadra britânica do que os sofridos pelos vasos alemães. Entretanto, os ingleses comemoraram a vitória estratégica: a partir da batalha, a frota alemã não abandonou mais os portos do país, o que contribuiu para o sucesso do bloqueio naval inglês.

Na França, além da missão de defender o mundo da barbárie alemã, a população tinha outros motivos para se orgulhar de sua vanguarda humanista. Na Câmara dos Deputados, tramitava um projeto de lei que introduzia grande avanço nas questões trabalhistas, considerando os sábados como feriados para as mulheres e crianças que operavam em fábricas e armazéns.

4. Nilo Procópio Peçanha, o novo ministro

Nascido em Campos (RJ), em 2 de outubro de 1867, Nilo Procópio Peçanha formou-se bacharel em Direito pela Faculdade de Direito de Recife, em 1887. Depois de fundar e presidir o Clube Republicano de Campos e o Partido Republicano Fluminense (PRF), em 1888, aos 21 anos de idade, elegeu-se deputado na Assembleia Nacional Constituinte (1890-1891).

Na sequência, foi deputado federal pelo PRF (1891-1903), até tornar-se senador em 1903. No Senado, permaneceu poucos meses, renunciando ao mandato para assumir a presidência do Estado do Rio de Janeiro, que ocuparia até 1906.

Naquele ano, elegeu-se vice-presidente da República, na gestão de Afonso Pena. Três anos mais tarde, em 14 de junho de 1909, aos 42 anos de idade, assumiu a presidência do país, após a morte de Pena.

A campanha para a sua sucessão foi acirrada. De um lado, o jurista e diplomata Ruy Barbosa. Do outro, Hermes da Fonseca, sobrinho do ex-presidente e marechal Deodoro da Fonseca. Depois de muitos anos atuando juntos na defesa dos candidatos comuns, na chamada "política do café com leite", paulistas e mineiros estavam divididos. Enquanto Hermes da Fonseca recebia o apoio de Minas Gerais, do Rio Grande do Sul e dos militares, Ruy Barbosa, com sua campanha civilista – oposição ao militarismo do rival – era apoiado por São Paulo e pela Bahia.

O resultado da disputa, que terminou com a – até hoje questionada – vitória nas urnas de Hermes da Fonseca, foi o envolvimento de Nilo Peçanha na resolução de conflitos entre as oligarquias paulistas e mineiras. Em alguns momentos, o presidente chegou a intervir para assegurar a posse de seus aliados nas presidências estaduais. No Amazonas, o vice-presidente estadual Sá Peixoto, apoiado pelo gaúcho Pinheiro Machado, líder do Partido Republicano Conservador, chegou a destituir o civilista Antônio Bittencourt da presidência. Mas Peçanha interveio e garantiu a manutenção de Bittencourt no cargo, o que o levou a um rompimento com o influente Pinheiro Machado.

Além do estabelecimento do Ministério da Agricultura, Comércio e Indústria, a principal marca do seu breve governo foi a instituição de bases para o desenvolvimento do ensino técnico-profissional no país. Outra realização do seu mandato foi a criação do Serviço de Proteção ao Índio, liderado pelo tenente-coronel Cândido Rondon.

Em 1912, Nilo Peçanha voltou ao Senado, até sair novamente para ocupar a presidência do Estado do Rio, entre 1914 e 1917. Em 1917, após a saída de Lauro Müller na crise ocorrida durante a Grande Guerra, assumiu o Ministério das Relações Exteriores, tendo efetiva participação na adesão brasileira aos aliados.

Reeleito ao Senado pelo Rio de Janeiro (1918-1920), concorreu à presidência pela Reação Republicana, em 1921, mas perdeu nas urnas para Artur Bernardes. Morreu aos 56 anos, em 31 de março de 1924, no Rio de Janeiro.

CAPÍTULO 5

A odisseia submarina

omparados ao primeiro submarino do qual se tem notícia – um tonel de vidro, que Alexandre Magno fez descer debaixo d'água para observar uma baleia, em 322 a.C – ou ao pequeno ovo submersível projetado pelo matemático David Bushnell a pedido de George Washington, para mergulhar e implantar bombas em navios inimigos durante a Revolução Americana (1775-1783), os submarinos do começo do século XX eram verdadeiras maravilhas da ciência. A Grande Guerra foi o primeiro conflito onde este tipo de embarcação foi usado em larga escala, com as missões principais de reconhecimento, retirada e colocação de minas aquáticas e, principalmente, afundamento de navios de superfície.

Essa última tarefa, aliás, era fundamental para os dois lados, que tentavam impedir a chegada ao inimigo de suprimentos transportados por via marítima. Se os alemães importavam 25% dos alimentos que consumiam, entre os britânicos o percentual chegava a 64%, o que dava aos submarinos teutônicos uma importância estratégica ainda mais relevante: se impedissem a chegada dos navios mercantes à Inglaterra, o inimigo poderia se render por falta de comida ou de outros materiais essenciais.

No começo da guerra, a Alemanha contava com apenas 37 submarinos, contra 70 da Inglaterra. Com o passar do tempo, os germânicos perceberam que a melhor forma de neutralizar a historicamente imbatível esquadra britânica – e, assim, reduzir a chegada dos cargueiros à ilha – seria o uso massivo de submersíveis. Por isso, o país ampliou os investimentos na construção de U-boots e, em fevereiro de 1917, anunciou o começo de uma guerra irrestrita nas águas que cercavam a Inglaterra e a Irlanda.

A expectativa era de que o aviso amedrontasse os governos dos países neutros, que a partir de então pensariam duas vezes antes de enviar seus navios mercantes carregados dos mais variados tipos de alimentos aos britânicos. Para combater o medo semeado entre os seus fornecedores, os ingleses propagandeavam que "os alemães ignoram as regras da guerra civilizada" e prometiam o apoio de sua poderosa esquadra para garantir a segurança dos cargueiros. Em meio ao embate psicológico, os neutros seguiram exportando aos britânicos, deixando aos alemães a alternativa de ampliar, efetivamente, os ataques de submarinos aos mercantes que navegassem em águas proibidas.

Foi neste contexto que, em 7 de maio de 1915, o submarino U-20 afundou o transatlântico Lusitania, que seguia de Nova York para Liverpool, deixando 1,2 mil mortos, entre os quais 128 americanos. Na Alemanha, em vez de um pedido de desculpas aos Estados Unidos, o que se ouviu, por parte do kaiser Guilherme II, foi um elogio à eficiência do comandante do submersível, Walther Schwieger. O episódio seria decisivo para o ingresso americano na guerra, dois anos depois.

No começo de 1917, ano em que os Estados Unidos e o Brasil entrariam no conflito, a Alemanha já havia ampliado sua esquadra submarina para 110 unidades. No começo daquele ano, somente entre os meses de janeiro e fevereiro, os U-boots afundariam cerca de 500 navios aliados, espalhando o medo e a revolta entre os países neutros e levando as duas maiores nações das Américas à beligerância contra a Alemanha.

O termo "submarino" induzia à falsa conclusão de que essas embarcações navegavam mais abaixo do que acima da linha da água, o que estava longe de ser a realidade: sempre que possível, os submersíveis viajavam preferencialmente na superfície. Afinal, na linha da água, onde era possível se observar a aproximação de possíveis presas, os submarinos trafegavam a maior velocidade do que quando estavam submersos. Além disso, quando o U-boot estava na superfície, renovava-se o ar que chegava aos marinheiros no interior do submarino.

Criada em 1871, a Marinha Imperial (*Kaiserliche Marine*, no original, em alemão) colocou três tipos de submersíveis em ação durante a Grande Guerra. O modelo mais comum, cujo nome era grafado com o prefixo U – seguido da respectiva numeração –, era destinado a operações em águas profundas. Desta categoria fazia parte o U-93, submarino de 1.270 toneladas, capaz de transportar 16 torpedos, que entraria para a história brasileira como responsável pelo afundamento do navio Macau e a consequente entrada do Brasil na Grande Guerra. Em outubro de 1917, a Alemanha contava com um total de 140 submarinos em operação.

Além deste tipo, havia também outros dois, com aplicações bastante específicas, os de prefixo UB, submersíveis de pequeno porte, voltados à atuação próximo à costa, e os de prefixo UC, também costeiros, geralmente enviados aos portos inimigos onde lançavam minas antinavio. Assim como os submarinos do primeiro tipo, os dois últimos também exibiam – após os prefixos – numerações que os identificavam e distinguiam dos demais submersíveis da flotilha: UB-12, UC-14, UB-76, UC-47 e assim por diante.

Apesar das diferentes aplicações, internamente, os diferentes U-boots tinham muitas características em comum. Por todo o submarino, havia canos, válvulas, instalações, fios e mostradores, de cima a baixo. Sobre o teto e sob o piso, outras dezenas de encanamentos, cabos elétricos, baterias e tubulações escondidos. Em todos, uma outra marca comum: o claustrofóbico espaço para a movimentação dos marinheiros.

Os submarinos de maior porte, que operavam em águas profundas, se tornariam o grande trunfo da guerra marítima alemã. Nesse tipo de U-boot, da proa para a popa (de frente para trás), o primeiro dos cinco compartimentos era a principal plataforma de ataque. Desta cabine, que também servia de alojamento para a equipagem, saíam quatro tubos de lançamento de torpedos, projéteis criados em 1880 e assim batizados em razão de sua semelhança com um peixe de mesmo nome.

Ali, os homens dormiam sobre beliches sobrepostos e rebatíveis. No total, o pequeno compartimento incluía 14 camas retráteis. Apenas dois dos marujos mais experimentados – os "lords", na gíria da marinha alemã –, tinham beliches fixos. Os novatos dividiam os 12 beliches restantes. A distribuição dos horários era feita de acordo com as horas de quarto de serviço. Como os marujos deveriam estar de guarda por períodos determinados e sem interrupção, a escala era feita de modo que, quando um precisava levantar, o outro, que acabara de cumprir sua jornada, pudesse se deitar. Não havia tempo, disposição ou viabilidade técnica para trocas de lençóis ou de travesseiros. O marujo que chegava para seu momento de descanso dormia com o cheiro do suor ou da baba onírica do seu antecessor.

Como se isso não bastasse, outros empecilhos colocavam-se diante de quem pretendesse tirar um cochilo. Além do espaço exíguo, o caturrar – balanço constante do submarino no sentido da popa para a proa, jogando os marujos para cima e para baixo a todo instante – era a grande dificuldade que todos tinham para se acomodar e relaxar. Também não se podia encostar na parede externa, porque o metal parecia uma pedra gigante de gelo. Junto a isso, uma sinfonia de sons graves e não ritmados confundia-se com golpes inesperados que chacoalhavam o U-boot, fazendo-o tremer desde a estrutura de metal até os ponteiros dos mostradores, atingindo até os órgãos internos dos marujos – por vezes, o impacto era tão estremecedor que alguns sentiam os pulmões como se quisessem desprender-se do corpo.

Marujos de determinadas funções, como torpedeadores, operadores de rádio, técnicos e mecânicos, dividiam um beliche entre dois. Em regra, os homens das máquinas trabalhavam por seis horas seguidas. Precisavam de paciência e resignação para resistir a tanto tempo, banhados de óleo e de suor e atordoados por um barulho ensurdecedor e ao mesmo tempo monótono dos motores diesel. Nas demais funções, o turno era de quatro horas.

Depois do compartimento dos torpedos, vinha a sala do chefe piloto e dos oficiais mecânicos. De um lado, encontrava-se uma central de ventilação. De outro, um acanhado e disputado banheiro, que costumava registrar maior movimento no começo da manhã e à meia-noite. Neste horário, acontecia uma grande troca de turnos, fazendo com que, não raras vezes, oito homens tentassem ir ao banheiro ao mesmo tempo.

Da torneira de água doce escorria apenas um fiapo, que possibilitava uma rápida lavagem da boca e uma molhadela nos cabelos, nada além disso. Havia também uma torneira de água salgada, essa, sim, abundante – por razões óbvias –, com um sabão especial para o seu grau de salinidade. Apesar da cobrança permanente do comandante para que o local se mantivesse limpo, não havia faxina que desse conta de um banheiro usado ininterruptamente por 40 ou 50 homens durante dias, semanas, meses. Assim, o fedor que exalava do pequeno compartimento espalhava-se pelas proximidades e, muitas vezes, alcançava os recantos mais extremos da embarcação.

A seguir, surgia o posto dos oficiais navegadores e do oficial engenheiro e, na sequência, o único local além do banheiro onde era possível se ter alguma privacidade, o quarto do comandante, que na verdade não passava de um canto separado do resto da embarcação por uma cortina. De certa forma, isso o aproximava da equipagem. O fato de saberem se o chefe roncava, quantas horas tinha de sono, se rezava ou soltava gases enquanto dormia, fazia com que os marujos o enxergassem como um humano, um igual, com dores, odores e fraquezas humanas como os demais.

Nas proximidades, havia o posto do operador de rádio, que recebia as ordens do comando da marinha e as repassava ao comandante, e um espaço destinado às instalações de telefonia, hidroacústica e navegação – cartas náuticas e mapas que indicavam montanhas e vales submarinos.

O posto do operador de rádio e o quarto do comandante ficavam ao lado do posto central, onde o líder da embarcação coordenava todas as operações, ao lado de um engenheiro. O compartimento, de onde se acessava o quiosque e, consequentemente, a parte externa do submarino, reunia os principais instrumentos de controle e navegação, como as bombas, os lemes de mergulho e o periscópio, instrumento pelo qual, mesmo mergulhado, o comandante conseguia visualizar o horizonte fora da embarcação.

Para ver o mundo lá fora, o comandante sentava-se em um pequeno assento de couro, com as pernas afastadas. A partir de dois pedais, fazia girar eletricamente o periscópio para os lados – como no acelerador de um automóvel, a velocidade dependia da pressão exercida pelos pés. Com uma das mãos, movimentava um espelho giratório que possibilitava uma visão de 70 graus para cima, em direção ao céu, e de 15 graus para baixo, na direção da água.

Com uma mira no campo visual ligada ao sistema de torpedos, o periscópio podia subir ou descer de acordo com os movimentos efetuados pelo comandante, geralmente sob o silêncio da tripulação. Durante as manobras, o chefe tinha ao seu alcance o controle dos tubos de lançamento de torpedos. Se houvesse alguma presa por perto, ele tinha na ponta dos dedos a possibilidade de realizar um ataque imediato. Desde que, na sala de torpedos, os marinheiros já tivessem preparados os projéteis para o lançamento, o que sempre ocorria sob determinação do comandante.

O líder da embarcação também era o responsável pela elaboração de um diário de bordo, onde a cada dia registrava detalhadamente os principais acontecimentos internos e externos. Mesmo no horário de verão, as anotações nos diários de bordo baseavamse na hora oficial da Alemanha – e não nos horários dos respectivos fusos onde a embarcação estivesse navegando.

O submarino contava ainda com uma central onde eram efetuados todos os tipos de cálculo – navegação, mergulho, disparo etc. Desenvolvida pela engenharia alemã para ser colocada em operação na guerra, uma complexa máquina de calcular ligada ao sistema do periscópio utilizava-se de engrenagens, dentes e rodas, que representavam diferentes curvas, para determinar o momento exato de se fazer um disparo. Incrivelmente, essa máquina era capaz de executar os cálculos para tiros simultâneos em até cinco diferentes alvos.

Devido à sua importância, o posto central – localizado bem no meio do submarino – podia ser isolado hermeticamente dos demais compartimentos, tantos os dianteiros quanto os traseiros, por meio de portas estanques. A vedação impedia que vazamentos de água provenientes de outras cabines ingressassem no posto central, garantindo, assim, a segurança de quem estivesse nesta parte do U-boot por até 100 metros de profundidade.

Seguindo da proa para a popa, depois do posto central aparecia o posto dos suboficiais, onde 16 homens alternavam-se em oito beliches, um pouco à frente de onde ficava a pequena despensa. Mais atrás, surgia o compartimento dos motores elétricos, usados na navegação submersa, e dos barulhentos motores diesel, acionados na navegação em superfície. No primeiro caso, o preço do deslocamento mais silencioso era a menor velocidade do que a obtida com o segundo. Por fim, aparecia o pequeno compartimento de lançamento de torpedos de popa, raramente usado para esta finalidade.

Antes de cada partida de suas bases terrestres, a equipagem enfrentava um duro desafio: acondicionar os mantimentos de forma que o submarino permanecesse equilibrado para a navegação em mergulho. Mais do que o equilíbrio, era preciso assegurar que os objetos não iriam se soltar com o balanço do mar, com as repentinas mudanças de rumo e, principalmente, com as inclinações às quais o submersível era submetido durante as operações de guerra, que muitas vezes chegavam a 60 graus. Como se não bastasse, além de suficientemente afixadas, as cargas não podiam, em qualquer hipótese, obstruir os marinheiros em suas atividades de rotina ou em suas passagens entre os diversos compartimentos da embarcação.

Em geral, presuntos e salsichas secas eram colocados entre os tubos lança-torpedos e no posto central. A carne fresca, que podia ser consumida em até três semanas depois da partida, era acondicionada em câmaras frigoríficas. Já os pães, que podiam durar também até três semanas – quando o bolor atingia a parte externa, os homens os descascavam, comendo apenas o que restava incólume nas partes internas –, eram dependurados em redes na parte dianteira ou no compartimento dos motores. O estoque também incluía uma cerveja para cada homem, a ser consumida depois da primeira vitória do U-boot nos mares.

Entre os alimentos levados a bordo, um merecia atenção especial dos marujos: os limões. Com medo do escorbuto, os homens consumiam o fruto – rico em vitamina C – principalmente na forma de sucos. Mas não eram raros os corajosos que por vezes cruzavam o posto central chupando um limão diretamente na casca.

Embora o taifeiro servisse refeições a horas determinadas, marujos que perdiam a comida por estarem de vigia na torreta ou envolvidos no conserto de alguma avaria viravam-se como podiam quando conseguiam tempo para se alimentar. Na maior parte das vezes, os sanduíches eram a solução mais rápida para aplacar a fome. A partir dos alimentos que ainda estavam disponíveis a bordo, embora houvesse restrições para a quantidade, não havia limites para a imaginação.

Cada homem tinha direito a uma determinada ração diária, e o eventual sumiço de uma barra de chocolate já era suficiente para a abertura de um inquérito, que só terminava com a descoberta e a punição do culpado. A disciplina tinha de ser mantida a todo custo. Limites calóricos à parte, os mais famintos empilhavam no mesmo sanduíche, montado a partir de fatias de pão embolorado descascado, acompanhamentos como queijo, manteiga, chouriço, sardinhas e mostarda.

Além da disponibilidade de alimentos – quanto mais tempo depois da partida, menos comida fresca –, as refeições preparadas pelo cozinheiro dependiam dos humores do Deus Netuno. Quando o mar estava tranquilo, servia-se de sopa de carne com batatas e verduras a deliciosas panquecas e rabanadas. Mas, quando estava bravo, era impossível preparar algo no fogão. Assim, o velho e bom sanduíche – muitas vezes, apenas de pão e chouriço – acabava sendo o prato principal.

A parte mais difícil era a limpeza do pão. Quanto mais tempo se passava desde a partida de terra firme, mais comprometido ele estava pelo mofo. Depois de semanas no mar, de um pão inteiro restava aproveitável uma parte muito pequena, do tamanho de um limão. Mas havia casos em que mesmo as partes mofadas eram aproveitadas. Por precaução, quando se estava muito longe da base, o pão mofado servia de base a uma exótica sopa. O objetivo era economizar comida, pois nunca se sabia exatamente em quanto tempo seria possível retornar à sede da flotilha.

Depois de três semanas, quando esgotavam-se as comidas frescas, restava à tripulação alimentar-se essencialmente de itens em conserva. Na gíria dos submarinistas, a tripulação inteira já sofria da "doença da lata" – confinados em uma grande lata submersível, todos viviam graças a comidas enlatadas. Nessas condições, o almoço básico passava a incluir carne de porco (na forma de gelatina), mostarda, pepinos, cebolinhas e pão enlatado.

Após algum tempo de navegação, as caras dos jovenzinhos imberbes que haviam embarcado três ou quatro semanas antes estavam mudadas. Os garotos com cara de bebê – a maioria da tripulação – transformavam-se em homens. Barbudos, rostos envelhecidos, cheiravam a testosterona e a fumaça. Embrutecidos pela rotina do mar, deixavam no passado (e para sempre) os garotinhos ingênuos que entraram em serviço. Eram quase como os velhos lobos do mar. Se não velhos, ao menos, lobos. Conforme um velho costume dos submarinistas, a barba era deixada crescer à revelia, protegendo os rostos do frio e do contato com o combustível. Marca registrada da flotilha de U-boots, o rosto peludo era também um escudo natural dos submarinistas.

Assim como os homens, o ambiente também estava diferente do dia da partida. Por todo o submarino, o cheiro dos chouriços apodrecidos – e ainda pendurados – misturava-se ao fedor do motor diesel, à onipresente fetidez do banheiro, ao ranço dos pães embolorados e às mais variadas morrinhas humanas, formando uma microatmosfera nauseabunda à qual os homens, por força das circunstâncias, eram obrigados a se habituar.

Entre os cuidados que os submarinistas precisavam tomar estava a dispersão do lixo. A melhor forma de livrar-se dos detritos era quando o U-boot navegava em superfície, distante de qualquer ameaça e, preferencialmente, em terra. Ao livrar-se do lixo quando estava submersa, a embarcação podia dar a eventuais inimigos na superfície uma indicação precisa de sua localização. Por isso, o lixo era guardado em sacos plásticos e permanecia a bordo, ajudando a piorar a qualidade do ar nas entranhas do tubarão de metal.

Quando o tempo ajudava e a embarcação viajava na superfície, a escotilha da torreta permanecia aberta, renovando o ar na parte central do submersível. Mas o ar puro dificilmente alcançava as extremidades do U-boot. Assim, quem permanecesse mais tempo nas proximidades da proa ou da popa estava fadado a permanentemente respirar esse ar fétido.

O ambiente era propício à expansão de algumas pragas, como os piolhos, que com frequência se alastravam pela tripulação depois de algumas semanas a bordo. Nesses casos, outro cheiro forte unia-se ao quase insuportável aroma do submersível: o do petróleo, usado no combate aos insetos.

Com o tempo, o mofo que começara nos pães e nos chouriços, atingia também as roupas dos marujos, deixando grandes manchas verdes, especialmente nas camisetas brancas. Chegava também aos calçados e, graças à umidade reinante, espalhava seu cheiro característico até mesmo nos colchonetes dos beliches. Depois de semanas no mar, tudo cheirava a chouriço apodrecido, mofo, peido, diesel e umidade.

Tudo isso contribuía para que, em longos períodos de submersão, os humores a bordo não fossem os melhores. Até mesmo para movimentar-se dentro da embarcação, os oficiais e tripulantes precisavam de coordenação. Para que o submarino permanecesse equilibrado, os tripulantes não podiam distribuir-se de forma irregular ao longo de sua extensão. Imagine 35 homens com peso médio de 75 quilos aglomerados próximo à proa. Seriam mais de 2,6 toneladas colocadas, de súbito, em um único ponto, o que faria o submarino pender para baixo, em direção ao fundo do mar. Até isso tinha de ser considerado pelo comandante e pelos oficiais nos momentos em que distribuíam ordens à equipagem.

Apesar disso, a vida no submarino ainda era vista pelos marujos com algum otimismo. Bem ou mal, eles tinham comida, cama e calefação, não precisavam deslocar-se por dezenas de quilômetros a pé, não estavam sujeitos ao constante fogo da artilharia inimiga, e mesmo o fedor no qual estavam mergulhados nem de longe se comparava à catinga dos campos de batalhas, onde homens e animais mortos apodreciam aos milhares em meio aos combatentes.

A Marinha alemã carregava ainda uma característica aprazível aos homens que dela decidiam tomar parte, uma camaradagem que, apesar da forte disciplina, extrapolava os limites hierárquicos, tornando os companheiros de embarcação mais do que simples colegas de trabalho. Para os marujos, este era um atrativo a mais, que lhes impunha um sentimento de pertencimento à elite das forças armadas alemãs.

Para ingressar na força submarina, os homens eram submetidos a rigorosos testes físicos e psicológicos – em um submarino, um marinheiro claustrofóbico seria um problema para si e para a tripulação. Quando selecionados, tanto eles quanto a própria marinha tinham a certeza de que os escolhidos estavam plenamente aptos para as agruras da vida no mar.

Ao entrar em serviço, os homens recebiam os chamados pacotes de submersível, kits que continham roupas de brim verde, um aparelhamento em couro (botas, calça, jaqueta), sapatos de bordo, dois pulôveres, seis mudas de roupas de baixo e seis pares de meia. Além da roupa branca, isso era quase tudo o que podiam levar a bordo. No exíguo espaço do submarino, itens supérfluos e de grande tamanho não eram permitidos. Mas pequenos objetos pessoais, como livros, baralhos e câmeras fotográficas, eram relevados. Afinal, os homens precisavam gastar o tempo livre de alguma forma, e o faziam lendo, jogando cartas e até em rodas de cantoria – isso quando era possível fazer barulho sem risco de que o U-boot fosse descoberto por um hidrofone inimigo.

O kit de couro era destinado aos dias frios e chuvosos. Quando ficavam de guarda no quiosque, observando o horizonte em busca de embarcações inimigas, os homens precisavam de roupas quentes e impermeáveis. Mas, nos dias de mar bravo e ventania, não havia roupa de couro ou borracha que resolvesse. Ao fim de suas jornadas na parte externa os marujos estavam quase congelando de tanto frio e tanta água que lhes havia atravessado as roupas e penetrado pelos poros.

Quando a embarcação estava na superfície, na torreta quatro homens observavam o horizonte, responsáveis por vigiar, cada um, um ângulo de 90 graus – todos contavam com binóculos. No frio, com os dedos e as mãos congelados, precisavam segurar o binóculo e varrer os seus setores de observação. A vida de toda a tripulação dependia deles. Ao mesmo tempo em que vigiavam, presos a cintos de segurança – correias de couro de 10 centímetros de largura, reforçadas com um fio de aço –, precisavam equilibrar-se diante dos constantes movimentos da embarcação, que pulava ao sabor das ondas, subindo e descendo continuamente, a intervalos ritmados.

Mas o pior se dava durante os temporais, quando ondas gigantescas castigavam esses homens incessantemente. O submarino subia a grandes alturas, atravessava as enormes vagas, depois caía vertiginosamente, voltando a mergulhar de proa antes de retornar à superfície. Nos mergulhos, que podiam levá-los até 15 ou 20 metros de profundidade, os homens precisavam trancar a respiração até que a embarcação retornasse à superfície e eles pudessem voltar sentir o oxigênio lhes penetrando pelas narinas. Mas as tempestades lhes davam pouco tempo para respirar. Mal chegava à crista das ondas, o submarino era empurrado novamente para o fundo, iniciando um novo ciclo de mergulho – e de terror para os vigias.

Durante toda essa movimentação, que podia se estender durante todo o quarto de serviço, o grupo precisava resistir, olhos abertos desafiando toneladas de água salgada que lhe chicoteavam o rosto e os olhos, observando o horizonte em busca do inimigo. Havia casos em que, mesmo presos ao cinto e agarrados à torreta, marujos eram arrastados pela força do mar – e nunca mais vistos.

No fim das contas, o frio, a chuva, o vento, o calor, as tempestades e todas as provações impostas pelo clima aos vigias eram o preço para se respirar um oxigênio puro, escasso entre os homens que permaneciam dentro da embarcação, envolvidos pelo fétido cheiro de combustível, de comida estragada e dos mais variados gases humanos.

A aurora matinal era o período mais perigoso para a segurança do submarino, exigindo atenção redobrada dos vigias. No momento em que a escuridão dava lugar à luz do sol, era praticamente impossível se avistar objetos – navios, destróieres – sobre a água e definitivamente impossível discernir os aviões. Na superfície do mar, as embarcações só podiam ser vistas do U-boot a distâncias muito pequenas. E era justamente aí que estava o grande risco: se o navio avistado a poucos metros fosse um destróier, que provavelmente já teria detectado a presença do submarino, escapar do ataque tornava-se tarefa extremamente complicada, uma vez que o destróier movia-se com maior velocidade na superfície do que o U-boot – quando submerso, movido pelos motores elétricos, o submarino navegava em velocidade ainda menor.

Nas trocas de turno, o homem que estava no interior do submarino não tinha permissão de subir ao quiosque enquanto o colega de serviço não descesse. No convés, podiam manter-se ao mesmo tempo, no máximo, cinco homens – os quatro vigias e mais um. A ideia era que, quanto mais pessoas no convés, mais demorada seriam a evacuação e o fechamento da escotilha e, por consequência, o mergulho do submarino em caso de ataque de destróier ou de avião.

Considerando-se que em um segundo o U-boot conseguia percorrer nove metros para o fundo ou para a frente quando mergulhado, isso significava que, a cada segundo desperdiçado com a evacuação do convés em caso de ataque, a embarcação deixava de percorrer nove metros. E era preferível que uma bomba caísse nove metros atrás do que exatamente em cima do U-boot.

Havia ainda outra razão para que menos pessoas se aglomerassem no convés: a movimentação podia causar distração entre os vigias. Assim que voltavam a bordo, os homens – com mãos e dedos congelados – eram auxiliados pelos colegas na troca de roupas. As novas nunca estavam necessariamente secas, apenas menos úmidas – e com uma crosta de sal na parte externa. A umidade que gotejava das paredes do submarino não permitia que secassem totalmente em poucas horas.

Os destróieres, navios capazes de perseguir e afundar submarinos, eram o maior temor dos comandantes de U-boots. Mesmo quando as bombas não atingiam o submarino na primeira tentativa, seus perseguidores tinham uma vantagem: o turbilhão de água formado com o mergulho do U-boot demorava cerca de cinco minutos para desaparecer, deixando aos atacantes a exata indicação de onde deveriam jogar suas bombas de profundidade – explosivos projetados para detonar assim que atingissem determinada distância da superfície.

A lógica de funcionamento, submersão e emersão dos submarinos era uma ciência complexa, à qual os marujos começavam a aprender na escola da marinha, mas só entendiam, em todas as suas nuances, quando conviviam por semanas na rotina marítima. O núcleo do submarino, onde ficavam os motores, as baterias e por onde transitavam os marujos, era mais pesado do que a água. O submersível só conseguia flutuar graças ao invólucro exterior a este núcleo, uma espécie de casca, que se enchia ou esvaziava de água para que determinada profundidade de mergulho ou flutuação fosse atingida, atendendo às ordens do comandante.

A ciência toda residia na correta utilização do espaço entre o núcleo e o casco, que na superfície ficava cheio de ar, e nos grandes mergulhos enchia-se de água, tornando a embarcação mais pesada do que a própria água do mar. Uma vez submergia, o que impedia o submarino de afundar indefinidamente era a velocidade imprimida pelos motores e controlada por lemes de profundidade – operados independentemente por dois engenheiros – e aletas laterais.

Quando o ar deixava os tanques, fazendo com que o submarino conseguisse submergir, um rugido feroz invadia a cabine. E, assim que os lemes de profundidade começavam a operar, empurrando a embarcação para baixo, o indicador de profundidade começava a mover-se. Por fim, quando a torreta – última parte do U-boot – estava submersa, o que se ouvia dentro da cabine era apenas o som do oceano.

No sentido inverso, a água que estava nos tanques de lastro era expulsa do submarino, utilizando-se gás comprimido ou, em alguns casos, os gases de descarga dos motores diesel. Ao final da manobra, o submersível estava novamente na superfície.

Entretanto, a expulsão da água não podia ser feita de uma única vez, de supetão, porque desta forma o submarino seria jogado para fora da água, desgovernado, como acontece quando se mergulha uma bola de plástico na água, soltando-a em seguida, de súbito. Assim, os tanques de lastro eram esvaziados aos poucos, atingindo-se inicialmente a profundidade de periscópio. Somente depois de verificar que não havia riscos – que não existia um navio, por exemplo, acima de sua cabeça –, o comandante ordenava a emersão, que, em razão de o submarino já estar próximo da superfície, acontecia de forma suave.

Os cálculos e o comando da operação eram feitos pelo chefe de máquinas. Era dele a obrigação de saber a quantidade mínima de ar que o submarino necessitava para se manter na superfície ou do ar a ser descarregado no momento de submergir. Para dificultar ainda mais o seu trabalho, para efetuar a chamada "compensação", ele precisava considerar não só o peso e o volume da água, como levar em conta o peso específico da água salgada, que varia conforme a profundidade, a temperatura, a época do ano, as correntes, o plâncton e os conjuntos dos animais e vegetais microscópicos do mar. Além disso, havia que se considerar ainda os efeitos do sol, que ajuda a evaporar a água. Para auxiliá-lo, todos os dias eram feitas medições na água, utilizando-se um densímetro. Tal equação precisava ser resolvida rapidamente, uma vez que, diante da iminência de um ataque, segundos podiam fazer a diferença entre a submersão (e a consequente sobrevivência) ou a permanência na superfície – e a morte de todos os tripulantes.

Já o encarregado de navegação utilizava-se muito do mapa celeste para orientar a direção do U-boot. Assim, quando o céu permanecia por longos períodos nublado, acabava por comprometer as medições efetuadas por ele, que muitas vezes ficava sem poder precisar a exata posição do submarino. Em seus cálculos, ele também levava em conta a velocidade do vento e as correntes marítimas, apoiando-se em almanaques que informavam os horários aproximados do pôr-do-sol ou do aparecimento da lua.

Dia e noite, submerso ou na superfície, o interior do submarino era iluminado por uma pálida luz artificial, que anestesiava a visão dos marinheiros. Flechas fosforescentes indicavam o caminho a ser seguido em caso de necessidade de abandono do navio, o que só poderia ser feito pela saída do posto central, que dava para o quiosque. Em contraste com a mortiça luz do interior, os homens que tinham de sair para a torreta – ou os que recebiam permissão do comandante – precisavam de alguns minutos de adaptação à visão da luz do dia ou mesmo da lua.

Nos momentos em que o submarino se preparava para atacar, vários homens envolviam-se no arranjo e no lançamento dos torpedos. Antes do disparo, os tubos e os projéteis – que chegavam a pesar 1,5 tonelada – eram lubrificados e tinham seu mecanismo de propulsão checado. Embora com o suporte de cabos e cabrestantes, o deslocamento dos torpedos dentro do submarino era feito manualmente, exigindo muita força dos marujos, que ao final do processo estavam extenuados e empapados de suor.

Ao comandante, no posto central, cabiam apenas as ordens de preparação dos torpedos em seus diversos tubos de lançamento e, claro, a decisão sobre o exato instante de dispará-los. Com uma porta estanque no lado externo e outra no lado interno, os tubos de lançamento de torpedos atravessavam o casco do U-boot. Na hora de atacar, a passagem interna era aberta, até que o torpedo fosse carregado. Em seguida, esta porta era fechada. A porta-estanque externa só era aberta no momento do disparo – em segundos, a água invadia o tubo, e o torpedo estava pronto para ganhar o mar.

O cálculo da direção do disparo era feito de forma a considerar o deslocamento do alvo. Assim, a mira nunca era feita no ponto exato onde estava o navio que se pretendia atingir, mas no ponto futuro onde se calculava que ele estaria quando o torpedo atingisse a sua trajetória – o cálculo envolvia a velocidade e a direção do alvo e do torpedo.

Quando o botão de disparo era acionado, um jato de ar comprimido projetava o torpedo para fora. A partir daí, o projétil movia-se sob a água graças à expulsão do ar-comprimido, responsável por conduzir sua carga explosiva até o navio inimigo. Feito o disparo, dentro do U-boot o comandante controlava, com um cronômetro, os segundos até a explosão. Durante todo o caminho o torpedo deixava um rastro de bolhas, resultante da expulsão do ar. Assim, sua aproximação podia ser percebida pelos vigias do navio, que em alguns casos conseguiam avisar o comandante a tempo de uma manobra evasiva.

No U-boot, todas as ordens do comandante eram anunciadas por meio de um sistema de alto-falantes, que nos momentos de calmaria reproduzia o som de rádios alemãs. Nas extremidades da embarcação, sempre sabia-se menos do que perto do posto central. Nem tudo o que era dito no meio do submarino chegava ao pessoal de proa e de popa.

Além dos alto-falantes, outras formas de comunicação com os demais compartimentos eram o telégrafo manual, o telefone de bordo e as luzes de sinalização. Mas, em regra, esses instrumentos só eram usados em situações extremas. Assim, quando ordenava à casa das máquinas uma mudança de velocidade sem informar a razão, os operadores apenas cumpriam a determinação, sem fazer ideia do que acontecia lá fora. Por outro lado, pela movimentação e pelos comentários do comandante e dos oficiais, quem estava por perto do posto central conseguia compreender o que estava ocorrendo – se o navio estava sob ataque ou, pelo contrário, em perseguição a alguma embarcação.

Nos momentos em que, submerso, o U-boot se preparava para atacar, ninguém no submarino sabia do que se passava lá fora, exceto o comandante, que via o inimigo pelo periscópio, e o operador de rádio, que o escutava por meio do hidrofone. Nesse momento, dezenas de homens tinham apenas dois olhos e dois ouvidos.

A situação era ainda mais difícil quando o U-boot estava submerso, mas abaixo da profundidade de periscópio. Nesse momento, simplesmente não havia olhos. Apenas ouvidos. E a vigilância do ambiente externo estava a cargo de apenas um homem: ao rádio-operador cabia a missão de ouvir e interpretar cada ruído que ocorresse à volta do submarino. Embaixo d'água, seus dois ouvidos substituíam os oito olhos e oito ouvidos dos vigias de superfície. E não havia margem para erro. Por isso, o rádio-operador não tinha sua atenção chamada por quase nenhum tripulante – quando em serviço, apenas o comandante e os oficiais costumavam lhe dirigir a palavra.

Mas o pior se dava quando o alvo do ataque não era um navio inimigo, mas sim o próprio submarino. Como a água transmite a pressão de uma explosão com muito mais intensidade do que o ar, o submarino podia ser destruído com uma bomba que se acionasse dentro do chamado "raio da morte", algo em torno de 100 metros de diâmetro da exata posição do submersível. Nessas condições, a pressão gerada pela explosão de uma bomba de profundidade – com peso entre 60 e 200 quilos – podia romper o casco do U-boot, condenando-o para sempre.

Quando perseguido por um destróier, o submarino precisava descer à maior profundidade que o seu casco aguentasse. A 200 metros de profundidade, cada centímetro quadrado da embarcação tinha sobre si o peso de 20 quilos – sobre cada metro quadrado, 200 toneladas. Diante da pressão externa, sua parede de metal de dois centímetros de espessura era quase como uma casca de ovo. O deslocamento em diferentes profundidades, na fuga do destróier e sob o risco de rompimento do casco, era mais uma equação que o comandante devia solucionar ao mesmo tempo em que o navio inimigo despejava sobre sua cabeça dezenas de bombas, programadas para explodir a profundidades diferentes.

Era um verdadeiro jogo de gato e rato. Nenhum dos lados conseguia ver onde estava o inimigo. Ambos utilizavam-se do hidrofone para tentar captar, a partir do barulho das hélices, os movimentos da embarcação rival. Com base no instinto e nos conhecimentos de navegação, os comandantes tomavam suas decisões. Enquanto o submarino não sabia a localização do destróier, no outro lado também não se sabia com exatidão onde e em que profundidade estaria o submarino. Dos dois lados, apenas suspeitas.

No destróier, que seguia despejando bombas de profundidade, a expectativa era de que em algum momento uma mancha de óleo indicasse que o U-boot fora severamente atingido. Do outro lado, a esperança de quem estava no submarino era de que o barulho das explosões diminuísse e que o ruído das hélices do destróier se afastasse, indicando que o perigo havia passado.

Enquanto nada disso acontecesse, a tensão reinava absoluta dos dois lados, mas principalmente no U-boot, cuja existência, quando o destróier tinha no comando um homem experiente, estava por um fio. A caçada podia durar horas, ate que enfim o U-boot fosse atingido ou conseguisse despistar o perseguidor.

A cada bomba que explodia próxima ao submarino, a embarcação estremecia por inteiro, enquanto os medidores e as lâmpadas estouravam com a facilidade de bexigas d'água nas mãos de crianças. Por isso, o estoque desses dispositivos levado a bordo nas missões era grande, suficiente para imediata reposição ou conserto, quando possível.

Quando em fuga, os marujos que não estavam desempenhando nenhuma função deviam esticar-se em seus beliches e permanecer o mais parados e calados que pudessem. Em descanso, os homens consumiam menos oxigênio, e o suprimento de ar puro dentro do submarino podia durar mais. Era impossível prever em quanto tempo o submersível poderia subir à superfície para renovar o estoque de ar puro. Assim, o ideal era economizar oxigênio.

Já quem estava nos postos de combate e navegação não podia se dar ao luxo de cansar ou ficar com sono. Nessas situações, era frequente entre os submarinistas o consumo de pastilhas de cafeína e pervitina, que conseguiam manter os marujos acordados por vários dias, se necessário.

AS DECLARAÇÕES DE GUERRA EM 1916

9/3 – Alemanha a Portugal
15/3 – Império Austro-Húngaro a Portugal
27/8 – Romênia ao Império Austro-Húngaro

28/8 – Itália à Alemanha
28/8 – Alemanha à Romênia
30/8 – Império Turco-Otomano à Romênia
1/9 – Bulgária à Romênia

Na sexta-feira, 13 de abril de 1917, o U-93 foi colocado em operação, na travessia de Emden para a ilha de Helgoland. Construído no estaleiro Germania, em Kiel, o submarino era projetado para atuação em longo alcance. Passagens interessantes de seus primeiros meses de operação, sob o comando de Edgar von Spiegel von und zu Peckelsheim, são contadas pelo autor e pesquisador em história marítima Yves Dufeil, do portal *Histomar.net*.

Amedrontados com a mística que envolvia a data de partida, os marinheiros questionavam se os comandantes da marinha haviam pensado nos riscos de se colocar o U-boot em operação em uma data de tão mau agouro. Com sutileza e diálogo, von Spiegel acalmou os ânimos com a ideia de que o dia de aura negra não era o verdadeiro ponto de partida da missão. Afinal, o U-93 ainda seria aprovisionado em Helgoland antes de partir para o front marítimo, no sábado, 14.

Operado por uma equipe experiente, o submersível de 71 metros de comprimento faria sua primeira incursão na guerra. Mas isso não seria problema. Com passagem anterior pelo U-32, o comandante e a tripulação já estavam familiarizados com as táticas e técnicas da guerra submarina. E nada que encontrariam no U-93 seria novidade.

Conforme o planejado, a partida para o norte aconteceu no dia 14, sob um céu cinza digno da sexta 13. O objetivo do submarino era vigiar as águas entre a entrada do Canal da Mancha e a Irlanda, em uma extensão de 200 quilômetros.

E não demorou para que os marujos tivessem ação. Logo no dia seguinte, o segundo oficial Wilhelm Ziegner avistou uma embarcação à vela, que rapidamente identificou como uma escuna. Incapaz de precisar a nacionalidade do barco, von Spiegel sabia que só costumavam navegar naquela área navios que tinham alguma relação com os britânicos. Não havia dúvidas: ou o barco seria inglês, ou estaria a serviço da Inglaterra. Por isso, o comandante ordenou os disparos de dois tiros de advertência.

Até ter certeza de que o barco não era um Q-ship, von Spiegel manteve, prudentemente, o submarino em profundidade de periscópio. Lobos em pele de cordeiro, os chamados Q-ships eram embarcações aparentemente inofensivas, disfarçadas de iates, escunas ou navios mercantes, que navegavam fortemente armadas com peças de artilharia escondidas. O aspecto inocente tinha como objetivo atrair os submarinos para posições próximas, onde podiam ser implacavelmente atingidos por seus canhões escamoteados. Diante desse risco, von Spiegel optou pela cautela na aproximação. Caso fosse atacado, seria mais fácil submergir e escapar estando em profundidade de periscópio do que navegando na superfície.

A vítima, o veleiro dinamarquês Fram, estava a caminho de um porto britânico. Com apenas 105 toneladas, era um peixe pequeno na pescaria recém iniciada pelo U-93. De toda forma, era uma vitória a ser celebrada logo no segundo dia de navegação. Von Spiegel ordenou a evacuação do barco, dando aos dinamarqueses 20 minutos para desembarcar. Em seguida, disparou um torpedo certeiro, que mandou a embarcação para o fundo do Mar do Norte em poucos segundos.

À caça de navios de guerra britânicos, o U-93 seguiu pelo Atlântico, submergindo sempre que os vigias detectavam qualquer vestígio de navios inimigos. Antes de qualquer manobra ofensiva, era preciso ter certeza de que o submarino não havia sido avistado. Repleta de navios patrulha aliados, a região ao longo da costa da Escócia oferecia grande risco aos U-boots.

Na manhã do dia 18, outro barco escandinavo, o norueguês West Lohian, de 1,8 mil toneladas, surgiu no horizonte do U-93. Von Spiegel repetiu a tática do ataque anterior: tiros de advertência, aproximação cautelosa, desocupação do navio e, por fim, o torpedeamento certeiro.

O U-93 seguiu em frente e deparou novamente com um navio norueguês, o Troldfos. Depois de dois ataques cautelosos, com tiros de advertência, o comandante do submarino mudou de estratégia. Submerso, o U-boot aproximou-se da vítima em profundidade de periscópio até o momento do disparo.

Ao perceber a chegada do torpedo, o comandante do vapor ainda tentou uma mudança total de rumo, mas não conseguiu evitar o impacto e a consequente explosão. Envolto em fumaça, o Troldfos começou a sucumbir à força do mar enquanto a tripulação, desesperada, tentava alcançar as baleeiras, que por sorte haviam se desprendido do navio. Para garantir que o navio fosse para o fundo, Von Spiegel completou o serviço com 12 tiros de artilharia.

Apesar de navios de vários países transitarem pela região, a nova vítima seria também escandinava, o Vestlev, terceira embarcação de bandeira norueguesa atacada em sequência pelo U-93. Com peso de 1,7 mil toneladas, o vapor transportava madeira dos Estados Unidos para a Inglaterra. Desta vez, Von Spiegel decidiu retomar a tática de aproximação com tiros de advertência, mas mudou a forma de mandar o navio a pique. Enquanto a tripulação era evacuada para os barcos salva-vidas, marujos alemães afixavam explosivos no casco do Vestlev para que, minutos depois, o barco fosse afundado.

A primeira presa britânica foi avistada pelo U-93 no dia 25. O Swanmore, um navio de guerra de grande porte, seguia para o oeste em alta velocidade, a 200 milhas a sudoeste de Fastnet. Von Spiegel não titubeou: após mergulhar o submarino, lançou um torpedo, mas o tiro passou ao lado da embarcação de 6,3 mil toneladas. Avisado pelos vigias do navio sobre a esteira de bolhas deixada pelo torpedo, o comandante do Swanmore aumentou a velocidade.

O submarino iniciou um ataque com canhões de superfície. Mas Von Spiegel não estava sozinho na caçada. Nas proximidades do Swanmore, o capitão de corveta Hellmuth Jürst, do U-43, também tentava atingir o vaso de guerra inglês.

Aproveitando-se do mar agitado e de sua maior velocidade, o Swanmore conseguiu escapar do duplo ataque. Von Spiegel e Jürst promoveram então um rápido convescote em alto mar. Do topo das torres de seus U-boots, os dois conversaram por alguns minutos sobre o tráfego de navios na região. Jürst, que chegava do sul, garantiu a Von Spiegel que a área estava infestada de mercantes ingleses, aconselhando-o a permanecer pelas imediações. Em seguida, os dois trocaram votos de boa sorte e retomaram seus rumos.

Provavelmente atingido pelos tiros do U-93 e do U-43, o Swanmore prosseguiu em fuga por mais algumas milhas, mas foi localizado e implacavelmente atingido pelo U-50, do comandante Gerhard Berger. Se Jürst e Von Spiegel começaram o trabalho, foi Berger quem pôde comemorar o afundamento do barco inglês.

Três dias depois do ataque ao Swanmore e do encontro com o U-43, o U-93 começou um período de vacas gordas. Em um intervalo de três dias, afundaria cinco navios inimigos, atacando ainda outros dois. Na tarde do dia 28, a escuna dinamarquesa Diana, de

207 toneladas, foi parada com tiros de advertência. Depois de evacuada, foi atingida por disparos de artilharia. Para a sorte dos dinamarqueses, Von Spiegel não esperou para ver o afundamento. A Diana resistiu e, mesmo avariada, pôde ser rebocada para a costa.

No dia 29, dois gigantes britânicos cruzariam o caminho do U-93: o Comedian (4,8 mil toneladas) e o Ikbal (5,4 mil toneladas). Em razão do tamanho das presas, Von Spiegel decidiu gastar seus torpedos para garantir o afundamento. Após torpedear o Comedian, Von Spiegel aproximou-se dos botes salva-vidas. Ao interrogar os náufragos sobre o nome e a carga do navio, ele decidiu levar como prisioneiro um dos artilheiros do navio. O mesmo repetiu-se quando do torpedeamento do Ikbal. Depois do ataque, Von Spiegel recolheu a bordo outros três prisioneiros: o capitão e dois atiradores do navio inglês.

A lua cheia ajudou o U-93 na madrugada do dia 29 para o dia 30. Com total visão do navio britânico Horsa, de 2,9 mil toneladas, o comandante lançou um torpedo certeiro, que explodiu contra o casco da embarcação. Enquanto a tripulação abandonava o navio tentando embarcar nas baleeiras, um dos barcos salva-vidas virou, jogando ao mar uma dúzia de marujos ingleses. Outros dois seriam lançados para baixo da baleeira.

Por ordem de Von Spiegel, os homens do U-boot auxiliaram e recolheram os náufragos, levando-os também para o submarino. O espaço exíguo do submersível ficou ainda mais apertado com a presença extra de quatro prisioneiros e mais de 10 náufragos do Horsa. A hospitalidade de Von Spiegel não se encerrou com a recepção dos inimigos a bordo. Além de ceder roupas, os alemães ainda prestaram os primeiros socorros aos feridos.

Com o dia claro, os vigias do U-93 avistaram outro barco inglês, o Huntsmoor, que navegava a pelo menos sete quilômetros do submarino. Naquela distância, seria impossível o torpedeamento. Depois de uma aproximação, Von Spiegel iniciou um ataque com tiros de canhão, recebendo como resposta uma chuva de disparos de artilharia. Novamente a velocidade do navio foi decisiva, e o Huntsmoor escapou ileso.

Mas o dia prometia ser agitado. Enquanto o Huntsmoor se afastava, Von Spiegel avistou o italiano Ascaro. Desta vez, o U-93 conseguiu aproximar-se a uma distância onde seria possível o lançamento de um torpedo. Com 2,3 mil toneladas, o Ascaro transportava carvão para a Inglaterra. Em uma guerra na qual o corte de suprimentos era vital para os dois lados, Von Spiegel estava diante de uma presa que não poderia ser desperdiçada. O torpedo atingiu o vapor em cheio, mandando-o para o fundo em menos de cinco minutos e condenando à morte a maior parte de sua tripulação.

O dia seguiu movimentado. Depois do Ascaro, vigias do U-93 avistaram o navio russo Borrowdale, de 1.093 mil toneladas. Enquanto ordenava a preparação dos torpedos de proa, Von Spiegel notou a presença de outro submarino nas imediações. O U-21 estava tão próximo que o comandante, Otto Hersing, provavelmente também tenha percebido a presença de seu amigo Von Spiegel.

No U-93, o comandante decidiu deixar que Hersing fizesse o serviço, mas seguiu nas imediações, apenas observando. Depois que o U-21 mandou o Borrowdale a pique, Von Spiegel aproveitou para colocar os náufragos do Horsa a bordo dos barcos salva-vidas, na companhia dos sobreviventes do vapor russo. Por fim, pediu ao grupo, em inglês:

– Digam ao rei Jorge como foram tratados no meu barco. Não temos comida suficiente nem mesmo para nós! Minutos depois, surgia no horizonte o barco patrulha Begonia, que abriu fogo contra os dois submarinos. Surpreendidos, os U-boots mergulharam o mais rapidamente que puderam. Atingido de raspão, o U-93 sofreu pequenos danos. Recolhidos pela Begonia, os náufragos do Ascaro e do Borrowdale juntaram-se aos sobreviventes do Horsa, também salvos pelo barco patrulha. Mas o dia ainda não havia terminado. Após atacar o Huntsmoor, o Horsa e o Ascaro, disputar o Borrowdale com o U-21 e fugir sob o bombardeio do Begonia, Von Spiegel ainda teria mais ação. Quando percebeu a presença do navio grego Parthenon no seu raio de ação, o comandante não hesitou e ordenou um rápido ataque com o uso de um torpedo. Depois de assegurar que o navio de 2,9 mil toneladas iria para o fundo do oceano, Von Spiegel novamente empenhou-se em auxiliar os náufragos. Antes de abandoná-los em alto mar, deu-lhes biscoitos e um pouco de água.

No fim do dia, ao avistar uma escuna a cerca de 5 mil metros de distância, o líder do U-93 retomou a tática dos tiros de advertência. Queria parar o barco para inspecioná-lo e, em seguida, mandá-lo a pique. Na escuna, os tripulantes obedeceram sem resistência. Duas pequenas embarcações salva-vidas foram lançadas ao mar, levando a bordo os tripulantes da embarcação.

Mas o experiente Von Spiegel não esperava o que estava por vir. A suposta escuna era um Q-ship, o HMS Prize, e a estratégia do tenente comandante William Sanders, um neozelandês da Reserva Naval Real, surtira efeito. Confiante de estar atirando em uma embarcação civil, o U-boot estava a menos de 80 metros da suposta escuna. E, depois de deixar que o U-93 alvejasse seu veleiro de três mastros, o Prize abriu fogo.

Em uma intensa troca de tiros, o U-boot foi atingido por disparos de metralhadora dirigidos aos homens da torre. Um tiro de canhão explodiu no casco do U-93. Os atiradores do Prize seguiam disparando. Duramente atingida, a popa do U-93 estava em chamas. Desesperado,Von Spiegel ordenou o mergulho. Mas, no momento em que o submarino começava a descer, um tiro de canhão sacudiu a torre. Com a explosão, o comandante foi jogado ao mar, desacordado, com dois de seus artilheiros.

Um minuto depois, Von Spiegel retomou a consciência e viu o U-93 imerso em fumaça e em um redemoinho de bolhas, desaparecendo nas águas. Ao olhar para o lado, percebeu que estava em um navio britânico. Outro barco inglês movia-se para socorrer os atiradores do U-boot, que se debatiam nas águas. Levados à cabine do capitão William Sanders, os alemães receberam roupas secas e chá quente, enquanto pensavam, tristemente, nos companheiros que teriam morrido no submarino. O clima de comoção foi interrompido quando um marinheiro inglês bateu à porta da cabine avisando que a escuna, também castigada pelo bombardeio, estava afundando. Sanders não hesitou em pedir ajuda aos rivais. Em uma situação desesperadora, todo o apoio seria fundamental para tentar salvar a embarcação – e a vida de todos a bordo.

– OK, conte conosco! – respondeu Von Spiegel.

No convés, marinheiros corriam de um lado a outro, enquanto outro grupo – que incluía os alemães – bombeava água sem parar. Um novo alarme, agora de incêndio na sala de máquinas, terminou de espalhar o terror a bordo. Ironicamente, alemães e ingleses lutavam juntos em uma guerra na qual eram inimigos. Para a sorte de todos a bordo, um dos marinheiros alemães também atuava como mecânico no U-93. Foi ele quem conseguiu fazer o motor diesel voltar a funcionar, dando a esperança de que mesmo lentamente a escuna pudesse chegar a terra firme.

Mas a troca de tiros com o U-93 deixara o Prize em situação calamitosa. Com os rádios fora de operação e distante da costa, não havia como pedir socorro. O barco movia-se muito lentamente, e a água não parava de jorrar em suas entranhas, sem dar descanso aos marujos, que se revezavam no bombeamento para fora da embarcação. O Prize seria socorrido depois de três dias.

Nos dias seguintes, os três alemães, oficialmente transformados em prisioneiros, foram transferidos para Donnington Hall, Leicestershire, onde foram interrogados.

– Pode nos dizer, comandante, quem afundou o navio Horsa? – questionou um dos oficiais britânicos. Fora ele próprio,Von Spiegel, que decidira recolher a bordo os marujos britânicos. Depois de cumprir a sua missão militar, o comandante preocupara-se com o salvamento dos náufragos. Após a rápida retrospectiva mental sobre os acontecimentos, Von Spiegel respondeu:

– Fui eu.

Os náufragos do Horsa haviam contado aos oficiais como haviam sido tratados após o ataque do U-93. Assim, britanicamente, o oficial inglês esboçou um sorriso tímido, enquanto estendia a mão ao inimigo:

– Você é um grande homem, comandante!

Apesar do reconhecimento e da gratidão dos britânicos do Horsa, Von Spiegel estava arrasado com a morte de seus colegas do U-93. Pensava no que diria aos pais, filhos, irmãos e esposas de seus comandados nas cartas que teria de escrever informando sobre o afundamento.

Mas Von Spiegel receberia uma notícia tão feliz quanto inacreditável: mesmo severamente avariado na batalha contra o Prize, o U-93 conseguira aportar na Alemanha, segundo contaram membros da Cruz Vermelha às famílias dos quatro prisioneiros britânicos que estavam a bordo do submersível. O segundo oficial do submarino, Wilhelm Ziegner, de apenas 26 anos de idade, conseguira levar o U-93 de volta à Alemanha, apesar dos grandes danos sofridos. Presos e abatidos com tudo o que ocorrera, os prisioneiros alemães encontraram, finalmente, uma razão para celebrar. O episódio é narrado no livro *Captains of War – They Fougth Beneath the Sea*, de Edwyn Gray.

Após a rápida experiência à frente do U-93 – menos de um mês, entre 30 de abril e 22 de maio de 1917 –, Wilhelm Ziegner assumiu em 11 de julho de 1918 o comando do UC-76, que seguiu sob suas ordens até outubro daquele ano. Nascido em 21 de abril de 1891, Ziegner morreu logo após a guerra, em 8 de dezembro de 1919, aos 28 anos.

Já William Sanders, o neozelandês que por pouco não pôs fim ao U-93, não sobreviveu à guerra. Morreu em agosto de 1917, quando sua escuna foi afundada por outro submarino germânico, o U-48.

NAVIOS ATACADOS PELO U-93

(sob o comando de Edgar von Spiegel von und zu Peckelsheim)

Data	Nome	Tonelagem	Nacionalidade
15/04/1917	Fram	105	Dinamarca
18/04/1917	Troldfos	1.459	Noruega
18/04/1917	West Lothian	1.887	Noruega
22/04/1917	Vestelv	1.729	Noruega
28/04/1917	Diana*	207	Dinamarca
29/04/1917	Comedian	4.889	Inglaterra
29/04/1917	Ikbal	5.434	Inglaterra
30/04/1917	Ascaro	3.245	Itália
30/04/1917	Horsa	2.949	Inglaterra
30/04/1917	Parthenon	2.934	Grécia
30/04/1917	Prize*	199	Inglaterra

*Mesmo danificados, não afundaram

CAPÍTULO 6
O afundamento do Macau

(Reportagem photographica especial para A NOITE — Clichê Benoliel-Lisboa)

O presidente de Portugal lendo a sua mensagem aos legisladores reunidos em Congresso, na Camara dos Deputados

Lisboa, 23 de julho — Conforme o telegrapho ha de, com certeza, ter noticiado, foi aberta solemnemente pelo Sr. presidente da Republica a primeira sessão legislativa do Congresso eleito após a revolução triumphante de 5 de dezembro do anno findo. O Sr. Sidonio Paes leu uma mensagem de saudação aos legisladores, expondo nella, em traços geraes, o sentido da politica do governo, tanto interna, como externa. A parte mais importante desse documento é aquella em que o primeiro magistrado da Nação annuncia o proposito em que estava o governo de reforçar, com novos elementos, as tropas portuguezas destacadas em França e nas colonias. — A. V.

O depoimento de "Nenem", um dos indiciados criminosos

Prosegue a policia nas investigações e no inquerito sobre o barbaro e hediondo assassinato de Geraldina Corrêa, a victima do crime da estrada do Murundú.

Depoz hoje Climaco Teixeira, vulgo "Nenem".

No seu depoimento, disse que na noite de 3 do corrente fôra em visita a Benjamin Costa, ao logar denominado "Marco 6", em Bangú, acompanhado de Bernardino Gonçalves Barbosa, vulgo "Chica". Dahi sairam os tres e uma mulher, a convite de seus companheiros.

Foram os tres á casa da tragedia, onde Bernardino abriu a cancella, batendo á porta e perguntando:

— A Georgina está?

Responderam de dentro que não, e Bernardino insistiu, allegando quem era. Uma voz de mulher, de dentro, mandou que se approximassem, porque ali ouvia-se bem. Bernardino approximou-se de uma janella, onde estava a mulher, que a elle fallava; nesse momento, a mulher que a elle fallava, fugiu para dentro. Uma Bernardino contornou a casa, dirigindo-se aos fundos.

"Nenem" e "Chica" ainda ficaram um pouco á espera, tendo depois tambem para os fundos, encontrando lá Bernardino dentro da casa, fallando a uma menina, que lhe respondia que a dona da habitação tinha ido recados.

Os dous então chamaram Bernardino:

— Anda dahi. Vamos embora.

Sairam os tres, ganhando a estrada do Murundá e com destino a Bangú, encontrando em caminho o grupo de operarios que já depuz ram. Em Bangú tomaram café no varejo da estação. Dahi Bernardino tomou um destino ignorado.

Sabia "Nenem" que Bernardino mantinha relações com Georgina, mas não a conhecia pessoalmente. Antes, de trez ou tres á casa do crime, tomaram vinho ha pouco.

Soube "Nenem" do crime no dia immediato, na estação de Bangú, não tendo tempo de indagar qual a victima, porque o trem em que se embarcara estava em movimento.

Na cidade, soube do crime, com mais minucias pelos jornaes, e de volta, teve a "Chica", que o accusaria a que fizessem questões. Teve vontade de dizer á policia o que se passara com elle, mas proteou. Acompanhou sempre o desenrolar das diligencias pelos jornaes e nunca mais, desde o dia do crime, viu Bernardino.

— A "Chica" não lhe perguntou, no dia immediato ao do crime —

— Aquella mulher morreu?

— Si, sempre, sobre o caso, os dous fallaram. Negou que elle e "Chica" estivessem armados, ignorando si o estava Bernardino.

O depoimento se conclue que "Nenem" teve a preoccupação de innocentar-se e a "Chica", e é quasi certo que elles sabem mais do que disseram.

Os casos incriveis

A moxinifada do Asylo de Preservação

Ainda não tiveram conveniente destino as menores do Asylo de Preservação, que, como noticiamos, deparam, ao chegar á casa que deveria abrigal-as, aquelle estado em que se achava...

GEMMA BELLINCIONE

Esposa amante, ella soffre. Mãe carinhosa, ella soffre ainda, com o desapparecimento da filha adorada. Eis que o destino cruel lhe traz-lhe agora o esposo e a filha, quando o seu coração pertencia a Deus... E' um drama que encanta. Uma historia que prende e entristece. A grande artista dirige-nos com o seu trabalho magistral A IRMÃ THEREZA. Somente.

HOJE E AMANHÃ NO
ODEON
Cuidado!

Foi preso um dos roubadores de bolsas de senhoras

Hontem noticiamos os dous audaciosos assaltos levados a effeito em plena cidade, por uma quadrilha de menores larapios, que se especialisaram na furtia de bolsas e carteiras de senhoras que viajam em bonde.

Quer poupar a saude?
Use só "Chá de Poços de Caldas"
A' venda nas principaes casas. Unicos depositarios:
SILVA ASSUMPÇÃO & C. — Rua General Camara n. 191 — Tel. Norte 1879.

Uma greve no interior fluminense

MIRACEMA (E. do Rio), 20 (Serviço especial da A NOITE) — Declarou-se em greve o pessoal agricola desta cidade.

O torpedeamento do "Maceió"

Os armadores do "Maceió", Srs. Lage Irmãos, nenhuma nova informação receberam sobre o torpedeamento desse navio, além do telegramma da encommendante Mercante, tendo cessa pouco estranheza, são só o facto de haver parte da tripulação ido para Vigo e parte de Brest, como o de terem chegado aqui nomes differentes a lista organisada aos jornaes de telegrammas que enviou ao commandante Mercante, pedindo pormenores do torpedeamento.

Segundo carta expedida pelo machinista Paulo Andrade, do porto do Havre, a 11 de junho, o "Maceió" deveria partir devia ir aos Estados Unidos e Canadá.

— Amanhã, ás 10 horas, na Candelaria, os Srs. Lage Irmãos farão celebrar missa por alma dos que pereceram victimas da barbaria allemã.

As casas allemãs e as garantias dadas pela policia

A policia continua prompta a fornecer garantias ás casas allemãs da nossa praça que, tremendo qualquer excesso de exaltados, julguem necessitar de tal precaução. Até agora, no em se sae, só a casa Arp, na rua do Ouvidor, pediu essas garantias.

Além dessa medida, a policia tomou a deliberação, desde hontem, conforme noticiámos, de reforçar a ronda nas ruas onde haja estabelecimentos allemães.

TRINUZ de Ernesto Souza, DYSPEPSIAS, Falta de appetite, Mão halito, Dores de cabeça, Gazes intestinaes, **ANEMIA** | Granado & Comp. R. 1º de Março, 14

COMPRAR NA A' PAULICÉA

é ter a certeza que compra em melhores condições

Continua em exposição o grandioso sortimento de ARTIGOS de INVERNO para senhoras e creanças

2, Largo de S. Francisco, 2

Tiro de Guerra 536

Communicam-nos:
"Quarta-feira, 24 do corrente, haverá formatura geral, ás 7 horas da noite, no quartel general. O Sr. instructor chama a attenção de todos os atiradores, reservistas ou não, para o disposto no artigo 31 das instrucções para as Sociedades de Tiro incorporadas."

TEM VERMES?
O VERMIFUGO
B. A. FAHNESTOCK
é a cura garantida.

QUEM PERDEU?

Pelo Sr. Othon Aguiar foram-nos entregue, afim de serem restituidas a seu dono, duas cartas achadas em frente do Correio Geral e dirigidas para a victima.

— Achada na avenida Rio Branco, foi-nos entregue uma "boa", afim de ser restituida a seu dono.

— O Sr. Arlindo Braga trouxe-nos hoje um documento do Thesouro Nacional, achado na barca da Cantareira, e que fica nesta redacção á disposição do seu verdadeiro dono.

O "Independencia" e o "Libertad"
Dous "buques" argentinos que nos visitam de passagem...
Original pintura identificadora

A tripolação do "Libertad" e este navio

Com destino á Europa estão, de passagem, ancorados nas aguas da Guanabara, dous "buques" argentinos, o "Independencia" e o "Libertad"...

Depois de retornar à base europeia sob o comando do segundo oficial Wilhelm Ziegner, após o surpreendente incidente com o HMS Prize, em 30 de abril, o U-93 foi reparado e voltou ao mar no fim de junho, agora sob as ordens de Helmuth Gerlach. Nascido em 25 de agosto de 1885, o tenente tinha 32 anos de idade, mas os anos de vida submarina conferiam à sua aparência pelo menos uma década a mais.

De corpo atarracado e altura mediana, tinha olhos azuis acinzentados, cabelos semiengomados e começando a ficar grisalhos. O rosto era magro, o queixo, saliente, e o nariz, afilado. Destoando da imensa maioria dos submarinistas, que costumavam deixar a barba crescer sem grandes preocupações, Gerlach esforçava-se para andar sempre com o rosto limpo, apesar dos inúmeros afazeres impostos pela rotina do U-boot.

Em sua tripulação, ele contava com o jovem primeiro oficial Hans von Usedom, de 23 anos, e o segundo oficial Hermann

Hahn, engenheiro mecânico da mesma idade. Ruivo, baixinho e magricelo, Hahn usava um pequeno bigode, em um conjunto que lhe conferia uma aparência amistosa. Por falarem um pouco de francês, Von Usedom e Hahn costumavam acompanhar Gerlach – fluente em inglês – nas abordagens a embarcações inimigas.

Alto e magro, queixo marcado e olhos cinzentos muito claros, o engenheiro mecânico Hermann Haussmann, de 28 anos, era uma das engrenagens mais importantes da equipagem do U-93. Ao menor sinal de problemas em algum dos motores, era a ele que o comandante Gerlach recorria de imediato.

Aos 34 anos, Frederick Burchardi era mais velho do que o comandante Gerlach, mas tinha menos tempo de Marinha e estava a bordo como capitão estagiário. Alto, loiro, olhos azuis e corpo magro, Burchardi era vaidoso e também costumava andar barbeado. A bordo do U-93, preparava-se para em breve assumir o comando de uma embarcação de guerra.

Às 17h do dia 18, uma quinta-feira, o U-93 navegava na superfície, a 200 milhas do Cabo Finisterre, à altura da fronteira entre a Espanha e a França, ao largo do Golfo de Biscaia, quando um dos vigias alertou Helmuth Gerlach sobre a existência de um navio a uma distância de quatro milhas náuticas. O destino colocara o Macau no caminho do U-93.

Com 3.557 toneladas brutas, o navio era também o primeiro dos "ex-alemães" enviado pelo Lloyd à Europa. Antes da primeira viagem de sua tripulação brasileira de 26 homens, o vapor fora consertado pela Companhia Paulista de Vias Férreas e Fluviais no porto de Santos. Ao mesmo tempo, era carregado com 92 mil volumes – 52 mil sacas de café e 40 mil de cereais – destinados à França.

De Santos, o Macau partira em 5 de setembro em direção à capital federal, onde permaneceu por vários dias até seguir oficialmente com destino aos portos franceses de Saint Nazaire e Havre.

Antes da saída, em 18 de setembro, maior parte da tripulação do Macau recusara-se a embarcar.

Os marinheiros estavam preocupados com a passagem do navio pela zona de guerra. Temiam que tivesse o mesmo destino de outros vapores brasileiros, como o Paraná, o Tijuca e o Lapa. Isso sem contar o próprio Rio Branco, afundado em 1916, que, embora não tivesse relação oficial com o país, levava a bandeira brasileira e não fora poupado pelos submarinos teutônicos. O que esperar, então, agora que os alemães atacavam os navios brasileiros sem o menor constrangimento? Havia de fato razões para que muitos decidissem ficar em casa em vez de zarpar para a Europa.

Por coragem ou pela simples necessidade de trabalhar para sustentar a família, apenas o comandante Saturnino Furtado de Mendonça, o segundo piloto, Raymundo Bandeira D'Assumpção, o comissário Seraphim Corrêa e os três maquinistas Trasíbulo Marcoise, Pedro Antônio de Oliveira e Miguel Gomes Falcão decidiram permanecer a bordo. Durante o período em que o navio esteve no Rio, o Lloyd precisou procurar substitutos para os marujos que haviam abandonado, literalmente, o barco.

A saída do Macau, um vapor com apenas cinco anos de uso – desta vez a serviço do Brasil –, foi saudada como um acontecimento pela imprensa nacional. "Com destino ao Velho Mundo, parte hoje o primeiro dos navios tomados pelo Brasil aos alemães e que se encontram incorporados à frota do Lloyd Brasileiro", escreveu a *Gazeta de Notícias*. "Além de possuir o ex-barco teutônico excelentes camarotes para a oficialidade, assim como confortáveis alojamentos para todo o pessoal de bordo, data a sua construção de 1912, o que vem demonstrar ser um dos melhores e dos mais novos vapores com que contamos, em condições, portanto, de fazer, com resultados satisfatórios, a nossa carreira de navegação para o continente europeu".

Antes da partida do Macau, que estava segurado em 100 mil libras no Lloyd Royal Belge, a direção do Lloyd havia discutido com o Ministério da Marinha a possibilidade de a embarcação levar a bordo um pequeno canhão. Entretanto, à última hora, o governo informara não poder fornecer munição ao navio, em razão de contar com um reduzido estoque.

Com casco de ferro, dois mastros e três caldeiras, o Macau navegava a uma velocidade de nove nós. Durante toda a travessia do Atlântico, o navio não cruzou com uma embarcação sequer. A longa viagem entre a América e a Europa fora absolutamente tranquila. Para passar o tempo, em suas horas de folga os marinheiros jogavam cartas e até ensaiavam cantorias no convés.

Mas todos sabiam que o momento crítico estava se aproximando. A costa europeia, repleta de submarinos alemães à espera de embarcações a caminho da França e da Inglaterra, era uma espécie de campo minado.

Em relação ao tempo em que se chamava Palatia, o navio – incorporado à frota brasileira em 1º de junho de 1917 – tinha de diferente apenas a bandeira brasileira no lugar do antigo pavilhão alemão. E é possível até que algum marinheiro mais atento a bordo do U-93 o tenha identificado como embarcação originariamente germânica.

Construído pelo estaleiro Flensburger Schiffbau-Gesellschaft, o cargueiro de 111,5 metros de comprimento deslizava em águas europeias com uma valiosa carga de suprimentos para a França. Para os alemães, em guerra contra ingleses e franceses havia mais de três anos, afundá-lo – junto com as demais embarcações que porventura tentassem furar o bloqueio continental – era questão vital.

Assim, menos de meia hora depois de avistar o navio brasileiro, o comandante do U-93 ordenou o ataque com o lançamento de um torpedo. Eram exatamente 17h25min.

No Macau, o segundo piloto, Raymundo Bandeira D'Assumpção, acabara de passar o quarto de serviço ao praticante. Descia a escada do passadiço em direção ao refeitório. De repente, o navio estremeceu com a explosão do torpedo à meia nau, a bombordo. Desacordado, D'Assumpção foi jogado sobre o convés.

O comandante Saturnino Furtado de Mendonça sabia exatamente o que fazer. Nas noites maldormidas antes de embarcar para a Europa, maquinara mentalmente como agir em caso de o navio ser atacado em alto mar. Esperava não ter de pôr os seus planos em prática. Mas o pior acontecera. Segundos após a explosão, resoluto, Saturnino iniciou o salvamento da equipagem:

– Arriem os salva-vidas e o bote.

Depois de mandar baixar as baleeiras ao mar, o comandante orientou os tripulantes a dividirem-se entre os barcos salva-vidas, enquanto ele próprio vasculhava a embarcação em busca de eventuais feridos. Acontecesse o que acontecesse, pensou o comandante, ele deveria ser o último homem a abandonar o navio, um preceito fundamental entre os homens do mar. Após percorrer o que foi possível enquanto o navio afundava, Saturnino embarcou também em um dos escaleres, sem notar a presença do segundo piloto, desmaiado sobre o convés.

Minutos depois da explosão, com o vapor prestes a desaparecer por completo nas águas, D'Assumpção retomou os sentidos e percebeu que todos os demais tripulantes já estavam alojados em baleeiras, tentando afastar-se da embarcação. A bordo, estavam apenas ele e Macau, o cachorro adotado pelos marujos como mascote e batizado com o mesmo nome do navio.

Com cão em seu colo, o segundo piloto – incentivado pelos colegas – jogou-se do convés sobre uma das baleeiras, ainda amarrada ao casco do vapor. Na descida de vários metros de altura, D'Assumpção sofreu uma forte contusão no pé direito.

O farmacêutico de bordo, Alípio Soares Ribeiro, revelaria posteriormente o heroísmo do cãozinho Macau. Jogados ao mar pela explosão, o mestre-carpinteiro João José Sá e outro marinheiro foram salvos pelo cachorro. Depois de arrastar os dois náufragos, prendendo suas roupas entre os dentes e boiando até próximo das baleeiras, Macau nadou em direção ao navio. Enquanto isso, os marujos que já estavam nos salva-vidas recolhiam a dupla socorrida pelo cachorro. "Macau voltou ao vapor, apesar de estarmos chamando-o dos escaleres. Parecia saudoso do navio, não querendo abandoná-lo", narrou Alípio. Latindo sem parar, o cachorro só deixou o navio após acordar – e, assim, salvar a vida – de Raymundo Bandeira D'Assumpção. Em retribuição, mesmo ferido, o segundo piloto carregou-o para a baleeira.

Enquanto o vapor entregava-se lentamente às águas, cerca de 15 minutos após o torpedeamento o submarino emergiu nas proximidades de onde estavam os náufragos, ainda assustados com o triste espetáculo do qual participaram. No U-93, que se aproximou dos brasileiros apontando-lhes um dos dois canhões de bordo, uma mensagem de luz de Helmuth Gerlach exigia que as baleeiras e o bote fossem atracados ao submarino.

– El capitán? – questionou o comandante alemão, em espanhol.

– Soy yo! – respondeu, serenamente, Saturnino.

Helmuth Gerlach pediu que o comandante do Macau embarcasse no submersível, munido dos documentos do navio. Sem hesitar, Saturnino Furtado de Mendonça subiu ao U-boot.

O taifeiro Arlindo Dias dos Santos não fora chamado a bordo. Sobressaltado com as ordens vindas do submarino, entendera que todos os brasileiros deviam seguir os passos de Saturnino. E, assim que o comandante pôs o pé sobre o U-boot, Arlindo subiu também ao convés do tubarão de aço.

Com os dois a bordo, o submarino afastou-se das embarcações salva-vidas. Sob a vista dos brasileiros, Saturnino e Arlindo foram levados para dentro do submersível. "Antes de desaparecer, não ocultando a comoção de que se achava possuído, o comandante nos fez um significativo gesto de adeus", contaria o piloto Pedro de Moraes, na volta ao Brasil.

O sol exibia seus últimos raios. Quase meia hora havia se passado desde o torpedeamento, e o Macau ainda resistia na superfície. Para terminar o serviço, um artilheiro disparou 12 tiros de canhão contra o navio. No mesmo instante, os náufragos que estavam no bote de Saturnino e Arlindo embarcaram em uma das baleeiras, transformando a pequena embarcação em um barco fantasma, a vagar solitário na imensidão do oceano.

A pintura acinzentada com listras pretas e danificada pelo tempo e pela maresia dava ao submarino e ao episódio um clima ainda mais sombrio. Sobre o casco da embarcação, os náufragos visualizaram uma inscrição, que à distância parecia ser "U-13". Na realidade, porém, não havia como o agressor ser o U-13, e é possível que os marujos do Macau tenham sido prejudicados em sua visão pelo crepúsculo vespertino. Colocado operação em 1909, o U-13 fora afundado três anos antes do ataque ao Macau, em 8 de setembro de 1914, no Mar do Norte, quando navegava sob o comando do capitão Hans Artur Graf von und Schweinitz Krain. Na Segunda Guerra, seria colocado em operação outro submarino chamado U-13 – comissionado na Kriegsmarine em 1935 e muito mais moderno do que o da Grande Guerra.

Divididos em duas baleeiras, os 47 náufragos do Macau – 27 em uma, 20 em outra – foram entregues à própria sorte. Em um dos barcos salva-vidas, liderado pelo primeiro piloto Pedro de Moraes, os sobreviventes preocupavam-se com o estado de saúde do segundo piloto, Raymundo Bandeira D'Assumpção, que sangrava abundantemente pela boca e tinha o pé direito machucado.

Um dia depois do torpedeamento, por volta das 11 horas, vagando em águas espanholas, os náufragos de uma das baleeiras avistaram ao longe um objeto que parecia ser uma jangada.

Anotações de Raymundo D'Assumpção revelam detalhes do afundamento do Macau.

"Macau" torpedeado pelos
alemães as 17 e 25 h.s do dia 17 de Outubro
de 1917. O Com.te Salumim Furtado de Mendonça
o Taifeiro Arlindo Santos foram aprisionados pelos off.
alemães no submarino U 13. Alguns mortos no nan...
o restante acharam-se em baleeiras a 280 milhas de
terra Espanhola f. Bestacan... foram em 5 dias e meio f.
chegar em terra.

R. Bandeira
2.º Piloto

Bandeira D'Assumpção, 2.º piloto, passou o quarto ao
praticante emquanto ia jantar.

No momento em que descia a escada do passadiço
sentiu o torpedo explodir á meia não, do lado
de B.B. Sendo elle atirado com o choque sobre o
convés, perdendo os sentidos. Tornando a si,
momentos depois, no alvoroço natural desses instantes, notou que todos os seus companheiros já
se achavam nas baleeiras, atirando-se na baleeira que ainda se achava presa a um cabo
entendindo-se bastante.
Estavam então na altura do Cabo Finisterra
a 950 milhas da costa da Hespanha.
Nesse occasião emergio o submarino U 13, enti-
mando-nos a atracar ao mesmo, aprisionando

Remaram em sua direção e, por volta de 13 horas, alcançaram dois colegas de infortúnio, o capitão e o foguista do navio americano Santa Helena, afundado quatro dias antes – pelo mesmo "U-13", segundo supunham os brasileiros.

Famintos, sedentos, quase morrendo de frio, os americanos boiaram por dias sobre a casa de navegação do navio. Arrancada do vapor após a explosão, ela mantinha-se milagrosamente na superfície.

Navegando apenas com a ajuda de uma agulha de mar, a mais de 200 milhas do Cabo Finisterre, o primeiro grupo alcançaria o porto de Ferrol somente depois de quatro dias e três noites de sofrimento, enfrentando fome, sede e frio intensos – quase todos chegaram esfarrapados e seminus –, com o apoio de um torpedeiro espanhol. No mesmo dia, a segunda embarcação atingiria o porto também espanhol de Pedreiras.

Acolhidos pelos moradores das duas localidades, os náufragos do Macau foram abrigados em hotéis. Em estado considerado gravíssimo, o segundo piloto D'Assumpção recebeu os primeiros atendimentos médicos, enquanto o grupo aguardava a tomada de providências e o envio de auxílio por parte das autoridades brasileiras.

A salvo em terra, os sobreviventes passaram a preocupar-se com o comandante Saturnino e o taifeiro Arlindo. Na costa espanhola, corriam boatos de que o comandante do Macau teria matado o capitão do submarino com um tiro de pistola, sendo imediatamente fuzilado, junto com o companheiro brasileiro. No Brasil, falava-se da conhecida valentia do capitão Saturnino. Para muitos, ele não teria aceitado pacificamente a agressão ao seu navio e reagido, o que poderia ter determinado o seu destino. Mas não havia testemunhas ou documentos que apontassem qualquer direção. Apenas boatos.

Questionado na chegada ao Brasil sobre a possibilidade de Saturnino ter reagido ao ataque alemão, o farmacêutico de bordo, Alípio Soares Ribeiro, respondeu:

– Não que víssemos. O que se passou depois, é claro, não sabemos.

A notícia do torpedeamento do Macau e o aprisionamento do comandante e do taifeiro chegou ao país na madrugada do dia 23, por meio de telegrama enviado pelo ministro brasileiro em Londres, Fontoura Xavier, ao ministro das Relações Exteriores, Nilo Peçanha. Seis meses após o torpedeamento do Paraná – e o consequente rompimento de relações diplomáticas – e cinco meses depois dos ataques ao Tijuca e ao Lapa, o Brasil era novamente sacudido com o anúncio de uma agressão tedesca. Dizia o telegrama proveniente da Inglaterra:

> *Da legação do Brasil em Londres – Almirantado acaba de informar-me que o vapor brasileiro Macau foi torpedeado por submarino alemão na costa espanhola. Capitão foi tomado prisioneiro, ignorando-se fim tripulação e pormenores. A. Fontoura*

A partir de então, uma série de novos telegramas atravessaria o Atlântico nas duas direções, pedindo ou fornecendo novas informações. De Ferrol, o imediato Antônio Xavier Mercante também telegrafou ao Lloyd informando sobre o sinistro:

> *Ferrol – Lloyd – "Macau" torpedeado 18 do corrente, baía Biscaya, sem aviso. Tripulação salva, menos foguista Petronilo, que foi morto. Comandante e taifeiro Arlindo feitos prisioneiros a bordo do submarino. Estou socorrido pelo cônsul. Imediato.*

No primeiro momento, porém, as notícias transitaram quase sigilosamente entre os náufragos e seus familiares, as representações diplomáticas, a direção do Lloyd e o governo brasileiro. Somente dois dias depois de receber a informação e exatamente uma semana após o ataque do U-93, o governo anunciou o fato à população, por meio de nota dirigida pelo presidente Wenceslau Braz ao Congresso no dia 25.

Junto com a notícia de mais um ataque germânico a um vapor brasileiro – mesmo que o Macau fosse um ex-navio alemão –, a manifestação pública do presidente trazia explícita a mensagem de que chegara o momento de uma tomada de posição mais firme por parte do governo brasileiro. O país encontrava-se em "estado de guerra" com a Alemanha:

Senhores membros do Congresso Nacional

Cumpro o penoso dever de comunicar ao Congresso Nacional que, por telegramas de Londres e de Madri, o governo acaba de ser informado que foi torpedeado, por um submarino alemão, o navio brasileiro Macau e que está preso o seu comandante.

A circunstância de ser este o quarto navio nosso posto a pique por forças navais alemãs é, por si mesma grave, mas esta gravidade sobe de ponto com a prisão do comandante brasileiro.

Não há como, senhores membros do Congresso Nacional, iludir a situação ou deixar de constatar, já agora, o estado de guerra que nos é imposto pela Alemanha.

A prudência com que temos agido não exclui, antes nos dá a precisa autoridade, mantendo ilesa a dignidade da nação, para aceitar os fatos como eles são e aconselhar represálias de franca beligerância.

Se o Congresso Nacional, em sua alta sabedoria não resolver o contrário, o governo mandará ocupar o navio de guerra alemão que está ancorado no porto da Bahia, fazendo prender a sua guarnição, e decretará a internação militar das equipagens dos navios mercantes de que nos utilizamos.

> *Parece chegado o momento, senhores membros do Congresso Nacional, de caracterizar na lei a posição de defensiva que nos têm determinado os acontecimentos, fortalecendo os aparelhos de resistência nacional e completando a evolução de nossa política externa à altura das agressões que vier a sofrer o Brasil.*

Após a divulgação da nota oficial, **WENCESLAU BRAZ**[5] convocou uma reunião ministerial, que durou cerca de duas horas e meia, no Catete. Em seguida, conduziu outro extenso encontro de trabalho, com as Comissões de Diplomacia e Tratados da Câmara e do Senado. O objetivo das reuniões foi discutir com os líderes executivos e legislativos os próximos passos que seriam tomados diante do novo atentado à navegação nacional.

Construída em 1903, a canhoneira alemã Eber, "o navio de guerra" mencionado por Wenceslau Braz, permanecia estacionada no porto de Salvador desde o início da conflagração europeia. Em 1914, no início das hostilidades, a embarcação singrava o Atlântico Sul. Sem instruções da Marinha naquele momento, seu comandante decidira aportar na Bahia. Armado com dois canhões de 41 polegadas e seis metralhadoras, o navio tinha extensão de 125 pés. Os canhões, porém, haviam sido retirados de bordo quando do aprisionamento da embarcação após o rompimento de relações diplomáticas, em abril.

Além da ocupação da canhonheira, aportada em Salvador, o presidente ordenou ao governo de Pernambuco que aprisionasse os 346 tripulantes do navio Blucher, atracado em Recife, onde também estava outra embarcação alemã, o vapor Leopoldina, com

75 tripulantes a bordo. O temor era de que em represália à declaração de guerra do governo brasileiro os alemães acabassem por afundar o navio.

Enviado a bordo do Blucher, um jornalista de *A Província*, de Recife, chegou a visitar a embarcação, sendo recebido pelo despenseiro – o comandante e o imediato estavam em terra. Em sua visita, o repórter garantiu que "tudo estava em ordem". "Pelas dependências do vapor havia inúmeros tripulantes, em sua maioria sentados e lendo jornais e livros alemães, deixando transparecer a alegria nas suas fisionomias, pois que, de vez em quando, esboçavam sorrisos", narrou o jornalista.

Os tripulantes do Blucher foram transportados a bordo do vapor brasileiro Minas Gerais para o Rio. Escoltados por 150 praças, os marujos alemães foram levados para a Ilha Grande.

No caso da canhoneira, o medo das autoridades brasileiras acabou se confirmando. Assim que souberam da intenção do governo brasileiro de apossar-se da Eber, os marujos germânicos incendiaram a embarcação, abrindo suas válvulas com o objetivo de pôr o navio a pique. A informação foi repassada ao comandante da Marinha, almirante Alexandrino de Alencar, pelo capitão do porto de Salvador, Mello Pinna, por meio de um telegrama:

> *Ministro da Marinha – Rio – Ao iniciar o determinado em vossas ordens, a tripulação da canhoneira "Eber" incendiou o navio, não sendo possível dominar o fogo, indo o navio a pique e estando as válvulas abertas – Saudações. Mello Pinna, capitão do porto.*

Em 27 de outubro, um dia após a declaração de guerra aos alemães, a *Gazeta de Notícias* criticava o almirante Alexandrino de Alencar, ministro da Marinha, e cogitava a sua substituição pelo almirante Gomes Pereira. No mesmo artigo, afirmava também que o ministro da Guerra, general Caetano de Faria, seria substituído pelo general Feliciano Mendes de Moraes. "O fiasco da ocupação da canhoneira Eber corre por conta exclusiva do desleixo e da incapacidade profissional do Sr. Alexandrino de Alencar. Há três dias que o Sr. Dr. Nilo Peçanha, ministro das Relações Exteriores, transmitindo ordens do governo, lhe tornou ciente de que a Eber devia ser ocupada imediatamente. Em vez de cumprir, como lhe devia, estas ordens, mais uma vez o Sr. almirante permaneceu inativo. Desta inação inexplicável o resultado foi o que era de se esperar, isto é, o incêndio da canhoneira", escreveu o diário carioca, lembrando também a suposta demora do almirante Alexandrino em abril, quando o governo determinara a ocupação dos 45 navios alemães internados em portos brasileiros após o rompimento de relações diplomáticas. Para o jornal, o incidente da Eber era "a prova mais triste da sua incapacidade profissional e da sua falta de presteza em cumprir o seu dever".

No dia seguinte, os jornais publicavam a resposta de Alexandrino. "Os tripulantes da Eber cumpriram o seu dever. Um navio de guerra é como um pedaço da pátria e, assim, não podia ser digno aquele que, sendo soldado e tendo sob a sua guarda esse mesmo pedaço de pátria, o fosse entregar a mãos inimigas, a menos que, depois de semelhante ato de covardia, não se tivesse lembrado de estourar o crânio com uma bala".

Entre a população civil, no entanto, o maior medo não estava ligado à ocupação dos navios alemães. O temor era de que outras embarcações brasileiras fossem atacadas, causando a morte de mais compatriotas. Após a notícia do torpedeamento do Macau, o Lloyd informou que navegava na mesma região o também ex-alemão **CABEDELLO**[6] (antes, chamava-se Prússia), comandado pelo capitão Teixeira de Souza. Além dele, outras companhias brasileiras confirmariam que os vapores Acary (ex-Eberburg), Tocantins, Purus, Campinas, Campista, Belém, Neuquem e Corcovado também circulavam pela zona de guerra.

Reflexo do medo instalado entre a população, circulou no Rio a informação de que outra embarcação, que seria da Companhia de Comércio e Navegação, também teria sido afundada. Por sorte, tratava-se de mais um boato, surgido em meio ao clima de tensão e apreensão no país.

No Rio, por volta de 13 horas do dia 25 de outubro, o *Jornal do Commercio* afixou em sua fachada um cartaz informando sobre o ataque ao Macau: "Mais um navio brasileiro torpedeado!". Em breve, outros diários também colocaram em seus prédios *placards* com a informação, que se espalhou entre a população.

Durante o dia, o número de populares aglomerados em frente às redações dos jornais aumentou. Todos queriam saber as últimas vindas da Europa. "Decididamente, somos arrastados ao conflito europeu. Por toda parte, surgiam comentários. As fisionomias tinham ar mais severo. Havia já um começo de compreensão das responsabilidades que seremos obrigados a assumir", descreveu o jornal *A Época*, do Rio.

Em homenagem às vítimas do Macau, as associações marítimas da Capital suspenderam as sessões previstas para os dias seguintes, hasteando a bandeira nacional a meio pau em sinal de luto.

Em extenso editorial, que ocupava um terço do espaço de capa, *O Paiz*, também da Capital, afirmava que diante da escalada dos acontecimentos o Brasil praticamente esperava que a Alemanha em algum momento fosse lhe declarar guerra.

Mas não imaginava que seria ele, Brasil, forçado a tomar tal decisão:

> *Quando em represália ao torpedeamento do Tijuca e do Lapa, não só o governo requisitou a frota mercante alemã refugiada nos portos da República, como também revogou, em benefício dos aliados, a neutralidade que vínhamos mantendo desde o início da conflagração, a expectativa era a de que a Alemanha, tal qual fizera em idênticas circunstâncias, em relação a Portugal, nos declararia a guerra. Mas isso não aconteceu. (...)*
>
> *De qualquer maneira, já não é possível ocultar que soou, para a nossa pátria, a hora das grandes provações e dos supremos sacrifícios. Já não há mais lugar para incertezas e vacilações. O momento é de ação resoluta, corajosa e decisiva.*
>
> *Que surpresas e que sofrimento nos reserva o futuro? Não vale a pena indagar. A guerra que nos é imposta, nós a vamos fazer em defesa não só da nossa dignidade ofendida, da nossa honra ultrajada, dos nossos brios vilipendiados, como também em defesa dos grandes e eternos princípios da liberdade e da justiça, que representam as mais altas e puras conquistas do pensamento humano e que, há três anos, vêm sendo conspurcados e espezinhados pela insânia teutônica. (...)*
>
> *Houve um momento em que se disse que cuidávamos de organizar a defesa nacional apenas com um objetivo: o de guardar a nossa casa. É bem de ver, já agora, esse objetivo precisa ser ampliado. Não temos só que guardar a nossa casa, mas, sobretudo, temos que auxiliar a castigar a arrogância e a selvageria dos nossos inimigos, diante de cujas agressões não poderíamos, sem grave desdouro para o nome de nossa pátria, adotar, tão somente, medidas de uma ação platônica e inócua.*

Na Rua Ribeiro Guimarães, no Andaraí, no Rio, as imediações da casa de número 5A estavam em polvorosa. Em sua residência, a segunda esposa do comandante Saturnino, Josephina Guilhermina de Mendonça, andava de um lado a outro, aflita com a notícia de que o marido fora aprisionado pelos alemães.

Com o casal, moravam duas filhas do primeiro casamento de Saturnino – Sylvia, de 10 anos, e Mathilde, de oito. "Mathilde é uma menina de oito para nove anos muito inteligente e muito viva, que, nesta emergência, se encontra abatidíssima. Mostra-se ansiosa por saber notícias, e vê-se na sua fisionomia um grande acabrunhamento. Cursa, atualmente, o último ano da escola complementar", escreveu a *Gazeta de Notícias*.

Em Maceió, terra natal de Saturnino, os outros dois filhos do primeiro casamento também aguardavam informações. Saturnino era viúvo de Hortência Cavalcanti de Mendonça, com quem fora casado por 10 anos. Diferentemente de Sylvia e Mathilde, que moravam com o pai no Rio, os dois filhos mais velhos, Victoriano e Samuel – este, empregado no comércio –, optaram por seguir em Alagoas.

A *Gazeta de Notícias* entrevistou Josephina, que estava "aflitíssima, a tal ponto que mal conseguia conversar". A notícia sobre o Macau chegara por meio de uma prima, Avelina Franco, costureira, que lera sobre a tragédia nos jornais e correra para avisá-la. Na entrevista, Josephina afirmou que Saturnino fora teimoso em seguir para a Europa:

> *O meu marido foi temerário em fazer essa viagem. Ele nunca aceitava os meus conselhos. Quando lhe expunha os riscos a que se arriscava nessas viagens, procurava sempre consolar-me, garantindo que os mares estavam excelentemente protegidos. Depois da guerra, nas vésperas de suas partidas, como de costume, aparentava uma tão grande calma que, eu até supunha, propositada, com o*

Anno XLII — Rio de Janeiro — Sexta-feira 26 de Outubro de 1917 — N. 298

GAZETA DE NOTICIAS

Stereotypada e impressa nas machinas rotativas de Marinoni, na typographia da Sociedade Anonyma «GAZETA DE NOTICIAS»

...E ENTRAMOS NA GUERRA!

Um submarino allemão torpedeou o "Macau" e levou como refem o seu commandante

Esse novo crime da feroz pirataria "boche" arrasta-nos á belligerancia

O Congresso votará hoje e o Sr. presidente da Republica sanccionará o decreto reconhecendo o estado de guerra do Brasil com o imperio allemão

O vapor brasileiro «Macau», agora torpedeado pela pirataria allemã

O Sr. Dr. Urbano Santos, vice-presidente da Republica cercado pelos ministros da Guerra, Marinha, Fazenda, Interior e Viação, á porta do Cattete

A canhoneira allemã «Ebern», internada no porto da Bahia, e que será tomada pelas nossas autoridades navaes

O Sr. Nilo Peçanha leva a noticia ao conhecimento do governo

Sr. Antonio Xavier, [commandante do «Macau»]

intuito de deixar-me tranquila Desta última vez, porém, embora não me tivesse feito nenhuma confissão que encerrasse maus presságios, várias noites, a horas altas, via-o acordado, sem dizer palavra. Perguntava-lhe se se sentia incomodado e ele respondia que nada sentia. Eu, porém, pressentia, assim o creio, a sua tristeza oculta. Nunca pronunciou uma palavra de queixa contra a vida ingrata. Partia com coragem e firmeza serena.

Filho de Manoel Furtado de Mendonça e Anna Joaquina de Mendonça, ambos alagoanos e então já falecidos, Saturnino, de 50 anos, tinha na época do desaparecimento cinco irmãos vivos: Custódio, Santina, Maria Magdalena, Anna e Maria José. Outros dois (José e Pedro) haviam morrido.

Saturnino entrara para o Lloyd em 19 de agosto de 1890, como segundo piloto do navio Alagoas. Depois, durante quase 28 anos de vida no mar, passou por várias embarcações, entre elas os paquetes Alagoas, Porto Alegre, Victoria, Aymoré, Ibiapaba e Guarajá. "Tem pela carreira sincero entusiasmo. Ultimamente, porém, já lamentava, por vezes, ter de estar continuamente fora da família", descreveria a *Gazeta de Notícias*.

No Alagoas, primeiro navio em que embarcou profissionalmente, em 1890, Saturnino havia enfrentado um verdadeiro teste para a sua aptidão de homem dos oceanos. Depois que o vapor se incendiou em alto mar, ele e vários companheiros permaneceram à deriva por três dias, em botes salva-vidas, até que foram resgatados por outra embarcação.

As provações continuariam no futuro. Em 1916, o navio Guajará, do qual era comandante, havia zarpado de Nova York, quando uma das válvulas da embarcação se abriu, e a embarcação começou a fazer água. A tripulação foi salva por um cargueiro americano.

A carreira do comandante Saturnino Furtado de Mendonça

Embarcação	Período	Ocupação
Alagoas	19/8/1890 a 25/3/1894	Segundo piloto
Porto Alegre	26/3/1894 a 6/6/1895	Segundo piloto
Victoria	6/6/1895 a 2/5/1901	Primeiro piloto
Meteoro	2/5/1901 a 14/3/1902	Imediato
Itapemirim	15/3/1902 a 16/3/1902	Imediato
Caravellas	16/3/1902 a 15/2/1907	Imediato
Grão-Pará	16/2/1907 a 6/8/1907	Imediato
Aymoré	7/8/1907 a 15/9/1907	Imediato
Brasil	26/9/1907 a 23/7/1909	Imediato
Venus	23/7/1909 a 13/8/1909	Imediato
Brasil	16/8/1909 a 18/12/1909	Imediato
Itapemirim	24/12/1909 a 10/1/1910	Imediato
Satellite	27/1/1910 a 24/2/1910	Imediato
São Paulo	25/2/1910 a 30/9/1910	Imediato
Ibiapaba	1/10/1910 a 25/4/1911	Comandante interino
	Licença	
Ibiapaba	1/8/1911 a 9/4/1913	Comandante
	Licença	
Ibiapaba	10/5/1913 a 30/6/1915	Comandante
	Licença	
Cubatão	3/1/1916	Comandante
	Suspensão de 15 dias	
Guarajá	16/2/1916 a 17/7/1916	Comandante
Macau	2/8/1917	Comandante

Em 1917, quando da viagem do Macau à Europa, a família de Saturnino sabia que o trajeto oferecia riscos, mas aguardava o seu retorno para o fim de novembro. Entretanto, o torpedeamento do navio, em outubro, deixaria esposa, filhos e irmãos em uma eterna espera pela volta do comandante alagoano.

"Visivelmente desconfiada", a esposa do imediato do Macau, Deolinda Valladares Mercante, recebeu a reportagem da *Gazeta de Notícias* no dia seguinte à notícia do torpedeamento. A família, que havia poucos meses se mudara do Amazonas para o Rio, residia na Rua São Cristóvão, 309, no Rio. O casal tinha quatro filhos: Félix, 18 anos, Antônio, quatro anos, Jorge, três anos, e Joffre, um ano e dois meses.

Segundo Deolinda, Antônio Xavier Mercante, de 44 anos, estava havia muito tempo desempregado. Por isso, os dois haviam decidido mudar-se para a Capital, deixando os demais familiares no Norte, onde residiram por mais de seis anos. Em julho de 1917, assim que desembarcaram no Rio, o marido conseguira o emprego no Lloyd.

Depois de escalado, em 25 de julho, para servir como primeiro piloto do Macapá, que estava aportado em Salvador, Mercante fora transferido para o Macau em 18 de setembro, exatamente um mês antes da tragédia na costa europeia.

Além do desaparecimento de Saturnino e Arlindo, as informações que chegavam ao Brasil sobre a morte do foguista conhecido como Petronilo levantavam outro mistério. Segundo o Lloyd, não havia na lista de tripulantes nenhuma pessoa com este nome, o que levava a crer que pudesse se tratar de um apelido, prática corriqueira na navegação mercante. No Lloyd, outra hipótese para a existência de um certo Petronilo a bordo teria sido a substituição

– nos portos de Salvador ou Recife, onde o Macau fizera escalas – de algum foguista que porventura tivesse desistido de embarcar.

Na chegada à costa após o naufrágio, os sobreviventes indicavam não só o nome como o sobrenome da vítima: Francisco Petronilo da Silveira. De acordo com os náufragos, o carvoeiro teria sido soterrado pelo carvão no momento da explosão do torpedo.

Afoitamente, o jornal *A República*, de Curitiba, noticiou que "segundo os últimos pormenores recebidos, pereceram vítimas da barbárie alemã no torpedeamento do Macau 24 tripulantes", errando feio também na data do torpedeamento ("12 do corrente"). Para a sorte dos brasileiros, o número real de vítimas foi muito inferior, conforme desmentiria imediatamente o diretor do Lloyd, Osório Almeida.

À sede do Lloyd, centenas de pessoas acorreram nos dias posteriores à notícia do torpedeamento. O telefone não parava de tocar. De todo o país, familiares e amigos dos tripulantes do Macau queriam saber como estavam seus entes queridos.

Em solidariedade às vítimas da tragédia, a sociedade anônima belga Produce Warrant Company, com sede na Rua de São Bento, 12, autorizou o seu agente no Havre a remeter aos náufragos uma doação de mil francos. Já a diretoria do Lloyd anunciou que os salários de Saturnino e Arlindo continuariam sendo pagos às famílias dos dois tripulantes enquanto ambos permanecessem fora do Brasil.

No dia 25 de outubro, uma pequena multidão, engrossada por dezenas de curiosos, aglomerou-se em frente ao casarão da Praça Sérvulo Dourado, no Rio. O diretor Osório de Almeida permaneceu na sede do Lloyd até as 17h30min, mas deixou funcionários encarregados de receber e repassar as novas que porventura chegassem da Europa durante a noite e a madrugada. A aflição espalhou-se por vários cantos do país, onde pais, filhos, primos, tios, avós, netos, sobrinhos e amigos dos tripulantes esperavam por notícias.

Entre os foguistas do ex-Palatia havia dois sergipanos, dois pernambucanos e um carioca. Morador do Beco das Escadinhas do Livramento, 192, na Saúde, Rio de Janeiro, João de Souza Lima era solteiro e conhecido entre os colegas como João São Cristóvão. Seus primos e amigos estavam entre os populares que acorreram à sede do Lloyd.

Natural de Pernambuco, José Gomes da Silva servira durante anos na Armada, até ingressar na marinha mercante. Desde então, já havia viajado para o Egito e a Itália a bordo do navio America, da empresa G. Fontes & Cia. O outro foguista pernambucano era Hermes Cabral de Oliveira. Solteiro, 25 anos, era marinheiro do Lloyd desde que dera baixa no serviço da Armada. Parentes de ambos ligaram inúmeras vezes para o Lloyd em busca de informações.

Outro pernambucano, o mestre José Veríssimo dos Santos era um marujo experimentado, mas havia embarcado pela primeira vez na condição de mestre de um navio. No Brasil, sua família anseava por notícias.

Também de Pernambuco era o chefe de cozinha, Alfredo Ismael da Silva, 38 anos. Morador da Rua da Saúde, 223, deixara na capital federal a esposa e um filho pequeno. Apesar do susto, as famílias dele e de Manoel, seu irmão e segundo cozinheiro do Macau, estavam tranquilas com a notícia de que ambos haviam escapado. Em maio, Alfredo comemorara a passagem incólume pela zona de guerra a bordo do América.

Moradoras na Rua Santos Lima, 29, no Rio, Maria e Anna Francisca de Moraes também não estavam muito aflitas, pois receberam a confirmação do Lloyd de que tudo estava bem com o seu irmão, Pedro de Moraes, primeiro piloto do Macau. Solteiro, 28 anos, ele era natural de Sergipe.

Segundo elas, dono de um "gênio voluntarioso, folgazão e destemido", Pedro adorava a carreira que havia abraçado. Quando os familiares se mostravam preocupados com suas andanças pela zona de guerra, o marinheiro fazia troça e respondia com um sorriso:

– Qual o quê! A vida é o mar largo.

Antes de partir, seu pai, Domingos Anacleto, pedira-lhe que ficasse no Rio. Enfermo, temia que não voltasse a ver o filho. Mas Pedro recusara-se a ficar. Tinha de cumprir o dever profissional.

Em 2 de outubro, semanas após a partida do Macau, Domingos faleceu. Apesar de as irmãs já lhe terem enviado uma carta informando da triste notícia, Pedro ainda não sabia da morte do pai.

Também na capital federal, a segunda esposa do comissário Seraphim Corrêa, 57 anos, Arthemisa Corrêa, estava resignada. Antes da chegada da reportagem do jornal *A Época* à sua casa, na Rua São Luiz Gonzaga, 227, ela recebera um lacônico, mas positivo telegrama:

Arthemisa – Rio. Fui salvo. Corrêa

Com apenas cinco palavras, Seraphim conseguira tranquilizá-la, mas não evitara que ficasse ansiosa por seu retorno:

– Há perigo no regresso de meu marido? – questionava aos jornalistas.

Segundo *A Época*, Seraphim iniciara a vida de marítimo aos 10 anos de idade, tendo trabalhado em quase todos os navios do Lloyd Brasileiro. Antes do Macau, ele servira como despenseiro no paquete Ceará, de onde saíra após conquistar o título de comissário.

De Sergipe, estavam a bordo do Macau o cabo foguista Manoel João Garcia, 33 anos, e o cabo caldeirinha Herondino Alves Gomes, 38 anos. O primeiro, funcionário do Lloyd durante muitos anos, já havia tomado parte nas tripulações dos vapores Almirante Jaceguay, Aymoré e Bragança. O segundo, casado e "pai de diversos filhos", segundo a *Gazeta de Notícias*, viajou pelo Lloyd e por outras empresas, mas ultimamente atuava como paioleiro do navio Planeta, da companhia Pacheco Aguiar.

Natural da Grécia, o primeiro maquinista do Macau morava em Porto Alegre. Casado, Trasíbulo Marcoise tinha pelo menos 10 anos de atuação no Lloyd Brasileiro, com passagens por vários navios.

Alagoano, o segundo maquinista Pedro Antonio de Oliveira era viúvo e não tinha filhos. Nos últimos tempos, era tripulante do Paraná, mas em um golpe de sorte não embarcara na fatídica viagem que terminara com o afundamento da embarcação, em abril de 1917. Entretanto, não teria a mesma sorte no Macau.

Assim como Oliveira, o terceiro maquinista, Miguel Gomes Falcão, 42 anos, também era viúvo. Morava à Rua Emílio Ribeiro, 12, próximo da Estação de Bento Ribeiro, no Rio.

O quarto maquinista, Euclydes de Carvalho, residia na Rua da Assembleia, 64, na capital federal. O jovem de 19 anos acompanhou todos os consertos pelos quais o Macau havia passado no porto de Santos. Segundo familiares, Euclydes estava temeroso de que a embarcação pudesse ser alvo dos piratas alemães, mas, como profissional dedicado que era, "não poderia deixar de atender aos seus superiores". Por isso, viajara com o Macau em direção à Europa.

Em Ferrol, na Espanha, o cônsul brasileiro em Vigo, Gonzales Castro, providenciou a remoção dos náufragos ao país. O grupo pisaria em terras brasileiras somente no dia 18 de dezembro, dois meses após o torpedeamento. Na passagem por Portugal, os sobreviventes da tragédia ainda enfrentariam novas dificuldades. Em 5 de dezembro uma junta militar dissolveu o Congresso, destituindo do cargo o presidente Bernardino Machado. Nos hotéis Portuense e Viennense, onde estavam hospedados, os náufragos enfrentaram a falta de alimentos durante dois dias. Como as balas cruzavam os ares de forma ininterrupta do lado de fora dos hotéis, o grupo – assim como os demais hóspedes – não tinha como sair para buscar comida.

NAVIOS ATACADOS PELO U-93
(com Helmuth Gerlach)

Data	Nome	Tonelagem	País
19/06/1917	Louise	645	Noruega
27/06/1917	Baron Ogilvy	4.570	Inglaterra
4/07/1917	Kodan	308	Dinamarca
12/08/1917	Bestum	3.520	Noruega
14/08/1917	Asti	5.300	Itália
20/08/1917	Elswick Lodge	3.558	Inglaterra
21/08/1917	Volodia	5,689	Inglaterra
23/08/1917	Carl F. Cressy	898	Estados Unidos
25/08/1917	Heatherside	2.767	Inglaterra
25/08/1917	Ovar	1.650	Portugal
26/08/1917	Marmion	4.066	Inglaterra
26/08/1917	Minas Queen	492	Canadá
29/08/1917	Treloske	3.071	Inglaterra
18/10/1917	**Macau**	**3.557**	**Brasil**
27/10/1917	D. N. Luckenbach	2.929	Estados Unidos
28/10/1917	Finland*	12.222	Estados Unidos
29/10/1917	La Epoca	2.432	Uruguai
30/10/1917	Liff	2.521	Noruega
02/01/1918	Veda	25	Inglaterra
04/01/1918	Goeland I	235	França
06/01/1918	Kanaris	3.793	Grécia
06/01/1918	Harry Luckenbach	2.798	Estados Unidos
06/01/1918	Henri Lecour	2.488	França
06/01/1918	Dagny	1.220	Dinamarca
14/01/1918	Babin Chevaye	2.174	França
15/01/1918	War Song	2.535	Inglaterra

Mesmo danificado, não afundou.

5. Wenceslau Braz, o presidente em 1917

Nascido em 26 de fevereiro de 1868, no município mineiro de São Caetano da Vargem Grande, Wenceslau Braz Pereira Gomes era filho de Francisco Braz Pereira Gomes e Isabel Pereira dos Santos. Político influente na cidade, Francisco contribuiu para que o filho também entrasse na vida pública – mais tarde, o nome do município mudaria para Brasópolis, em homenagem ao pai de Wenceslau.

Recém-formado bacharel pela Faculdade de Direito, em São Paulo, Wenceslau Braz iniciou a carreira de advogado em 1890, no interior de Minas, aos 22 anos. No mesmo ano, elegeu-se prefeito da cidade de Monte Santo.

Em 1892, tornou-se deputado estadual pelo Partido Republicano Mineiro (PRM). Anos mais tarde, foi empossado como secretário estadual do Interior, Justiça e Segurança Pública de Minas, no período de 1898 a 1902.

Casado com Maria Carneiro Pereira Gomes, foi eleito deputado federal. Até 1908, atuou como líder da bancada de Minas Gerais e, posteriormente, da maioria no Congresso. Em 1909, substituiu João Pinheiro da Silva, recém-falecido, na presidência de Minas Gerais, onde permaneceu até o ano seguinte, quando elegeu-se vice-presidente da República, ao lado de Hermes da Fonseca.

Depois de dois anos dedicado à vida empresarial – em 1912, fundou e liderou a Companhia Industrial Sul-Mineira –, assumiu a presidência da República em 1914, aos 46 anos, em uma eleição que marcou a retomada da aliança entre paulistas e mineiros, conhecida como "política do café com leite".

Wenceslau tomou posse em 15 de novembro daquele ano, em sessão solene do Congresso Nacional presidida por José Gomes Pinheiro Machado. Diante das dificuldades de importação de produtos industrializados impostas pela guerra e também da forte queda nas exportações, fomentou o desenvolvimento da indústria nacional.

À testa do sétimo período de governo republicano (15/11/1914 a 15/11/1918), teve de enfrentar duras provas internas, como a Guerra do Contestado e a greve geral de 1917, iniciada por operários de indústrias têxteis paulistas e que se espalhou por outros estados, como Rio de Janeiro e Rio Grande do Sul. Além da participação da Primeira Guerra Mundial, seu governo ficou marcado pela austera política financeira e pela promulgação do primeiro Código Civil Brasileiro, redigido por Clóvis Beviláqua, que entrou em vigor, em 1º de janeiro de 1917, depois de mais de 15 anos em tramitação no Congresso Nacional.

Membro da comissão executiva do Partido Republicano Mineiro em 1929/1930, Wenceslau foi um dos apoiadores da candidatura oposicionista de Getúlio Vargas à presidência, em 1930. Integrante do conselho supremo da Legião Liberal Mineira (1931/1932), ajudou a organizar a comissão diretora do Partido Social Nacionalista, em 1932.

Após deixar o governo, atuou como promotor público, em Jacuí, e como intendente, em Monte Santo. Morreu aos 98 anos, em 15 de maio de 1966, em Itajubá, onde foi presidente do banco

6. O mistério do navio Cabedello

Consertado em Santos pela Companhia Mecânica, quando do torpedeamento do Macau, na Primeira Guerra, o navio Cabedello transportava para a França, 60 mil sacas de café carregadas no porto paulista e 26 mil sacas de feijão embarcadas no Rio. Comandado pelo capitão Teixeira de Souza, tinha como imediato Lauro Augusto Teixeira de Freitas.

Exatos 25 anos depois, durante a Segunda Guerra Mundial, o Cabedello e o seu então imediato se tornariam personagens dos afundamentos levados a cabo pela Kriegsmarine, a marinha de guerra do III Reich, de Adolf Hitler, e, em menor escala, pelas forças submarinas italianas.

Construído nos estaleiros da Flensburger Schiffsbau Gesellschaft, na Alemanha, o Cabedello foi lançado ao mar em 14 de junho de 1912, com o nome Prussia, operado na época pela Hamburg Amerika Linie, de Hamburgo. Com 111 metros de comprimento e 15,5 metros de largura, tinha 3.557 toneladas brutas.

Entre os dias 14 e 25 de fevereiro de 1942, a embarcação – comandada pelo capitão de longo curso Pedro Veloso da Silveira – simplesmente desapareceu no Atlântico, no trajeto entre os Estados Unidos e o Brasil. Embora a tese nunca tenha sido comprovada, historiadores europeus acreditam que o Cabedello foi afundado pelo submarino italiano Da Vinci, em 25 de fevereiro, em algum ponto a leste das Antilhas. Com o vapor, sumiram 53 tripulantes (13 oficiais, três suboficiais e 37 marinheiros).

Já Lauro Augusto Teixeira de Freitas era, durante a Segunda Guerra, o comandante do navio Araraquara, afundado pelo submarino alemão U-507, em 15 de agosto de 1942. Atingido por volta das 21 horas, na altura do litoral sergipano, o Araraquara foi o segundo dos cinco navios torpedeados pelo submersível do capitão de corveta Harro Schacht em um intervalo de cinco dias, entre as costas de Sergipe e da Bahia.

Lauro conseguiu salvar-se, mas 131 (de um total de 146) pessoas a bordo do Araraquara morreram no incidente. A série de ataques do U-507 resultou em um total de 607 mortos – além do Araraquara, foram torpedeados os navios Baependy, Aníbal, Benévolo, Itagiba e Arará.

Diante da revolta popular que ganhou as ruas de todo o país, o presidente Getúlio Vargas declarou estado de beligerância à Alemanha e à Itália, em 22 de agosto, decretando guerra aos dois países dias depois, em 31 de agosto.

CAPÍTULO 7
A declaração de guerra

SI QUEREIS TER
BÔA SAUDE, VIGOR E ENERGIA
DEPURAE O VOSSO SANGUE

O SANGUE IMPURO, EMPOBRECIDO, DOENTE, NÃO CIRCULA CONVENIENTEMENTE E ATACANDO DIVERSOS ORGÃOS, PODE CAUSAR MILHARES DE DOENÇAS.

O
TAYUYA'
de S. JOÃO DA BARRA

ALÉM DE ELIMINAR DO ORGANISMO O TERRIVEL VIRUS SYPHILITICO, TEM A PROPRIEDADE DE REGULARIZAR E ACTIVAR AS DIGESTÕES, DESPERTAR O APPETITE, E DESTARTE, LEVANTAR AS FORÇAS DO DOENTE, TORNANDO-O FORTE E BEM DISPOSTO.

MILHARES DE ATTESTADOS CONFIRMAM A SUA PODEROSA EFFICACIA EM TODAS AS MOLESTIAS DE FUNDO SYPHILITICO, RHEUMATISMO, ARTRITISMO, ESCROPHULAS, FERIDAS, ULCERAS, BOUBAS, CANCROS, ERUPÇÕES, ETC.

Mesmo como preventivo depurae o vosso sangue com o
TAYUYA' de S. João da Barra

Graves conflictos na Hungria provocados pela fome

A actividade dos aviadores italianos

ROMA, 16 (Havas) — Communicado do Estado-Maior da Marinha:

Guerra no ar na Admiração

O Sr. Amaro continua adoentado

Foi approvado em terceira discussão o projecto da emissão

A' hora regimental e com a presença de 30 senadores, abre-se a sessão, sob a presidencia do Sr. Urbano Santos. Lida e approvada a acta da sessão anterior, passou-se em expediente, que carecce de importancia, constando apenas de um projecto do Sr. Pires Ferreira, favorecendo os ex-alumnos das escolas militares que pertençam á Guarda Nacional, dispensando-os de determinadas formalidades. Esse projecto foi apoiado pelo Senado e ...

O Sr. Alfredo Ellis fez um pequeno discurso, tecendo os maiores elogios ao conselheiro Ruy Barbosa, cujo jubileu literario tambem ...

Já não póde annullar the

O Dr. Olympio de S. substituto da 2ª Vara do Estado da fez federal, ...

"O Mal amar

Recommenda-se ao ...

Quatro promu Conse

O Sr. prefeito mandou ...

Uma trag Biriguy

S. PAULO, 16 (A. A.) — Em Biriguy, zona do Estado de Ferro Sorocabana, occorreu um seguinte tragedia: o dentista Jayme Rego surprehendeu a menor Adelaide Miranda Silva ...

Um estabulo que é um fóco de febre aphtosa

Os funccionarios do Hospital Veterinario Municipal, chefiados pelo seu director, inspeccionaram hoje na rua Alameda S. da Fonseca Marques & C. ...

Cantareira

Accentuam-se hoje pela manhã, em Nictheroy, os boatos de que o pessoal da Companhia Cantareira falava novamente em greve. ...

Os ultimos, são sempre os prim
ASSIM; A
"CASA RIO GRANDEN

depois de apreciar os preços e qualidades dos artigos semelhantes, apresenta á sua distincta clientela, lhares de artigos, os seguintes:

Ga ze chiffon, todas as côres, em perfeito estado, metr
Fitós de seda, todas as côres, larg. 1,10
Voil inglez, finissimo, todas as côres;
Crepe da China, todas as côres, da melhor, todas as côres;
Crepe santé, todas as côres, Reclame;
Limbo, todas as côres (americano);
Meias francezas, para senhora,
Meias de séda, todas as côres,

O BARATO SEMPRE SAE CA

Por isso os nossos artigos, são todos por nós garantidos, e os preços sejam de causar admiração

Visitem durante o corrente mez, a CASA RIO DENSE, para assim terem a convicção verd nossas affirmativas

64—RUA URUGUAYANA

Todo e qualquer artigo para homem e meias para senhoras
só na
CAMISARIA LIÉGE
URUGUAYANA, 204
TELEP. NORTE 818

A LA VILLE DE PARIS, 35 na dos Ourives e Buenos Aires 76.

---

s restaurantes do Pão de Assucar e da Urca foram penhorados pela Fazenda Nacional

Na sexta-feira anterior ao anúncio do torpedeamento do Macau, um fenômeno celeste causou curiosidade e até apreensão em algumas cidades brasileiras. Repetindo uma cena vista anteriormente em 1855, o brilhante planeta Vênus deslumbrava a população aparentando estar preso a uma das extremidades do crescente lunar, no que foi chamado pelos jornais de "brinco da lua".

No Rio de Janeiro, o redator do *Jornal do Commercio*, do Rio, exercitou sua verve poética na descrição do acontecimento.

> *A coisa teve mil e uma explicações para os que encontram sempre uma explicação para todas as coisas. E a lua, como que a sorrir para a Terra, continuava vaidosa, ostentando na fronte aquele custoso diadema.*
>
> *Durante algumas horas, não se falou noutra coisa:*
>
> *– Já viste?*

– *O quê?*

– *O fenômeno...*

Soaram os telefones. Era a hora do jantar. Mas a curiosidade humana sobrepõe-se a tudo. E as famílias, pelos arrabaldes, saíram para os jardins e para os quintais a contemplar aquele capricho da lua, depois de tantas noites chuvosas, desagradáveis e frias.

Para muitos, aquilo era o fim do mundo. A lua chocar-se-ia com a estrela, e este vale de lágrimas, já tão maltratado pela guerra, ia ser totalmente arrasado. Não nos aventuramos a registrar aqui quantos comentários se fizeram em torno do caso. Cada um disse o que quis, procurando responder às interrogações, que não eram poucas. A própria lua, a páginas tantas, deu por cumprida a sua rota, e a população foi dormir tranquila.

Em Curitiba, o jornal *A República* lembrou o polígrafo Castro Lopes, que seis décadas antes havia registrado o fenômeno em sua comédia *O Compadre Suzano*. Na cena 4 do enredo, conversavam os personagens Felício, Suzano e Rodrigo:

Suzano – Estou ainda a parafusar em uma coisa que vi agora e que me tem feito andar a cabeça à roda.

Felício – Então, o que é?

Suzano – Vinha eu vindo pela rua, quando vejo diversos grupos parados a olharem para o céu.

Felício – Algum cometa, talvez.

Suzano – Nada. Não era.

Felício – Então, o que era?

Suzano – Uma estrela muito brilhante que está pendurada em uma das pontas da lua.

Rodrigo – É que a lua vai a algum casamento e pôs na orelha esse brinco brilhante.

Na cena 5, a personagem Perpétua juntava-se ao mesmo trio:

Perpétua – Ora, não sabe, compadre? Daquele par de bichas brilhantes com que ontem saí, perdeu-se uma e, por mais que tenha procurado, não é possível achá-la.
Rodrigo – Pois sossegue, que eu sei onde está.
Perpétua – Onde? Onde está?
Rodrigo – Na orelha da lua.

Apesar de toda a mística que o assunto chegou a ganhar entre os populares, a ciência tratou de esfriar os ânimos, garantindo que o acontecido nada tinha de anormal. Conforme o Dr. Morise, do Observatório Astronômico, "o fato não tinha importância, nem mesmo curiosidade científica". Tratava-se de uma "simples conjunção aparente entre uma estrela e a lua", que, segundo o poético texto do *Jornal do Commercio*, "tomara maior relevo por ser com o planeta Vênus, cujo brilho sem par parecia desafiar o faiscar do mais soberbo dos diamantes".

Em 26 de outubro de 1917, o país fervia à espera da declaração de guerra. Nos cinemas, um dos filmes mais procurados pelo público era "Os tanks". Invariavelmente, as sessões eram marcadas por demonstrações populares em favor da Inglaterra. "Aparecendo em certa passagem do filme a figura de Lloyd George, a assistência prorrompeu em demorados aplausos", descreveria o *Jornal do Commercio*.

O esperado anúncio da guerra viria no dia seguinte à divulgação do torpedeamento do Macau, depois de o texto do decreto presidencial ser analisado pela Câmara e pelo Senado. No Palácio Monroe – sede da Câmara dos Deputados entre 1914 e 1922 –, a Comissão de Diplomacia e Tratados reuniu-se, sob a presidência de Alberto Sarmento. Além dele, faziam parte os deputados Augusto de Lima, Sousa e Silva, Nabuco de Gouveia, Manoel Villaboim, Coelho Netto, José Tolentino e José Maria Tourinho, que substituía Leão Velloso, em viagem à Europa. A vaga de Maurício de Lacerda, que abandonara a comissão havia pouco tempo e decidira não retornar, seguia aberta.

Quando a comissão retornou ao plenário da Câmara, entregando ao secretário o parecer que reconhecia o estado de guerra, as tribunas, abarrotadas de civis e militares, suspiraram em silêncio. O parecer, assinado por Alberto Sarmento, dizia que diante das circunstâncias não havia outra medida a tomar que não fosse a declaração de guerra:

> *Considerando-se que o Brasil está de relações rotas com a potência que acaba de agredir de novo a sua soberania, atacando a vida e a propriedade de brasileiros e terceiros, protegidos pela sua bandeira, é claro que outro recurso não resta ao Congresso e ao governo brasileiros senão o de reconhecer o estado de guerra iniciado pela Alemanha contra o Brasil.*
>
> *A responsabilidade desta situação a que somos levados cabe exclusivamente àquela potência, que, desprezando todas as regras do Direito das gentes e as normas indispensáveis à convivência internacional, vem, dia a dia, generalizando as consequências da guerra que ela preparou ou desencadeou, ofendendo e agredindo indiferentemente neutros e beligerantes.*

Os acontecimentos e as circunstâncias que os rodeiam provam exuberantemente que o Brasil, com uma serenidade digna das suas tradições de nação pacífica, procurou evitar a guerra que a Alemanha agora torna irrecusável.

As gerações futuras, quando tiverem que apreciar a situação que o Brasil teve que aceitar, verificarão que ele só admitiu os penosos recursos da guerra no exercício do direito de legítima defesa, que nenhum povo pode recusar, sem desprestígio ou diminuição da sua autoridade, da sua soberania e da sua dignidade.

Tolerar a agressão a esses elementos vitais e indispensáveis à representação interna e externa de uma nação, sem lhe opor a precisa reação, equivaleria a abrir mão de um direito natural, conferido aos povos cultos.

Com 149 votos a favor, o texto recebeu apenas uma manifestação contrária, do deputado Joaquim Pires. Depois da aprovação quase unânime, sob aplausos, o decreto foi enviado ao Senado.

– Viva o Brasil! – gritou o deputado Maurício de Lacerda, que apresentou um projeto de lei prevendo a busca de uma parceria com o governo francês para, por meio de uma missão militar daquele país, "organizar eficientemente o Exército brasileiro".

– Viva!!!! – responderam os demais parlamentares.

No Senado, o texto também foi aprovado rapidamente, com a empolgada anuência de Ruy Barbosa:

Era inevitável, como era desejável. Fui sempre pela atitude definida, clara e objetiva do Brasil na grande conflagração, pregando sempre a sua ação ao lado dos povos cristãos, que são os que se batem pela justiça. (...) A atitude dúbia do Brasil vinha se refletindo nas outras repúblicas sul-americanas. É lógico que agora elas também se definam, naturalmente, acompanhando-o.

Na Europa, embora esperada, a nova terá grande repercussão. O efeito moral será apreciável.

Às 18h26min do dia 26 de outubro, no exato instante em que a sua filha executava ao piano os acordes do hino nacional, o presidente Wenceslau Braz finalmente sancionou o decreto:

Artigo único – Fica reconhecido e proclamado o estado de guerra iniciado pelo Império Alemão contra o Brasil e autorizado o presidente da República a adotar as providências constantes da mensagem de 25 de outubro corrente e a tomar as medidas de defesa nacional e segurança pública que julgar necessárias, abrindo os créditos precisos ou realizando as operações de crédito que forem convenientes para esse fim; revogam-se as disposições em contrário.

Em oposição ao voto do piauiense Joaquim Pires, o deputado Félix Pacheco, seu conterrâneo, provocou o autor do solitário voto contrário à beligerância. "Declaro que votei pela declaração de guerra contra a Alemanha na convicção e pela certeza de que interpreto o sentir unânime do povo do Estado do Piauí". Duramente criticado pelos colegas e pela imprensa, **JOAQUIM PIRES**[7] justificou-se:

Votei contra o projeto por ser manifestamente inconstitucional. A declaração de guerra só é possível nos casos expressos de invasão do território nacional ou agressão à nossa soberania. A utilização de um navio mercante estrangeiro não importa na sua nacionalização. Assim, não tendo havido invasão do território nacional, que continua intangível, força é também confessar que não se verificou ainda a suposta agressão à nossa soberania porque o aprisionamento, o canhoneamento ou o torpedeamento de navio mercante que força o bloqueio estabelecido por potências em guerra nunca constituiu agressão à soberania da nação cuja bandeira cobre a carga, maxime em se tratando de navio estrangeiro a nosso serviço.

O confisco, a devassa, a violação de correspondência, o aprisionamento de passageiros praticados diariamente pelos beligerantes provam a verdade de minha asserção.

Assim, votando, penso bem servir à pátria e à república, embora venha opor-me à caudal que assoberba a nação, impelindo-a à beligerância. Estou certo de que a maioria dos brasileiros pensa comigo, embora nem todos tenham a coragem cívica de dizê-lo: não por covardia, mas pelo receio de parecerem menos patriotas.

O dia de amanhã dirá quem tem razão, se eu, hoje em quase unidade neste parlamento, se a maioria, praticando um ato que a Constituição condena e a humanidade repele.

No Supremo Tribunal Federal, a declaração de guerra foi elogiada pelo ministro Godofredo Cunha:

O poder executivo constatou o estado de guerra que nos foi imposto pela Alemanha, e o fez com serena energia e altiva dignidade. O poder legislativo caracterizou na lei a posição defensiva que nos determinaram os acontecimentos, fortalecendo os aparelhos de resistência nacional e completando a evolução da nossa política externa à altura das agressões que vier a sofrer o Brasil, e o fez com todo o denodo e o patriotismo. É a plena harmonia entre os poderes constitucionalmente responsáveis pela segurança da nação, ligados na repulsa à afronta à nossa soberania.

No mesmo dia em que Wenceslau Braz declarava estado de guerra contra a Alemanha, o seu filho mais velho, José Braz, recém-formado em Medicina, alistou-se no Tiro 5, no Rio de Janeiro. O ato simbolizava o anseio do presidente de que, naquele momento histórico e de exigência de sacrifícios, o país precisaria contar com o apoio de todos os seus cidadãos.

Vários parlamentares de origem militar também demonstraram intenção de servir ao Exército. Os senadores Dantas Barreto (general de divisão), Lauro Müller (general de brigada) e Soares dos Santos (tenente coronel) apresentaram-se ao chefe do Estado Maior do Exército, pondo-se à disposição para eventuais missões militares.

Reservista de 1908, o deputado Mauricio de Lacerda ofereceu-se ao Exército. Além deles, dois deputados, os capitães-de-fragata Souza e Silva e Antônio Nogueira, além do capitão-tenente Alfredo Ruy Barbosa, apresentaram-se ao comando da Marinha.

Outra figura célebre ofereceu seus préstimos à pátria. José Peixoto, filho do ex-presidente marechal Floriano Peixoto, colocou-se à disposição do governo para o que fosse necessário. "Filho do marechal Floriano, tendo pertencido ao glorioso Exército durante seis anos e tomado parte ativa nas forças legais que defendiam instituições republicanas, por ocasião de revolta de 93 (*Revolução Federalista de 1893, no Rio Grande do Sul*), venho oferecer meus serviços de inspetor de segunda classe à Repartição de Telégrafos, nas construções de linhas estratégicas que serão determinadas", escreveu José Peixoto, em telegrama ao Ministério da Guerra.

"Sentir-me-ia feliz se pudesse prestar serviços a todos dignos companheiros do meu glorioso pai em defesa da pátria, que ele tanto soube amar e defender", concluiu.

A onda de patriotismo incluiu até o jornalista Edmundo de Miranda Jordão, da *Gazeta de Notícias*, reservista de 1908, que também se apresentou ao Exército. Um grupo de voluntários anunciou a intenção de criar o Batalhão Ruy Barbosa, que prestaria à pátria o "auxílio material e intelectual" necessário no período de beligerância. Já a Cruz Vermelha Brasileira, por meio de nota publicada nos jornais, apelou para que as mulheres do país fizessem o curso de enfermagem promovido pela entidade, na Rua Prefeito Barata, 75 (antigo Morro do Senado).

Aos governos estaduais, o presidente enviou um longo telegrama, pedindo o apoio da população e da imprensa diante do delicado momento enfrentado pelo país:

> *Impelido a reconhecer o estado de guerra que não desejou e foi obrigado a aceitar, depois de uma neutralidade modelar, em vista dos crescentes graves atentados à nossa bandeira, praticados pelo governo alemão, nela entrou o Brasil para defender sagrados direitos, formando ao lado dos que, há mais de três anos, se vêm batendo pelas conquistas da civilização e pelos direitos da humanidade, tendo já iniciado atos de franca beligerância, de acordo com a deliberação do Poder Legislativo.*
>
> *É a paz aspiração permanente do país. Foi ela, em todos os tempos, o ideal da nação, educada nas normas do trabalho pacífico, do progresso, na ordem, do respeito aos direitos alheios.*

Desde os primeiros dias da nossa independência, a nossa ação internacional jamais se exerceu em detrimento de quem quer que fosse. Nessa extensa linha de fronteiras nós a fixamos pelo acordo e o arbitramento. Nenhum outro país oferece como o nosso a prática desse recurso admirável da arbitragem como solução dos litígios nacionais.

Nunca tivemos guerra de conquista. E a índole do nosso povo está a indicar, em largos anos de vida laboriosa, que não nos movemos de outros intuitos que não o da paz e do trabalho.

Entrando na guerra, a que outros povos já deram o melhor do seu sangue e dos seus recursos, conhece o Brasil a gama de sacrifícios que está chamado a fazer. E os encara sem vacilações.

Não precisa o governo traçar a regra de proceder de seus concidadãos. Do litoral aos sertões, cada brasileiro cumprirá seu dever, como ele sempre entendeu e entende que deve cumprir. Na luta sangrenta, cujas surpresas dia a dia anulam os mais avisados cálculos, a lição está, porém, a mostrar exemplos e situações que convém não desprezar.

É necessário que se dissipem todas as divergências internas e que a nação apareça – una e indivisível – em face do agressor. Para isso, o governo aconselha e espera de toda a República o maior acatamento às suas decisões.

A imprensa, que nunca faltou com o seu patriotismo nos momentos graves, se dispensará de discussões inoportunas. Nossas tradições liberais ensinaram sempre o respeito às pessoas e bens do inimigo, tanto quanto foram compatíveis com a segurança pública, e assim devemos proceder.

É oportuno que aconselhemos a maior parcimônia nos gastos de qualquer natureza, públicos ou particulares.

Intensifique-se tanto quanto possível a produção dos campos a fim de que a fome, que bate já às portas da Europa, não nos aflija também, e antes possamos ser o celeiro de nossos aliados.

Estejam todas as atenções alertas aos manejos da espionagem, que é multiforme, e emudeçam todas as bocas quando se tratar do interesse nacional.

Na edição em que anunciava o estado de guerra, *A Noite* refletia sobre as possibilidades de contribuição brasileira ao esforço de guerra dos aliados. "Do ponto de vista militar, o que se vê, por ora, de mais eficiente, é o nosso concurso para o transporte de forças dos Estados Unidos para a Europa".

De imediato, o Ministério da Guerra mobilizou os contingentes da quinta, sexta e sétima regiões (Rio de Janeiro, São Paulo, Paraná, Santa Catarina, Mato Grosso e Rio Grande do Sul). As estradas de ferro ficaram sob vigilância e dependência do Ministério da Guerra. Sob o pretexto de os militares estarem atuando em prol da defesa nacional, o governo aproveitara o estado de exceção para mascarar a vigilância às ações dos grevistas.

De antemão, o governo também anunciou que o exército seria empregado de forma "defensiva", excluindo qualquer possibilidade de envio de tropas ao front europeu. Na mesma linha de raciocínio, voltada ao aspecto defensivo, o deputado Augusto de Lima apresentou à Câmara projeto que previa a defesa da costa marítima e das fronteiras terrestres por meio de centros de aviação.

Em ofício enviado à Câmara, o ministro da Guerra informou a relação das unidades do Exército então organizadas em todo o país. Segundo Caetano de Faria, os quartéis seriam capazes de servir a uma força de 35 mil soldados. Entretanto, o Congresso autorizou a liberação de verbas para apenas 18 mil homens, metade do planejado pelo ministério.

O governo reforçou o patrulhamento da Baía de Guanabara. Durante todo o dia, e especialmente na madrugada, embarcações da Marinha e da Polícia Marítima circulavam pelas águas, levando a bordo agentes da polícia, guardas civis e praças do Batalhão Naval.

Coincidentemente, no dia em que o país declarou guerra à Alemanha um contingente de 5 mil soldados brasileiros realizava manobras militares em campos abertos em Gericinó, no Rio. O treinamento, que contou com uma breve aparição do presidente Wenceslau Braz, durou 14 dias, encerrando-se em 29 de outubro, três dias após a declaração de beligerância.

No Rio, no intuito de contribuir para a defesa do país, o inventor Ribas Cadaval anunciou ter desenvolvido um armamento, batizado de Catapulta Brasil, capaz de lançar bombas, obuses e minas de até 10 quilos a 2.500 metros de distância. Segundo Cadaval, que pretendia apresentar o seu invento ao próprio presidente, a catapulta poderia ser operada por qualquer pessoa, mesmo sem experiência em artilharia militar, e utilizada a bordo dos navios mercantes como mecanismo de defesa contra os submarinos alemães. Com custo 10 vezes inferior ao de qualquer canhão de tiro rápido, o equipamento tinha como vantagens o fato de não usar pólvora, ar-comprimido ou gases expansivos, além de ser "supinamente simples, leve, potente, assaz fácil de construir-se e de expedito manejo".

Em tempos de guerra, outro invento nacional foi experimentado com finalidades militares. Desenvolvido pelo primeiro tenente da Marinha Álvaro Alberto, o explosivo batizado de Rupturita foi testado em minas no município de São João do Meriti, Estado do Rio. Segundo o seu criador, tinha alto poder de deslocamento e poderia ser usado industrial ou militarmente. Na mineração, poderia ser utilizado na extração de carvão de pedra e manganês. Na guerra, serviria à defesa minada de posições ou à destruição de trincheiras de artilharia.

A declaração de guerra gerou reações em todo o país. Em várias capitais, pipocaram manifestações de apoio à medida do governo. Depois da nova "infâmia alemã", os brasileiros julgavam-se vingados com o anúncio da beligerância pelo presidente Wenceslau Braz.

No Rio, os protestos repetiram-se por dias seguidos. No primeiro deles, estudantes ligados ao Centro Acadêmico Nacional reuniram-se na Praça Marechal Floriano, em frente ao Theatro Municipal. No começo, por volta de 16 horas, o grupo era pequeno. Mas com o passar do tempo a massa de assistentes avolumou-se.

Cantando o hino nacional, os acadêmicos seguiram pela Avenida Rio Branco, parando em frente ao Café Jeremias, onde vários oradores se revezaram em inflamados discursos. A seguir, o grupo percorreu a Rua São José, a Rua e o Largo da Carioca, alcançando a Praça Tiradentes. Ao chegar ao café-concerto Maison Moderne, os populares solicitaram bandeiras dos países aliados à empresa Paschoal Segreto. Com as bandeiras em punho, seguiram pela Visconde do Rio Branco e pela Praça da República, até alcançarem o Senado Federal. Na chegada à Casa, ouviram um inflamado discurso do senador Ruy Barbosa.

Depois, a multidão seguiu pela Praça da República e pelas ruas Marechal Floriano Peixoto e Visconde de Inhaúma, até alcançar o Arsenal da Marinha. Na sequência, retornou pela Visconde de Inhaúma até a Avenida Rio Branco e, depois, a Rua São José, estacionando por instantes no Largo da Carioca, em frente à redação de *A Noite*. A marcha seguiu pela Rua da Carioca até a Praça Tiradentes. Com a massa estacionada em frente à Maison

Moderne, os líderes fizeram a entrega das bandeiras à empresa Paschoal Segreto. Depois, aos gritos de "viva a guerra!", o grupo começou a dispersar-se. Também na capital, outros manifestantes estiveram no Itamaraty, onde foram recebidos pelo ministro Nilo Peçanha.

Em Niterói – à época, Nichteroy – populares aglomeraram-se na Praça Martim Afonso e nas ruas Conceição e Visconde de Rio Branco. Entretanto, o comício de protesto contra o torpedeamento do Macau que estava programado para o fim da tarde acabou não acontecendo, porque um dos oradores não compareceu ao local, enquanto os demais desistiram de usar a palavra.

Na capital paulista, enorme massa popular prorrompeu em palmas e em "vivas" aos aliados durante o desfile do Tiro Número 2. Até tarde da noite, a Praça Antônio Prado permaneceu repleta de populares, que aguardavam a chegada dos jornais com as últimas notícias da guerra na Europa. Temendo depredações, várias casas comerciais do Centro embandeiraram suas fachadas com pavilhões brasileiros e aliados. A polícia determinou que as placas de empresas de nomes alemães fossem retiradas.

Em Belo Horizonte, a declaração de guerra foi aplaudida pela população. Às 19h, um telegrama da capital federal afixado nas fachadas dos jornais anunciava o estado de guerra com os boches – apelido pejorativo dado pelos franceses aos alemães. Aglomerados nas calçadas, cidadãos diziam-se "prontos para a guerra" e prometiam oferecer-se como voluntários para as forças armadas.

Em São João Del Rey, interior de Minas, depois de um exercício de fogo, o 61º Batalhão de Caçadores percorreu as ruas da cidade delirantemente aplaudido por populares, que se amontoavam nas esquinas após a notícia vinda do Rio. Também houve fortes manifestações em Vila Nova de Lima e Juiz de Fora, onde o povo estacionou em frente aos jornais – o primeiro a dar a notícia foi *O Pharol* – para comentar a situação nacional.

Nesta última, a Liga pelos Aliados local pediu aos governos estadual e federal o fechamento imediato das escolas alemãs. Também solicitou ao arcebispo de Mariana a substituição dos vigários alemães em atividade na região.

Em Porto Alegre, as manifestações estenderam-se pela madrugada. Aos gritos de "viva o Brasil", o povo percorreu as ruas, parando em frente às redações dos jornais e dos consulados aliados. Da janela do hotel onde estava hospedado, o cônsul francês discursou, terminando sua fala com uma saudação ao Brasil e uma estrofe de *A Marselhesa*, o hino nacional de seu país. Em frente à casa de Borges de Medeiros, a massa prestou homenagem ao presidente do Estado. Medeiros, assim como os líderes legislativos, aconselhou os manifestantes a terem calma e confiança na ação do governo, mantendo "generoso respeito aos filhos da nação inimiga que se acham à sombra da nossa bandeira".

Em Triunfo, no Interior gaúcho, um grande número de populares, acompanhados por uma banda de música, dirigiu-se ao edifício da Intendência, onde estava funcionando o conselho municipal. No local, gritaram "vivas" ao Brasil e ao presidente e "morras" aos Impérios Centrais. Em Montenegro, populares manifestaram-se em frente à Sociedade Rio-grandense, ex-Germânia, dando prazo de 24 horas para que os letreiros da antiga entidade – ainda presentes na fachada – fossem retirados. Também no Rio Grande do Sul, em Taquara, uma pequena multidão percorreu as ruas saudando a atitude do governo.

Em Manaus, cerca de mil pessoas participaram de um *meeting* na região central da cidade. Saudado pela multidão, o presidente do Estado, Alcântara Bacellar, pediu respeito às deliberações dos dirigentes do país, dando "vivas" ao Brasil, ao presidente Wenceslau Braz, às nações aliadas e ao povo amazonense.

Em Vitória, cerca de 5 mil pessoas caminharam pelas ruas empunhando bandeiras brasileiras e aliadas, acompanhadas por uma banda militar da polícia local. Também houve manifestações em Fortaleza, em Maceió, em Belém e em Curitiba. Na capital paranaense, aliás, no dia da declaração de guerra era inaugurado, no Hospital de Misericórdia, um pavilhão de isolamento para os doentes de tifo.

Sob o título "A guerra... numa repartição pública", a *Gazeta de Notícias*, do Rio, descreveu como a declaração de beligerância brasileira chegou à população.

> *Na Praça Vermelha, no mastodôntico casarão do Ministério da Agricultura, os burocratas velhos e moços esmolam tediosamente o seu tempo. A máquina de triturar ofícios e avisos arrastava-se na tarefa do expediente.*
>
> *Numa das seções em que "senhor brutal pesa o aborrecimento", os oficiais preparavam as suas minutas, consultavam tabelas, retificavam contas. De quando em vez, um levantava os olhos para o relógio, colocado bem alto na parede, e dizia ao companheiro do lado:*
>
> *– Parece uma tartaruga aquele ponteiro... (...)*
>
> *Eram duas da tarde.*
>
> *Eis senão quando entra, meio agitado, pela seção um desses rapazinhos que os fornecedores escalam nas repartições para as pesquisas dos seus papéis. Entra e anuncia, em voz alta, "o acontecimento do dia":*
>
> *– Sabem de uma? "O Brasil declarou guerra à Alemanha". Venho da cidade e li um boletim afixado na porta de um jornal. A rua estava apinhada de gente. Estou com o pescoço doendo do esforço que fiz para ler o tal boletim. É verdade. Eu lhes garanto. Os alemães torpedearam o Macau e agora nós estamos fritos.*
>
> *Estas frases, pronunciadas aos arrancos, revolucionaram aquele meio encharcado de burguesia. De trás de cada resma de papel surgiu uma fisionomia interrogativa.*

— *A guerra... Mas a guerra não é possível* – falou, ponderadamente, um oficial já grisalho, que no rosto enrugado tinha os sulcos de muitos anos de serviço público.

— *Estás com medo* – atalhou um funcionário mais moço e espevitado. – *És bem capaz de embarcares já com a família para os cafundós de Minas. Cá, por mim, estou pronto a derramar o meu sangue...*

— *Que sangue, qual nada!* – rosnou o outro. – *Não penses que a guerra de hoje pode ser com esses meninotes, que desfilam pela avenida.*

Depois de ter expectorado o seu pessimismo, o velho burocrata voltou tranquilamente para a mesa e mergulhou novamente na papelada.

Os comentários nos pequenos grupos continuaram cada vez mais animados. O ponteiro-tartaruga marcava quatro menos cinco.

Era tempo de trocar o ar confinado do casarão pelo ar oxigenado das ruas e avenidas. A debandada se fez veloz.

A entrada do Brasil na guerra repercutiu no Exterior. Na Itália, o jornal *Idea Nazionale* afirmou que a participação brasileira dava-se justamente no momento em que o inimigo tentava quebrar o círculo de ferro que o ameaçava. Em Lisboa, os principais jornais elogiaram a decisão brasileira e estamparam em suas capas a foto de Wenceslau Braz.

Em Paris, onde vários prédios apareceram com bandeiras brasileiras nas fachadas, o *Excelsior* dedicou toda a sua primeira página à declaração de guerra do Brasil. Além da foto do presidente

Wenceslau, o jornal mostrava imagens dos tripulantes alemães aprisionados no país.

AS DECLARAÇÕES DE GUERRA EM 1917

6/4 – Estados Unidos à Alemanha

7/4 – Panamá à Alemanha

7/4 – Cuba à Alemanha

27/6 – Grécia ao Império Austro-Húngaro

27/6 – Grécia à Bulgária

27/6 – Grécia à Alemanha

27/6 – Grécia ao Império Turco-Otomano

22/7 – Sião à Alemanha

22/7 – Sião ao Império Austro-Húngaro

4/8 – Libéria à Alemanha

14/8 – China à Alemanha

14/8 – China ao Império Austro-Húngaro

26/10 – Brasil à Alemanha

7/12 – Estados Unidos ao Império Austro-Húngaro

10/12 – Panamá ao Império Austro-Húngaro

16/12 – Cuba ao Império Austro-Húngaro

O *Homme Enchainé* afirmou que a repercussão moral da atitude da América Latina era uma nova ameaça que pesava sobre os exércitos alemães e sobre o comércio inimigo com outras regiões do globo. Na opinião do *Petit Parisién*, a guerra com o Brasil era, para a Alemanha, um fato extremamente desagradável, especialmente em razão da perda de um grande mercado do outro lado do Atlântico.

Ainda na capital francesa, sob o pseudônimo de Polybe, o escritor Joseph Reinach publicou no *Figaro* uma crônica em que exaltava a participação dos dois maiores países americanos na guerra, afirmando que o dia 27 de outubro tornava-se uma data histórica para o Novo Mundo. "Os soldados da república mais poderosa do globo tomam conta, pela primeira vez, de um setor de trincheiras em frente aos alemães, e a maior república da América do Sul declara guerra à Alemanha", escreveu Reinach. "Os Estados Unidos representam nove milhões de metros quadrados e 100 milhões de habitantes, e o Brasil oito e meio milhões de metros quadrados e 27 milhões de habitantes nos mapas do mundo. Isso importa em chamar para a causa dos aliados um elemento da mais alta condecoração".

Já a edição europeia do *New York Herald* classificou a entrada do Brasil na guerra como "um bom augúrio" para o julgamento do grande réu, a Alemanha. "A sentença terrível que espera o kaiser provará que ele se enganou redondamente quando pensou em fazer das duas Américas um feudo seu", escreveu jornal. "Como seria mais belo e feliz o Universo sem os alemães", concluiu.

No Uruguai, *El Siglo* qualificou a medida brasileira como "justa represália" aos atentados empreendidos contra a navegação nacional. *El Dia* afirmou que "a nobre nação irmã entra assim decididamente na contenda, pondo, como se esperava, seu poder militar ao lado das nações que lutam para que prevaleçam a justiça e o direito, ameaçados por uma autocracia em declínio". O jornal dizia ainda que "antes de dar-se este novo incidente (*o afundamento do Macau*) o Brasil havia se destacado pela altivez e franqueza de sua conduta, declarando rotas suas relações com o Império de Guilherme II, mostrando clara e categoricamente as suas simpatias pela causa da civilização e da justiça".

Na Argentina, a ação brasileira foi recebida com interesse. Jornais como *Nación* e *La Prensa* chegaram a acionar suas sirenes, afixando em seus *placards* notícias relativas à entrada do Brasil no conflito mundial. *El Diario, Ultima Hora* e *La Epoca* circularam com extensas reportagens sobre o novo posicionamento do país vizinho.

Em Córdoba, o Comitê da Juventude Patriótica Pró-Ruptura organizou uma manifestação em solidariedade ao país. Também da Argentina o senador Pedro Numa Souto enviou ao deputado brasileiro Souza e Silva um telegrama de apoio à decisão do Brasil. A correspondência foi lida no plenário da Câmara pelo parlamentar brasileiro.

O governo do Equador emitiu nota oficial afirmando que "em assuntos relativos à dignidade e soberania dos povos não há outro caminho senão a defesa, por todos os meios conducentes". Segundo os representantes de Quito, "o nosso governo reitera a expressão de simpatia para com o Brasil não só por amplo americanismo como por velha ininterrupta amizade".

De Washington, o presidente americano Woodrow Wilson telegrafou a Wenceslau Braz:

> *Permita que, falando em nome do povo e do governo dos Estados Unidos, vos diga que, com sincero prazer e simpatia cordial, saudamos a associação da Grande República do Brasil conosco e as demais nações em guerra com a Alemanha. O ato do Brasil, nesta época de crise, ainda mais aperta os laços de amizade que já unem as duas repúblicas.*

Recebido no Catete pelo presidente, o ministro plenipotenciário da Grã-Bretanha no Brasil entregou a Wenceslau Braz a mensagem enviada pelo Rei Jorge V:

Ao saber, esta manhã, da declaração de guerra do Brasil ao inimigo comum, desejo oferecer a V. Exa. Sr. Presidente minhas cordiais saudações e congratulações. A adesão do seu grande país à causa do direito apressará o dia da vitória final.

7. Joaquim Pires, "um alemão na Câmara"

Em 27 de outubro, um dia após a proclamação de guerra do Brasil à Alemanha, a *Gazeta de Notícias*, do Rio, trazia uma extensa reportagem, na qual o deputado Joaquim Pires explicava o seu voto contrário à medida. Logo no título ("Temos um alemão na Câmara"), o jornalista responsável julgava o posicionamento do parlamentar, que, na legenda da foto, era qualificado como "patriota alemão". A reportagem, que grosso modo poderia ser classificada como uma entrevista, acabou virando quase um debate entre o jornalista – cujo nome não é publicado – e o parlamentar. Confira um trecho:

O barulhento bonde de Santa Thereza trazia-nos da residência do deputado Joaquim Pires, o pacifista escandaloso do Congresso Nacional. Na viagem, nada nos distraía. Tentávamos concatenar as afirmações do Sr. Joaquim Pires, a ver se concluíamos alguma cousa que desse um pouco de lógica e coerência às suas palavras.

De uma longa palestra que entretivemos, chegamos à triste conclusão de que o deputado não consegue justificar a sua atitude, pois que, para explicá-la, se firma unicamente num pacifismo intransigente e sobretudo comprometedor.

Aliás, o Sr. Joaquim Pires andou muito afoito, tomando esse papel saliente de discordar da opinião unânime dos brasileiros. Não teve sequer a habilidade de se apoiar em fatos, em motivos mais ou menos convincentes. S. Exa. não sabe apresentar e defender as razões que o levaram a votar contra o projeto, e a qualquer interrogatório não resistem seus argumentos.

Curiosa maneira de julgar os atos tem o Sr. Joaquim Pires. Disse, por exemplo, S. Exa. que a aprovação do projeto consistia num ato que a Constituição condena e a humanidade repele. Perguntamos-lhe porque o repele a humanidade.

– A guerra, meu caro, coloca o indivíduo na situação de matar o seu semelhante. Sou contrário a ela...

– Evidentemente, se o Sr. deputado fosse contrário a ela, odiaria a Alemanha, e ansiaria pelo seu aniquilamento, indispensável à paz universal.

– Nada, porém, justifica a entrada do Brasil no conflito. Não é essa política que nos convém.

O Sr. Pires esforçou-se então por enaltecer a sua declaração de voto.

– O projeto é inconstitucional, porque só dois casos para a declaração de guerra prevê a nossa Constituição: ou a invasão do nosso território, ou a agressão à nossa soberania.

E S. Exa., ufano, acrescentou:

– Invasão, não houve...

– Até aí, muito bem.

– Agressão... Ora, agressão...

– O torpedeamento de mais um navio brasileiro, a morte de patrícios nossos, não importam...

– Não, senhor. Não importam agressão à soberania nacional. O vapor Macau não é brasileiro. É alemão. Mesmo que fosse brasileiro, é um navio mercante, e a bandeira só serve para cobrir a carga. Em nenhum dos casos discutidos pelo governo o navio afundado era brasileiro. Com o Macau, há a ainda a considerar que o próprio governo declarou aos Estados Unidos e à Inglaterra que não poderia ceder os navios alemães, porquanto o Brasil nada mais fizer do que utilizar-se deles como represália.

O deputado Pires não conseguia disfarçar o seu embaraço.

– O fato do Brasil ter tomado os navios não os torna nacionais. A bandeira não significa cousa alguma.

Maldosamente, atrapalhamos ainda mais o Dr. Joaquim quando lhe dissemos que o Lloyd era uma companhia brasileira, pertencente ao governo.

– Sim. Isso, porém, não quer dizer nada.

– Ora, bolas! – pensamos.

– A Alemanha avisou que iria estabelecer o bloqueio.

S. Exa. o Sr. deputado não explicava nada.

– E o Brasil?

– O Brasil deveria aceitá-lo, como o aceitaram a Suécia, a Noruega, a Espanha etc. O bloqueio feito pelos submarinos é um bloqueio como outro qualquer. Nós deveríamos ficar na situação de quem se decide a amar...

– Muito padece quem ama!

– Exatamente: se nós desrespeitamos a intimação alemã, se insistimos em atravessar a zona declarada de bloqueio, então, meu caro, aguentemos as consequências. O Brasil está entrando num conluio imoralíssimo.

O Sr. Joaquim, zangado, ficou solene.

– A Alemanha tem o direito de organizar a sua defesa.

– Defesa? Muito boa defesa, não é, Sr. Joaquim?

– É claro. A Inglaterra também não estabeleceu o seu bloqueio?

– Um pouco mais humano...

– O fato é que o navio mercante é objeto de comércio e, como tal, não é portador da soberania nacional. (...)

E o Sr. Joaquim engasgou de vez:

– *Sou pelo arbitramento, que o governo alemão propôs ao governo da República e que foi por este rejeitado.*

– *Ah* – *exclamamos.*

– *Sou brasileiro. Acho que a política conveniente ao Brasil...*

Estávamos espantados. O Sr. Joaquim delirava.

– *...não é a que estamos adotando. O Brasil não devia se deixar seduzir pelos aliados. Os ingleses, os franceses nunca nos fizeram bem. Exploram as nossas riquezas e abandonam-nos em seguida.*

– *E os interesses econômicos, o nosso comércio exterior?*

– *Se nós ficássemos sempre neutros, não perderíamos nada. Então, o amigo pensa que os Estados Unidos, a França e a Inglaterra, logo que acabe a guerra, vão deixar de comprar produtos às nações que resistiram à sedução? Se os neutros, até o fim do conflito, oferecerem preços vantajosos, ninguém mais se lembrará da guerra.*

– *E a nossa situação perante a política internacional americana?*

O Sr. Pires agitou-se, pensou – *muito mal, por acaso* – *e disse:*

– *Isso é uma conversa. Aliás, eu me abstenho de entrar neste assunto. Não admito a guerra, e o Brasil nada perderia.*

O Sr. Pires chegava no auge:

– *...nada perderia, repito, se ficasse numa situação igual à dos países escandinavos. Não ofenderam a nossa soberania.*

Nós, quando procuramos o Sr. Joaquim Pires, nem ideia tínhamos de desviá-lo do seu pacifismo indesejável. Queríamos ouvir de S. Exa. palavras que permitissem um juízo mais favorável aos seus convencimentos.

Diante, porém, da inépcia lamentável do nosso gentilíssimo entrevistado, verificamos que a S. Exa. constitui um caso patológico, se não é policial.

A desordenação das suas opiniões e incoerências, a insuficiência de seus pálidos e anêmicos argumentos, fazem-nos desistir de registrar toda a palestra que com S. Exa. entretivemos e que daria para um conto, longo mas delicioso. Terminamos aqui com uma grande pena de sermos obrigados a publicar cousas tão feias, proferidas por um deputado brasileiro. Elas, aliás, não representam metade das palavras que de S. Exa. ouvimos.

O Sr. Joaquim Pires foi capaz de muito mais. Inclusive de se alegrar com a telefonada que recebeu do senador Abdias Neves, felicitando-o pela patriótica declaração de voto e afirmando que fora o único no Senado que votara contra o projeto, fato esse que todos desconhecem...

Dois dias depois, a *Gazeta de Notícias* voltou à carga contra o deputado, que, como advogado, representava a casa alemã Hasenclever & Cia, situada na Avenida Central. "O voto de Joaquim Pires não obedeceu às inspirações superiores de princípios", mas, sim, "às suas conveniências pessoais", acusou jornal. "As suas relações com a colônia alemã são muito amistosas. E a prova é que seu escritório de advocacia, à Rua do Carmo, número 58, era, até anteontem, um ponto de reunião de oficiais, de marinheiros alemães e de representantes da colônia domiciliada aqui no Rio".

Segundo a publicação, Pires recebia "patrioticamente os seus amigos alemães" no referido escritório. "É triste que se constate, nesta grande hora, esta verdade, que coloca o representante do Piauí na mais lamentável das situações".

CAPÍTULO 8
A perseguição aos alemães

Em outubro de 1917, quando da declaração de guerra, Rio de Janeiro, Rio Grande do Sul e Bahia ainda conviviam com movimentos grevistas, que atingiam várias categorias profissionais. No dia 20, dois dias depois do torpedeamento do Macau – a população ainda desconhecia o fato –, soldados do Exército comandados pelo tenente Geraldino Marques trocaram tiros com grevistas em Santa Maria, polo ferroviário na região central gaúcha. O conflito deixou um saldo de três mortos e mais de 30 feridos, acirrando ainda mais os ânimos e fazendo com que o embate ganhasse visibilidade nacional.

Os feridos foram recolhidos por praças da guarda administrativa da cidade e transportados para hospitais. As vítimas foram atendidas pelo médico Nicolau Turi. Segundo ele, "maior parte dos projéteis encontrados e alojados eram de chumbo, concluindo daí que os populares se feriram mutuamente", conforme noticiou a *Gazeta de Notícias*, do Rio. Dois praças do Exército também ficaram feridos na confusão.

A União Protetora dos Empregados da Viação Férrea enviou telegrama ao general Carlos de Mesquita, comandante da região militar, que estaria defendendo a Companhia Arrendatária (Compagnie Auxiliare):

> *Nos sentimos pesarosos que o sangue brasileiro fosse derramado em defesa de estrangeiros. Calmos, esperamos de V. Exa. a defesa dos rio-grandenses espingardeadores do povo indefeso. Concluímos que V. Exa. mande respeitar nossos direitos.*

O general respondeu à entidade classista:

> *Amigo da ordem e respeitador da lei, ninguém mais do que eu deplora as lamentáveis ocorrências e a morte e os ferimentos de vários compatriotas que tomaram parte nos comícios aí. O proletariado tem o incontestável direito de greve e de pugnar pelos seus interesses individuais, mas o Exército é o próprio povo armado para a garantia das instituições, com a obrigação de zelar e acautelar os próprios nacionais sob a guarda da força que desacataram. Mandei abrir inquérito e agir com inteira justiça como cumpre.*

Nove grevistas foram presos e levados ao juiz federal da cidade antes de seguirem, escoltados por 40 militares, para o 7º Batalhão do Exército.

Nos dias seguintes, o clima de hostilidade ainda estava no ar. "A parede continua, não se sabendo quando será iniciado o tráfego da estrada de ferro. A Viação Férrea está tomando as necessárias providências para sufocar o movimento", informou a *Gazeta de Notícias*. "As turmas da conservação continuam reparando as linhas danificadas pelos paredistas, em dois trens e três automóveis ferroviários. Em diversos velocípedes percorrem as mesmas turmas as linhas entre Porto Alegre, Serra e a Fronteira, repondo trilhos, endireitando pontes e consertando as linhas telegráficas cortadas."

Conforme a publicação fluminense, o general comandante da Brigada Militar mostrava-se "disposto a evitar que os grevistas prosseguissem na sua obra destruidora" da estação e de suas imediações, então guardadas pelo 7º e pelo 9º Regimentos, "além de forças de infantaria e diversas metralhadoras, que se acham postadas nas proximidades da estação e com ordens muito severas para evitar novas depredações". Ainda segundo o jornal, as autoridades estavam "tomando providências no sentido de efetuar a captura dos cabeças do movimento, como sendo o modo mais eficaz para terminar a greve, já sendo conhecidos os nomes de alguns deles".

O então presidente do Rio Grande do Sul, Borges de Medeiros, respondeu com franqueza e pessimismo o telegrama enviado pelo ministro do Interior, Carlos Maximiliano, que pedia informações sobre os rumos da greve dos ferroviários, reiniciada no Estado em 20 de outubro.

> *A greve tende a recrudescer e não obstante a companhia arrendatária nada fez para aplacar e satisfazer o seu pessoal, parecendo antes querer subjugá-lo pela força exclusivamente. Entretanto, a greve é legítima. Por isso, conta com as simpatias gerais da população rio-grandense. Urge deferir as justas reclamações dos operários no que entendo especialmente com o aumento de salários e redução de horas de serviço por serem aqueles notoriamente mesquinhos e demasiado exaustivo e até desumano o trabalho atualmente exigido. Como é de prever, vão sendo consideráveis os prejuízos causados pela greve, cujo prolongamento poderá ocasionar perturbações e complicações extremas.*

No mesmo telegrama, Borges de Medeiros mencionava a "indignação social e em particular das classes produtoras" com relação "ao desleixo ou indiferença" da Compagnie Auxiliare, responsável pela movimentação de trens nos trilhos da Viação Férrea do Rio Grande do Sul, motivados pela "deficiência e irregularidade contínuas no tráfego ferroviário". Segundo o presidente do Estado, a empresa "não pode ou não quer" cumprir as cláusulas VII e VIII do contrato assinado em 19 de junho de 1915.

Borges de Medeiros dizia ainda que a companhia sequer adquirira o material necessário para a realização dos melhoramentos na estrutura operacional, aos quais estava obrigada pela cláusula V do contrato aprovado no Decreto 3.101, de 8 de novembro de 1911. Por tudo isso, pedia que o governo federal, embasado na cláusula X do Decreto 5.548, de 6 de julho de 1905, "ocupasse temporariamente, no seu todo ou em parte", a rede da Viação Férrea, indenizando a companhia arrendatária.

Conforme a *Gazeta de Notícias*, por conta dos graves acontecimentos registrados ao longo das vias férreas gaúchas, o Ministério da Guerra determinou que fosse "jugulado rapidamente o levante do pessoal ferroviário", para que fossem feitas posteriormente "a ocupação militar da estrada e a prisão de todos quantos estão envolvidos como dirigentes do movimento." Segundo o jornal carioca, não eram "estranhos à greve elementos teutônicos e anarquistas a serviço da espionagem alemã".

Em Santa Maria, os grevistas recebiam doações em dinheiro vindas de sindicalistas de outras regiões. Enquanto uma comissão percorria casas comerciais angariando fundos para a campanha grevista, os paredistas chegaram a organizar um serviço de polícia, destinando também tarefas de carteiros e mensageiros e criando comissões de recebimento e distribuição de gêneros e de recursos.

Como forma de garantir a segurança no trajeto, as composições passaram a partir de Porto Alegre em direção a Santa Maria,

Caxias do Sul e Taquara levando militares a bordo. Mesmo assim, em Marcelino Ramos um trem que saíra da Capital foi atacado por grevistas. Apesar de escoltado por 10 praças do Exército, o comboio acabou atingido por pedradas, enquanto manifestantes subiram na locomotiva e agrediram o maquinista Antônio Rosa.

Todos os dormentes depositados na linha entre Porto Alegre e a Serra foram incendiados pelos paredistas. Além disso, uma caixa d'água foi explodida pelos grevistas nas proximidades de Júlio de Castilhos, na região central.

Um trem que partiu de Porto Alegre não conseguiu completar o trajeto até Santa Maria. Parte dos trilhos foram arrancados, pontilhões foram incendiados e, na estrada de ferro, nas proximidades da estação Colônia, os grevistas acenderam uma enorme fogueira, alimentada pelos dormentes de madeira retirados da ferrovia. "Santa Maria está transformada numa praça de armas, notando-se grande movimento de soldados armados e municiados, que aparecem de todas as direções", descreveu a *Gazeta de Notícias*.

Já no Rio de Janeiro, informava o jornal, a situação era "mais fácil de ser resolvida". Conforme a publicação, as autoridades federais tinham pleno conhecimento das ocorrências. "As sociedades que promoveram as últimas desordens nesta capital estão vigiadas, e os seus diretores e outros indivíduos conhecidos como agitadores não escaparão mais da primeira tentativa de subversão da ordem".

No Rio, foram registradas em outubro de 1917 greves de sapateiros, operários têxteis e trabalhadores em hotéis. Donos de fábricas de roupas e calçados suspenderam as atividades, em represália aos seguidos protestos dos operários reivindicando direitos trabalhistas. Inconformados, os trabalhadores reuniram-se em teatros e centros de classe.

Conforme os operários, os patrões vinham descumprindo acordos assinados havia algum tempo, por ocasião de uma paralisação anterior da categoria. Por isso, os trabalhadores voltaram a reivindicar direitos.

Na sede da Liga dos Operários em Calçados, na Rua Tobias Barreto, 46, depois de uma assembleia os profissionais das funções de montagem, corte e acabamento "a black" decidiram não retornar ao trabalho enquanto não fosse firmado um acordo com toda a categoria. "Será iniciado hoje mesmo um sério trabalho para resolvê-las (*as greves*) amistosamente", dizia a *Gazeta de Notícias*, em 27 de outubro. "Se não for conseguido, o governo já se aparelhou para, de um golpe, exterminar estes focos de anormalidade que tanto prejudicam a vida da população ordeira".

No total, 34 fábricas de calçados chegaram a interromper as atividades no Rio. A disputa prosseguiu por dias, com os operários só aceitando retornar ao trabalho mediante garantia de pagamento dos dias parados devido à suspensão das atividades por parte dos patrões.

Na Bahia, os trabalhadores da Companhia das Docas também cruzaram os braços reivindicando maiores salários e melhores condições de trabalho no porto. Apesar de a empresa ter cedido às exigências dos funcionários, oferecendo-lhes aumento de 20% dos salários, os trabalhadores – influenciados pela Sociedade dos Estivadores – resistiram a retomar as atividades.

No comércio, muitos armazéns chegaram a enfrentar desabastecimento de alguns itens em decorrência da greve. A superintendência do porto pediu auxílio policial para tentar realizar a descarga dos navios com outros estivadores.

Em todo o país, a declaração de guerra espalharia um sentimento nacionalista, que seria usado pelo governo para barganhar o apoio dos sindicalistas. Wenceslau Braz apelou aos operários que buscassem resolver as greves de forma pacífica, em razão da necessidade da maior harmonia interna possível diante do complexo cenário internacional enfrentado pelo país.

No Rio, os trabalhadores das fábricas de tecidos atenderam ao pedido do presidente e voltaram ao trabalho. Alguns sindicatos chegaram a organizar "batalhões patrióticos", cujos membros coletavam nas ruas dinheiro a ser enviado aos governos aliados.

Na Câmara, mencionou-se pela primeira vez a ideia de que o governo pudesse decretar estado de sítio como forma de reprimir atos capazes de comprometer a segurança nacional. No Rio Grande do Sul, onde greve dos ferroviários ganhava contornos mais sérios, a notícia soava como forma de o governo aproveitar-se da situação externa para buscar ferramentas legais capazes de arrefecer o movimento à base da força, se necessário. Com base no estado de sítio, o governo poderia tomar medidas excepcionais para combater as lideranças grevistas.

Pregada por alguns parlamentares durante a sessão que apreciou o parecer favorável à guerra, a possível decretação de estado de sítio foi duramente criticada pelo deputado fluminense Maurício de Lacerda.

Com semelhante medida, o governo iria se armar, não contra os inimigos do Brasil, mas contra os seus concidadãos, deixando à margem do exemplo salutar de outras nações, que, declarando guerra à Alemanha, trataram de anistiar todos os criminosos políticos e de indultar os réus de crimes comuns que se apresentavam às fileiras.

Se vingar a aprovação do estado de sítio, eu lançarei mão de todos os recursos regimentais para obstruir a passagem do decreto na Comissão de Diplomacia. (...) Numa ocasião em que precisa apelar para o patriotismo da nação, não se compreende que o governo, em lugar de congregar a todos debaixo de uma bandeira sagrada, procure humilhá-los pelo aparato de meios extremos, dentro da própria pátria.

Ouvidos pelo jornal *A Noite*, do Rio, senadores da região sul, sede de grandes comunidades germânicas, deram suas opiniões sobre o que se poderia esperar a partir da declaração de guerra do Brasil à Alemanha. O paranaense Alencar Guimarães afirmou que não havia nada a temer em relação à postura dos imigrantes no seu Estado. "Não creio que os alemães do Paraná ou de outros Estados pretendam praticar atos atentatórios à nossa ordem, segurança e dignidade", disse Guimarães, para quem "o governo tem meios suficientes para coibir qualquer abuso".

Já Hercílio Luz, representante catarinense, afirmou que o alemão germanófilo representava 30% da população de Santa Catarina. "Bem se vê que não há perigo nenhum ali, dado o respeito que sempre têm mantido esses elementos, aqui julgados perigosos. O Estado é habitado por brasileiros, e eu não tenho motivo algum para duvidar de seu patriotismo". Outro catarinense, o ex-ministro de Relações Exteriores, Lauro Müller, recusou-se a falar: "Tenho a tribuna do Senado, caso precise manifestar-me."

O senador gaúcho Soares dos Santos engrossou o coro otimista em relação à convivência pacífica entre brasileiros e alemães. "Não acredito que no meu Estado haja qualquer movimento contra as medidas excepcionais que o governo tem de tomar. Até aqui, os alemães e os germanófilos têm se mantido em atitude calma e respeitosa. Depois, sempre confiei, confio e confiarei no patriotismo de meus patrícios. Isso quer dizer que absolutamente não temo qualquer perturbação no Rio Grande do Sul".

Apesar do otimismo dos parlamentares do sul, novos acontecimentos acirrariam ainda mais os ânimos por todo o país. Nos dias seguintes à declaração de guerra, grandes manifestações foram registradas em capitais como Rio de Janeiro, Maceió, Belém, Recife, Belo Horizonte, Curitiba, Porto Alegre e Florianópolis.

No Rio, grupos distintos partiram da Praça Marechal Floriano Peixoto e do Largo de São Francisco. Ao encontrarem-se na Avenida Rio Branco, as duas ondas populares prorromperam em gritos de "viva o Brasil" e, em seguida, cantaram a plenos pulmões o hino nacional.

Os *meetings*, que inicialmente aconteciam de forma pacífica, aos poucos tornaram-se mais hostis em relação aos alemães. A calma aparente começou a ser quebrada no sul do país, região onde a presença germânica era mais numerosa.

Em 28 de outubro, dois dias após a declaração de guerra, populares reuniram-se para um *meeting* na Praça 15 de Novembro, em Florianópolis. Ao fim dos discursos, a massa saiu em caminhada pelas ruas da cidade, passando pelos consulados italiano e inglês, gritando palavras de ordem e empunhando bandeiras nacionais e dos países aliados. No retorno à Praça 15, se iniciaram as depredações. O primeiro alvo dos manifestantes foi uma livraria alemã, localizada em uma esquina da Rua Trajano. As portas de vidro e as vidraças foram estraçalhadas a pedradas.

A sede e o mobiliário do Club Germânia, na Rua da República, foram completamente destruídos por manifestantes. Depois de arrombarem as portas e janelas da entidade, os populares deram cabo a tudo o que encontraram dentro do prédio.

O rastro de destruição deixou livros rasgados e jogados ao chão, cadeiras e mesas quebradas, vidros e lustres estilhaçados, estatuetas partidas e cortinas dilaceradas. Biblioteca, sala de bilhar, teatro, salão de festas, absolutamente todos os ambientes do clube foram dizimados. A polícia evitou que a edificação fosse incendiada.

A família que residia no clube, responsável pela manutenção das instalações, conseguiu fugir antes do ataque. Os móveis de seus aposentos particulares foram destruídos. Nem mesmo as torneiras foram poupadas. Ao final, o fogão era o único objeto intacto em todo o prédio.

Ainda na capital catarinense, a massa conseguiu incendiar a sede do Tiro Germânia, na Rua José Veiga. Ao saber que um grupo preparava-se para depredar a instituição, soldados da cavalaria foram enviados para o local. Mas já era tarde. Usando papéis e panos, os manifestantes já haviam conseguido atear fogo no prédio.

Rapidamente, o incêndio alcançou o segundo andar, consumindo móveis, cortinas e outros objetos. Enquanto o prédio ardia em chamas, as munições para rifle Winchester usadas na prática de tiro ao alvo espocavam ininterruptamente, causando explosões e estampidos assustadores.

Alguns manifestantes que haviam subido para destruir o andar superior ficaram cercados pelo fogo, sem condições de sair do prédio. Desesperados, jogaram-se pela janela, de uma altura de nove metros. Um deles, o jovem Arlindo Gondim, de 23 anos, desequilibrou-se, bateu a cabeça e acabou morrendo no local. Mecânico por profissão e morador da Rua Fernando Machado, 17, ele havia se alistado como voluntário na Marinha havia poucos dias.

Dois outros manifestantes que se jogaram do segundo andar ficaram feridos. O marinheiro Antonio Lelis sofreu uma luxação no pé direito, além de várias escoriações pelo corpo, e acabou internado no Hospital Militar. Já Albino Dutra, empregado da Repartição de Saneamento e residente no Estreito, sofreu fratura no braço direito e escoriações no rosto e acabou liberado depois de medicado no Quartel da Força Pública.

Na confusão, várias pessoas ficaram feridas. A situação só acalmou-se quando policiais e militares do Exército foram chamados a patrulhar a cidade.

Em Curitiba, uma multidão tomou a Praça Tiradentes para acompanhar um *meeting* de desagravo à honra nacional. Em vários pontos da capital paranaense, populares tomaram de assalto empresas de origem alemã, recolhendo retratos do kaiser e outros símbolos germânicos, que posteriormente foram rasgados e queimados em locais públicos.

Já em Porto Alegre, foram realizadas passeatas durante a noite e a madrugada, saudando o Exército, a imprensa, o governo do Estado e os aliados. Temendo manifestações mais violentas, a chefia de polícia gaúcha tentou, no dia 27, convencer os líderes a não realizar novos *meetings* na Capital, uma vez que "o povo já havia expandido seus sentimentos cívicos nas duas noites anteriores". Aparentemente de acordo, os manifestantes aceitaram a proposição policial.

Naquela noite, porém, centenas de pessoas aglomeraram-se na Praça Senador Florêncio – atual Praça da Alfândega. A polícia, então, consentiu na realização do *meeting*, mas determinou que não houvesse passeata. Entoando cânticos patrióticos, a massa ignorou a ordem policial e saiu em caminhada pelas ruas. Alguns conseguiram invadir a livraria Krahe, obrigando os empregados a darem "vivas" ao Brasil e "morras" à Alemanha.

Os policiais intervieram, prendendo populares e recolhendo panfletos e boletins ofensivos aos alemães e aos seus descendentes.

Os papéis ainda incitavam a população a invadir e empastelar o jornal de propriedade do deputado estadual Arno Philippi.

Como resultado, no dia seguinte o chefe de polícia proibiu terminantemente as manifestações na cidade, com base no artigo 110 do Código Penal, que impedia "ajuntamentos de mais de três pessoas". Dois indivíduos foram presos enquanto arrancavam os anúncios afixados pela polícia proibindo os *meetings*.

Desacatando a ordem oficial, no dia 30 um grupo de 300 acadêmicos e populares iniciou uma caminhada cívica. Com cartazes irreverentes e frases dirigidas contra a polícia, os manifestantes realizaram uma marcha silenciosa, cada um com uma rolha na boca, simbolizando a impossibilidade de protestar. À frente do grupo, uma carroça puxada por um burro funcionava como uma espécie de carro alegórico, onde iam dois dos líderes do movimento, os acadêmicos **APARÍCIO TORELLY**[8] e Athos Ferreira.

Depois de percorrer as ruas General Vitorino, Marechal Floriano Peixoto, Sete de Setembro e João Manoel, o grupo chegou à Rua dos Andradas, onde, em frente à redação do jornal *Correio do Povo*, Torelly fez um discurso silencioso, por meio de mímica, arrancando aplausos dos populares que assistiam à cena.

Em seguida, na Rua Duque de Caxias, na quadra entre a Rua Marechal Floriano e a Praça Marechal Deodoro – conhecida como Praça da Matriz –, o delegado do 1º Distrito Policial aconselhou o grupo a terminar a manifestação. A maioria aceitou, mas alguns preferiram prosseguir a irônica caminhada.

A cavalaria foi acionada, dispersando o grupo. Ainda a bordo da carroça, Aparício Torelly e Athos Ferreira não conseguiram escapar e acabaram levados à delegacia, sendo liberados horas depois. Alguns estudantes que tentaram fugir por quintais que davam na Rua Jerônimo Coelho acabaram se ferindo.

Em São Paulo, populares foram até o Largo Paysandu, onde atacaram a pedradas e pauladas as fachadas do Hotel Suíço e dos salões Lyra e Germânia. Em seguida, saquearam uma confeitaria, de onde levaram doces, pães, presuntos e bebidas.

Na noite seguinte, manifestantes arrancaram as placas de estabelecimentos comerciais alemães e austríacos, apedrejando os vidros dos prédios. Entre os locais atingidos pela fúria popular estavam a Casa Lemcke e a Pensão e Bar Alemão (ambos na Rua Libero Badaró), a Casa Cosmos e a Casa Alemã (na Rua da Direita) e a Relojoaria Bamberg, a Typografia Brasil e o Bar Quinze (todos na Rua 15 de Novembro).

Para evitar novas depredações, a polícia retirou os letreiros e escudos imperiais do Banco Alemão, na Rua 15 de Novembro. Após aconselhar os empresários alemães a tomarem medida semelhante em seus estabelecimentos, os próprios policiais fizeram a retirada dos símbolos germânicos dos locais onde o pedido não fora atendido.

No Recife, a polícia foi obrigada a intervir para evitar o espancamento de um operário. Ao discursar teorias socialistas e pacifistas entre os manifestantes, o orador foi interpretado como sendo de tendências pró-germânicas e só escapou de uma surra graças à presença dos policiais.

Era apenas o começo da grande revolta popular contra os alemães. O pior ainda estava por vir. Uma semana depois, no começo de novembro, o país explodiria em nova onda antigermânica, após os torpedeamentos dos navios Guahyba e Acary.

Os governos estaduais estavam preocupados com a crescente animosidade entre brasileiros e imigrantes alemães. No Espírito Santo, o governo mandou afixar cartazes em vias públicas, bondes e estações de trem de todos os municípios, determinando que os bens e os cidadãos alemães fossem respeitados porque o governo puniria "severamente" aqueles que praticassem qualquer tipo de atentado. O mesmo cartaz afirmava que nenhum brasileiro deixaria de cumprir o seu dever, "trabalhando nos campos, voltando-se contra a espionagem e permanecendo alerta a serviço da nação".

No Rio, a chefatura de polícia colocou guardas em vigília em frente às casas comerciais alemãs. Segundo a *Gazeta de Notícias*, "os soldados que desempenhavam tal *mister* estavam mau-humorados por estarem guardando as casas dos assassinos dos seus patrícios".

Na capital federal, circularam boatos de que navios holandeses, suecos, noruegueses e espanhóis poderiam ter atuado como espiões em favor dos alemães. De acordo com jornais brasileiros, tripulantes de tais embarcações demonstraram preocupação exacerbada em saber o que seria feito dos navios ex-alemães – como o Macau –, levantando suspeitas de que poderiam informar os submarinos germânicos sobre suas rotas.

Dia após dia, novas teses e conjecturas sobre a infiltração alemã aumentavam a indisposição contra os imigrantes. Segundo o jornal *A República*, de Curitiba, o Departamento de Estado norte-americano informara o governo brasileiro sobre os planos alemães de conquistar o Brasil meridional, "com ou contra a Argentina". A denúncia, que também mencionava o possível envio de uma frota de submarinos à costa brasileira, baseava-se em uma série de telegramas apreendidos pelo governo dos Estados Unidos, escritos originalmente em alemão e traduzidos pelo Departamento de Estado, indicando "graves injúrias e sérias ameaças" às duas repúblicas sul-americanas.

O mesmo diário noticiou que durante busca realizada em conventos alemães na capital paranaense foi encontrado "vasto material de propaganda" alemã, incluindo "medalhas, retratinhos, broches (não leiam 'boches')", ornamentados com "canhões, granadas e mais símbolos de morte". Dizia o jornal curitibano que "o frade alemão não é um representante da religião pregada à humanidade pelos divinos lábios de Jesus", mas sim "um insidioso emissário do demônio alemão, um olho do kaiser espiando os povos incautos".

A publicação fazia um alerta às autoridades brasileiras. "Chamamos a atenção da polícia para uns boletins que diariamente são entregues a alemães desta cidade, escritos em alemão, e relatando acontecimentos da guerra. Donde lhes vêm tais notícias? Por que via?", questionava o jornal paranaense. "É prudente verificar..."

No mesmo dia, porém, *A República* informava que o bispo diocesano conferenciou com o presidente do Estado, "a quem fez ver que no Paraná os vigários nessas condições, além de serem em pequeno número, se acham plenamente identificados com o povo em cujo meio vivem, há longos anos, tendo mesmo prestado serviços à causa pública".

Em outra edição, *A República* mencionava um trecho de um livro do professor e teólogo alemão Alfred Funke, que afirmava ter a Alemanha o direito de tornar-se senhora dos destinos do Rio Grande do Sul:

> *A influência política que os alemães deveriam, sem dúvida, possuir, dado seu número, no Rio Grande do Sul, tem sido, até agora, aniquilada pelo governo brasileiro, mediante fraudes eleitorais. É raro encontrar um nome alemão nas listas de candidatos e, no entanto, o número de alemães deveria justificar o seu desejo de ver representadas, por pessoas de sua raça, no Congresso e no Senado, as suas aspirações e as suas raças.*
>
> *O Rio Grande do Sul deve converter-se num feudo do capital e da imigração da Alemanha. O direito histórico e a força estão conosco, e nada poderá se poderá opor a nós se não nos deixarmos levar por aspirações políticas inoportunas.*

Outra referência feita por *A República* lembrava como seria a "América Meridional", projetada por Otto Tannenberg:

A América Meridional alemã nos proporcionará, na zona temperada, um terreno de colonização onde os imigrantes se poderão fixar como agricultores. O Chile e a Argentina manterão a língua e a autonomia. Exigimos, porém, que nas escolas o alemão seja ensinado como segunda língua. O Brasil do Sul, o Paraguai e o Uruguai são países de cultura alemã.

Ao lado deste texto, o jornal reproduzia um trecho de uma obra do filósofo alemão Friedrich Lange, que também mencionava a força como forma de ocupação do sul do Brasil pelos alemães:

Uma política previdente deveria empregar os meios adequados para dirigir a emigração, de tal modo que os interesses vitais dos particulares estivessem de acordo com os do Estado. Essa política é a que, mediante a resoluta aplicação das forças de que dispõe, deve estipular, com os demais Estados, as convenções necessárias para que os nossos emigrantes sejam acolhidos nas condições que correspondem aos intentos do nosso governo. Os Estados, anteriormente divididos, como a República Argentina, o Brasil e, pouco mais ou menos, todas essas repúblicas mendigas da América do Sul, deveriam ser levados pela brandura ou pela força a ouvir palavras muito significativas.

Uma série de notícias e artigos deste tipo colocaria lenha na fogueira antigermânica em várias regiões do país. Para completar, os próprios teutônicos, em alguns casos, ajudavam a acirrar os ânimos. Em São Paulo, o *Diário Allemão* (*Deutsche Zeitung*), publicado simultaneamente em português e alemão, demonstrou toda a revolta dos imigrantes com a declaração de guerra por parte do Brasil, em um artigo assinado pelo redator Telésphoro de Lobo.

Nós nada valemos perante as correntes que precipitam os fatos. Somos o pigmeu desarmado ante os poderosos, mas, ainda mesmo que não o fôssemos, cumpre-nos respeitar decisões do governo de nossa pátria, uma vez que as coisas deixaram de existir no estado de discussão para se transladarem para o estado das ações concretas.

Vá, pois, ó Brasil – abeira-te do abismo da tua desgraça! Vá buscar no fogo das batalhas e nos rodomoinhos dos mares profundos o destino que te aguarda. Arranque na geehenna (vale em torno da antiga Jerusalém, transformado em depósito para incineração do lixo) *onde almas aos milhões sobrenadam em ondas de sangue e choram os remorsos de uma perdição idiota. Arranque lá um lugar maldito onde tu possas derramar o sangue dos teus filhos em prol dos aliados.*

Ide, ó mocidade da minha terra. Ide buscar para a tua pátria a sorte que tiveram a Bélgica, a Sérvia, o Montenegro, a Romênia e a Rússia, mas, ao tombares no chão varado pelas balas do inimigo, lembrai-vos das tuas mães, das tuas irmãs, puras e imaculadas, aqui entregues à miséria, à fome, ao insulto e às insolências do estrangeiro invasor e ganancioso.

Ide! Abandonai os lares de vossa pátria, semeai de angústias e luto a alma da pátria sacrificada, concorrei para a mais completa miséria da nação, desmanchai e reduzi a destroços o que Henrique Dias, Camarão e Negreiros edificaram nas batalhas dos Guararapes!

Ide morrer na guerra, como a honra e a honestidade morre nos lupanares infectos da perdição moral, e na hora final de todas as desgraças, pronunciai as fatídicas palavras dos arruinados: carregamos a pátria para o túmulo.

No Rio, a *Gazeta de Notícias* republicou o texto do *Diário Allemão*, criticando duramente a propaganda pró-germânica levada a cabo pelo jornal. "É bem possível que esse Telésphoro de Lobo seja um ruim brasileiro almoedado pelos nossos inimigos, mas nem por isso é menor o crime destes, pagando e editando esses ataques à honra nacional", afirmou o jornal carioca. "Depois, castiga-se um desses 'boches' e passa-se por selvagem".

O veículo carioca informou que em Taubaté, no interior paulista, um convento de padres alemães e austro-húngaros fazia abertamente propaganda germanófila. "Quando chegaram as primeiras notícias da invasão austro-alemã na Itália, os frades fizeram, com alarido, um grande banquete, no qual consumiram grande quantidade de vitualhas (*comida*) e maior ainda de bebidas, solenizando por essa forma estrondosa a entrada dos bárbaros no território italiano".

Enquanto o ódio crescia nas ruas o governo buscava formas de aumentar a vigilância e a segurança do território nacional. Membro da Comissão de Constituição de Justiça da Câmara, o deputado gaúcho Gumercindo Ribas apresentou um projeto que tipificava no âmbito civil a prática de espionagem no Brasil. Em razão de a maior parte das operações topográficas realizadas no país serem levadas a cabo por engenheiros e agrimensores estrangeiros, havia o temor de que informações relevantes pudessem ser repassadas ao governo alemão.

Entre outros itens, o projeto estabelecia que "na área do território brasileiro definida por uma faixa de 30 quilômetros, a contar das linhas limítrofes com os países estrangeiros, é proibida a execução de operações topográficas de qualquer natureza sem licença prévia escrita da autoridade militar federal mais graduada na respectiva região". Segundo o texto, aos infratores seriam "aplicadas, em tempos de paz, as penas do artigo 87 do Código Penal da República e, em tempos de guerra, as cominadas na lei militar para o crime de espionagem".

A lei estabelecia ainda como "crime de espionagem", a ser punido de conformidade com a lei militar, "o fato de alguém procurar clandestinamente e com a intenção de comunicar a um governo estrangeiro quaisquer informações que possam prejudicar a defesa e a segurança do Brasil".

Outro projeto de lei, apresentado pelo deputado mineiro Afrânio de Melo Franco, ia adiante. Além de estabelecer penas de 10 a 30 anos de prisão para quem descumprisse o artigo 87 do Código Penal, previa punições àquele que "por negligência, frouxidão, indolência ou falta de observância dos regulamentos" deixasse que fossem "subtraídos, extraviados ou destruídos os documentos, planos, desenhos e informações" de que trata o inciso 3º do mesmo artigo, "que lhe tenham sido confiados em razão do seu estado, ou de sua profissão, ou de qualquer missão oficial".

Também estabelecia que cometia crime de espionagem quem "por meio de qualquer disfarce ou usando de falso nome, ou dissimulando sua qualidade, sua profissão ou sua nacionalidade, introduzir-se em fortaleza, praça forte, posto, navio de guerra ou em qualquer outro estabelecimento militar ou marítimo". Outro artigo enquadrava no mesmo crime aquele que usasse dos mesmos artifícios para obter planos, desenhos, mapas e vias de comunicação que interessassem à defesa do território e à segurança nacional.

O texto ainda proibia os cidadãos de países em guerra com o Brasil de possuírem aparelhos de aviação, radiotelegrafia ou de qualquer processo de comunicação por sinais. Da mesma forma, impedia "os súditos dos países inimigos" de utilizar códigos, cifras, livros, jornais ou revistas impressos em linguagem cifrada.

Como se não bastassem tantas restrições, os alemães ainda eram proibidos de aproximar-se a menos de um quilômetro de campos fortificados, fortalezas, arsenais e fábricas de munições. Além da prisão, as penas para quem descumprisse a lei incluíam a expulsão do país.

Por ordem do governo federal, em todos os Estados os órgãos de segurança deram início a um grande cadastramento dos alemães e descendentes residentes no país. Entre as informações a serem prestadas estavam nome, sobrenome, profissão, idade, endereço, local de nascimento, nomes dos pais e local de último domicílio, além dos mesmos dados relativos aos parentes próximos (esposa, filhos etc.). "Nos distritos onde há mulheres de vida fácil, o registro foi iniciado ontem", informou o *Correio da Manhã*, em 6 de novembro.

Após o registro, os "súditos alemães" recebiam um documento especial de identificação, que demonstrava a sua situação legal junto ao governo brasileiro. Quem não comparecesse às delegacias policiais para fazer o cadastro era chamado a prestar esclarecimentos.

Ao mudar-se de domicílio, ainda que na mesma cidade, os alemães precisavam avisar as autoridades brasileiras, informando a região de destino e o respectivo distrito policial ao qual ficariam vinculados. Nas mudanças interestaduais, os germânicos tinham prazo de dois dias após a chegada ao novo Estado para comunicar o fato às autoridades locais. Hotéis e pensões não podiam hospedá-los por mais tempo sem que o documento cadastral atualizado fosse apresentado.

Após reunião no Palácio do Catete, o presidente anunciou um pacote de medidas, que incluíam o fortalecimento do aparato militar, a promoção e a organização das linhas de tiro naval, o aumento na vigilância contra a espionagem, contra a qual seria aplicado o Código Penal da Armada e a proibição de publicação de jornais em idioma alemão – só em Santa Catarina, a medida atingia impressos das cidades de Blumenau, Joinville, Brusque, Itajaí e São Bento – e do funcionamento de escolas que não ensinassem a língua portuguesa. De imediato, os próprios Correios começaram a confiscar as publicações editadas em alemão e que circulavam por suas agências.

Além da internação dos tripulantes de ex-navios alemães na Ilha Grande, no litoral fluminense, onde ficariam sob vigilância militar, o pacote ainda previa outras medidas drásticas. Junto com o controle das exportações de ouro e metais, o governo implantou a censura aos veículos de comunicação, proibindo "a publicação de boatos alarmantes e de notícias relativas a medidas militares internacionais que forem julgadas inconvenientes pelo governo, não havendo, porém, restrições quanto à crítica dos atos da administração, exceto sobre aqueles assuntos".

No âmbito governamental, foi criado um comitê para cuidar dos assuntos relativos à produção nacional. Presidido pelo ministro da Agricultura, Indústria e Comércio, Pandiá Calógeras, o grupo ainda contava com representantes da Sociedade Nacional de Agricultura, da Associação Comercial, do Centro Industrial do Brasil e da Liga do Comércio.

Com a animosidade disseminada entre a população e o governo brasileiros, não demorou para que os mais de 33 mil cidadãos germânicos radicados no país à época, segundo dados da Diretoria do Serviço de Povoamento, passassem a ser perseguidos. Em Manaus, a Contadoria do Serviço de Água e Esgoto anunciou a demissão de um funcionário pelo simples fato de o seu sobrenome ser Birmann.

Em São Paulo, o secretário do Interior, Oscar Rodrigues Alves, determinou a dispensa de todos os servidores da repartição que tivessem origem teutônica. No interior do Estado, a Companhia Mogyana demitiu todos os empregados de descendência alemã.

No centro do Rio de Janeiro, o brasileiro José Prates assustou-se ao ouvir dois estrangeiros conversando "com ares misteriosos", no meio da tarde, em plena Avenida Rio Branco. Chamou então um guarda civil, que levou os indivíduos Karl Wilhelm Turmmell e Fritz Krasshauven para o 1º Distrito. Ex-tripulantes dos navios Gertrude Woermann e San Nicolas, os marinheiros disseram que estavam na Capital havia um ano e que pretendiam embarcar para o Mato Grosso, onde planejavam trabalhar como agricultores. Entretanto, da delegacia a dupla só sairia para juntar-se aos demais ex-tripulantes alemães detidos no país.

No Rio, o governo destituiu do cargo o vice-presidente dos Telégrafos, Leopoldo Weiss. Em carta enviada à redação do *Jornal do Commercio*, Weiss questionou a medida, dizendo ter sido equivocadamente identificado como cidadão alemão. "Sou natural da Áustria-Hungria, achando-me naturalizado cidadão brasileiro desde 20 de dezembro de 1879". Mesmo assim, não foi readmitido na função.

Nem mesmo os religiosos escaparam da perseguição aos germânicos. No Rio, o arcebispo da capital federal dispensou do curato de Santa Cruz o padre alemão Miguel Seedler.

Após a declaração de guerra, a imprensa colocou o Mosteiro de São Bento, comandado por frades alemães, sob suspeita. "Dentro do Mosteiro de São Bento, são todos frades alemães, que o muito amor às coisas do céu não os fez esquecer as lutas da terra, em que se acha envolvido o seu país", escreveu a *Gazeta de Notícias*.

"E a prova de que todos esses servos de Deus não se esquecem da sua qualidade de súditos do temível deus germânico, que é o Kaiser, temo-la nas repetidas profissões de fé patriótica que muitos têm feito garbo".

O jornal questionava se os frades alemães deveriam continuar "senhores absolutos daquele grande edifício" após a declaração de guerra. "Longe de nós aconselhar a perseguição religiosa, que viria certamente melindrar a consciência católica do país. Não há, porém, liberdade, nem mesmo a espiritual, que não sofra restrições impostas pelo direito supremo, incontestável, que é o da defesa nacional".

Temendo a tomada do prédio por parte das autoridades brasileiras, o abade do mosteiro enviou ofício ao almirante Alexandrino de Alencar, ministro da Marinha, afirmando que a instituição seguia ocupando-se "estritamente da religião". Conforme notícia divulgada no *Jornal do Commercio*, o líder da congregação afirmou que o local "estava pronto a ser visitado a qualquer hora" e que "teria muito prazer se o senhor ministro da Marinha fizesse designar dois oficiais para permanecerem ali".

No dia seguinte, Alexandrino Alencar ordenou que um oficial ficasse em vigília em frente ao mosteiro. A tarefa ficou a cargo do primeiro tenente Raul Lobato Ayres. "Este oficial precisa ter o máximo cuidado, porque em boche não há que fiar", aconselhou a *Gazeta de Notícias*.

Ainda na capital federal, uma festa realizada por famílias de imigrantes alemães em uma casa, na Rua Barão de Mesquita, 70, foi interrompida por populares exaltados, que surgiram em frente ao terreno gritando "morra a Alemanha". Assustados, os alemães correram para dentro da residência, permanecendo trancafiados até que os brasileiros deixassem o local.

Já em uma fazenda nas proximidades da estação Mogi das Cruzes, no interior de São Paulo, 19 marinheiros alemães foram presos sem oferecer qualquer resistência por uma força de 40 homens da Força Pública Paulista. Os marujos estavam no porto de Santos antes da declaração de guerra e, ao perceberem o agravamento da situação, refugiaram-se na propriedade rural. Em Jacareí, também no interior paulista, outros 22 marinheiros teutônicos foram presos.

Em todo o Estado de São Paulo foram realizadas buscas a marujos alemães que teriam se evadido do porto de Santos. Na Capital, houve diligências nos bairros Penha, Vila Mariana, Pinheiros e Centro. No Interior, além de Mogi das Cruzes e Jacareí, a caça aos germânicos deu-se nas localidades de Barra Bonita, Brotas, Dois Córregos e Jaú. Depois de presos, dezenas de alemães foram levados ao Quartel da Luz, em São Paulo, onde foram identificados antes de serem encaminhados para Santos e, posteriormente, juntarem-se aos demais prisioneiros de guerra nas ilhas do litoral fluminense.

No Rio Grande do Sul, a polícia prendeu quatro tripulantes alemães que haviam fugido para o interior do município de Pelotas, no sul do Estado. Após desembarcar no porto de Rio Grande, o grupo teria tentado esconder-se das autoridades. Para isso, contou com o auxílio de um automóvel pertencente à Casa Bromberg. Depois de presos, os quatro foram enviados a Rio Grande, a bordo do rebocador Paranaguá.

Em Rio Grande, onde foram registradas grandes manifestações, foi preso o cidadão de nome Janes Booth, acusado de espionagem alemã. Já no porto da cidade, autoridades federais impediram a partida do paquete Florianópolis em direção a Montevidéu, com o objetivo de revistar as bagagens de um súdito alemão suspeito de espionagem. Indignado, o comandante do navio, Costa Mendes, opôs-se à revista e chegou a discutir com os policiais.

Também no interior gaúcho, em Venâncio Aires, moradores preparavam um ato de desagravo a um padre de origem germânica que fazia suas pregações em alemão, mas foram demovidos da ideia pelo arcebispo Dom João Becker. Em excursão pastoral pela região, ele encarregou-se pessoalmente de fazer com que o padre cessasse as pregações em alemão.

Em Pernambuco, foram demitidos os alemães que trabalhavam nos cafés e nas obras de reconstrução da Ponte Sete de Setembro, em Recife. Já em Juiz de Fora, no interior de Minas, o presidente da Câmara Municipal, Procópio Teixeira, dispensou o engenheiro alemão Reinaldo Muller, que prestava serviços ao órgão municipal.

No Paraná, atendendo ao pedido manifestado por meio de um abaixo-assinado dos funcionários da Estrada de Ferro, a empresa demitiu um funcionário de origem alemã, "que não soube comportar-se com conveniência perante o momento internacional", segundo noticiou a *Gazeta de Notícias*. Depois da dispensa do funcionário, seus ex-colegas brasileiros realizaram manifestação de apoio e agradecimento à direção da companhia.

Em nota publicada no jornal *A República*, uma entidade estudantil pediu aos imigrantes alemães que abrissem mão de seus cargos na administração pública. "O Centro Acadêmico do Paraná (...) resolveu em grande e solene assembleia extraordinária dirigir um apelo a todos os brasileiros de origem alemã que ocupam cargos na pública administração ou postos na milícia cívica, a fim de solicitarem dispensa desses lugares, enquanto durar a guerra do Brasil com a Alemanha, e virem, nos postos rasos sem autoridade nem direção, prestar serviços à pátria na grande causa em que está empenhada".

Na capital mineira, o médico Alfredo Schaeffer, professor da Faculdade de Medicina, pediu demissão do cargo de clínico do Laboratório de Análises do Estado. Em seu lugar, foi empossado o farmacêutico Anníbal Teotthônio Baptista.

Também em Belo Horizonte, pressionados por uma massa de estudantes, os padres alemães do Colégio Arnaldo e as freiras alemãs do Colégio Sagrado Coração fecharam as portas dos estabelecimentos, repassando o controle dos prédios ao governo.

Até mesmo uma prostituta de origem germânica passou a ser ignorada pela tradicional clientela. Conforme publicou à época a coluna Salpicos, da *Gazeta de Notícias*, "há na Rua da Lapa uma cavalheira alemã, 'estabelecida', que tem sido uma das maiores vítimas da guerra":

– Calcule você que a minha rapaziada foge de mim, com receio de ser tomada por espionagem. E eu não sou nenhum canhão – dizia ela.

Aprisionados inicialmente na Ilha das Flores, na Baía da Guanabara, os tripulantes das embarcações alemãs confiscadas pelo Brasil dispensavam os serviços de cozinha oferecidos pelo governo brasileiro. Cozinhavam, eles próprios, tudo o que consumiam. Sem hora para dormir ou acordar, faziam quatro refeições por dia (café da manhã, almoço, café da tarde e jantar).

Divididos em três dormitórios – um de oficiais e dois para os demais marinheiros –, tinham como companheiros de cárcere dois chineses, que também viajavam como tripulantes dos navios ex-alemães. Os teutos passavam o dia pescando, tomando banho de mar e lendo livros, revistas e um jornal germanófilo impresso e distribuído na Capital.

Embora sem hora para dormir ou acordar, mantinham horários mais ou menos determinados para o banho ou os exercícios físicos. Às terças, quintas e domingos à tarde, organizavam apresentações musicais.

Com autorização para ir à cidade, alguns oficiais passavam o dia pelas ruas, retornando para a ilha apenas à noite. Para passar o tempo, outros cuidavam de jardins e hortas improvisados. Para se entreter, alguns adotaram mascotes. Além de gatos e cachorros, tinham a companhia de quatro macacos e dois papagaios. "Habituados a beber chope, os alemães vão tomá-lo em um botequim (...) próximo à ilha. Há um marinheiro, de nome Vamper, que já teve a habilidade de organizar, no tal botequim, uma espécie de 'cabaret' para... explorar os seus patrícios!", descreveu a *Gazeta de Notícias*. "Quando voltam desse botequim, vêm quase todos em estado deplorável, embriagados a cair."

Já os chineses, dizia o jornal, procuravam não misturar-se aos alemães, permanecendo em seu quarto, fechados, fumando ópio. "Ou fumam ópio até cair, ou entregam-se à feitura de interessantes objetos de toalete e fantasia. Para a compra do ópio, fazem os maiores sacrifícios pecuniários. Um deles, de tanto fumar ópio, já foi retirado da ilha, por estar tuberculoso."

Sem receber os vencimentos das empresas para as quais trabalhavam – as únicas remessas constantes eram as de cigarro e fósforos –, os alemães passaram a sofrer com a falta de dinheiro. Por isso, começaram a vender nas imediações da ilha todos os objetos de valor que ainda mantinham.

Para tentar fazer dinheiro, alguns decidiram abrir pequenos negócios, inspirados em suas atividades anteriores à navegação. Assim, surgiram na ilha quatro barbearias, duas alfaiatarias, uma sapataria, duas lavanderias, duas oficinas de engomar e uma tamancaria. Os preços, que começaram altos, despencaram com o tempo, em razão do surgimento de concorrentes entre os próprios patrícios – o corte de cabelo, que de início custava cinco tostões, despencou para um tostão.

O comandante do Hohenstaufen, já conhecido dos brasileiros por sua revolta contra a ocupação do navio, voltaria a ser mencionado na imprensa quando de sua prisão na ilha. Aproveitando-se da crise financeira dos colegas, o capitão passou a emprestar-lhes dinheiro, cobrando, evidentemente, enormes juros.

Avessos a entrevistas e fotos, os alemães reagiam com rispidez quando da aproximação de jornalistas e fotógrafos brasileiros. Invariavelmente, repeliam os profissionais de imprensa com palavrões e gestos grosseiros. "A atitude do nosso governo, decorrente do torpedeamento do Macau, já é amplamente conhecida dos tripulantes alemães. Já esperavam a declaração de guerra do Brasil à Alemanha e sabiam que iam ser internados", narrou *A Gazeta de Notícias*. "Estão eles indignadíssimos com ela, principalmente os oficiais. Uma raiva surda, um despeito a custo contido e observado por quem deles se acerca. Vê-se claramente que a ideia deles era muito outra da que aparentam. E, de vez em quando, soltam frases como esta que ontem ouvimos: 'O Brasil há de se arrepender de ter seguido a libra inglesa'. Não é preciso comentar mais nada", dizia o jornal.

Curiosamente, havia entre os alemães um germânico naturalizado brasileiro. Cozinheiro do Hohenstaufen, George Frentrop, de 54 anos, nascera na Alemanha, mas naturalizara-se brasileiro muito antes da guerra. Na Revolução Federalista de 1893, no Rio Grande do Sul, mais de duas décadas antes da beligerância entre os dois países, ele lutara ao lado do general Gomes Carneiro, tendo ficado ferido na perna esquerda, motivo pelo qual ainda mancava em 1917.

Outros prisioneiros foram distribuídos em locais como a Ilha Grande – em 6 de novembro, o local já abrigava mais de 1.300 alemães –, o Sanatório Naval, em Nova Friburgo, e a fazenda São Bento, de Nova Iguaçu.

8. Aparício Torelly, o "Barão de Itararé"

Nascido no município portuário de Rio Grande, em 29 de janeiro de 1895, Apparício Fernando de Brinkerhoff Torelly foi pioneiro no humorismo político no país. Jornalista e escritor, autor de máximas espetaculares, como "de onde menos se espera, daí é que não sai nada" ou "um homem que se vende recebe sempre mais do que vale", era conhecido como Apporelly (junção do primeiro nome com o último sobrenome) e pelo título de nobreza que ele próprio se concedeu de "Barão de Itararé".

Depois da trágica morte da mãe, Amélia, que se suicidou quando Apparício tinha apenas 18 meses, foi criado pelo pai. Ainda criança, foi enviado a um internato jesuíta em São Leopoldo, na região metropolitana de Porto Alegre. Em 1908, aos 13 anos, criou o jornalzinho *Capim Seco*, uma sátira permanente à disciplina imposta pelos padres do internato.

Quando jovem, Apporelly chegou a cursar quatro anos de medicina na capital gaúcha, mas desistiu do curso, passando a dedicar-se às letras. Depois de publicar sonetos e artigos em jornais e revistas como *Kodak*, *A Máscara* e *Maneca*, decidiu partir para a então capital federal, o Rio de Janeiro.

Em 1925 entrou para *O Globo*. Mais tarde, foi convidado colaborar com o jornal *A Manhã*, onde assinava a coluna "A Manhã tem mais...". O nome do jornal inspiraria o veículo que Apporelly criaria no ano seguinte. Paródia ao *A Manhã*, *A Manha* (sem o til) usava os mesmos tipos de letra do tradicional diário carioca e vinha acompanhado de um slogan que reforçava o espírito da coisa: "Quem não chora, não mama". Décadas depois, a sagacidade da sátira política de Apporelly inspiraria uma associação de jornalistas e humoristas para a criação de *O Pasquim*.

Durante a Revolução de 1930, Getúlio Vargas partiu de trem rumo à capital federal com o objetivo de tomar o poder. Na imprensa nacional, comentava-se que, no município paranaense de Santana do Itararé, na divisa com São Paulo, haveria um grande embate entre as tropas fiéis a Washington Luís e as da Aliança Liberal, sob o comando de Vargas. Antes do embate, um acordo estabeleceu que uma junta governativa assumiria o poder no Rio, evitando, assim, a batalha armada.

Apporelly, franco opositor de Vargas, a quem conhecera nos tempos de colégio, em Porto Alegre, ironizou o episódio, usando-o para autoproclamar-se Barão de Itararé. "Fizeram acordos. O Bergamini pulou em cima da prefeitura do Rio, outro companheiro que nem revolucionário era ficou com os Correios e Telégrafos, outros patriotas menores foram exercer o seu patriotismo a tantos por mês em cargos de mando e desmando... e eu fiquei chupando o dedo. Foi então que resolvi conceder a mim mesmo uma carta de nobreza. Se eu fosse esperar que alguém me reconhecesse o mérito, não arranjava nada. Então passei a Barão de Itararé, em homenagem à batalha que não houve."

Mais tarde, nas páginas de *A Manha*, ele se autopromoveria a duque. "O Brasil é muito grande para tão poucos duques. Nós temos o quê por aqui? O Duque Amorim, que é o duque dançarino, que dança muito bem mas não briga, e o Duque de Caxias, que briga muito bem, mas não dança. E agora eu, que brigo e danço conforme a música". Semanas depois, Apporelly voltou atrás. "Como prova de modéstia, passei a Barão".

Em 1934, fundou o Jornal do Povo, que durou apenas 10 dias, período em que publicou a história de João Cândido, um dos marinheiros da Revolta da Chibata, de 1910. Sequestrado e espancado por oficiais da Marinha, Apporelly retornou à redação do jornal, deixando um recado de duplo sentido na porta: "entre sem bater".

No ano seguinte, Aporelly foi preso por ligações com o clandestino Partido Comunista Brasileiro (PCB). Libertado no ano seguinte, reativou *A Manha*, desativada após a sua prisão, fazendo-a circular de forma esporádica.

Em 1947, candidatou-se a vereador do Distrito Federal, com o lema "Mais leite! Mais água! Mas menos água no leite! Vote no Barão de Itararé, Aparício Torelly". Com 3.669 votos, foi o oitavo parlamentar mais votado entre os 18 eleitos do PCB. Em janeiro de 1948, porém, os vereadores do partido foram cassados, prato cheio para *A Manha*. "Um dia é da caça... Os outros da cassação", publicou o jornal.

Nos anos 1950, publicou o *Almanhaque*, paródia aos almanaques convencionais publicados no país. Apporelly morreu dormindo, em seu apartamento em Laranjeiras, no Rio de Janeiro, em 27 de novembro de 1971.

CAPÍTULO 9
Guahyba e Acary, a represália boche

Exatamente uma semana depois da declaração de guerra, um mesmo submersível boche faria duas novas vítimas brasileiras. No dia 3 de novembro, chegava ao país a notícia de que um submarino alemão havia torpedeado, de uma só vez, dois vapores brasileiros, o Guahyba e o Acary, atracados a uma distância de 300 metros um do outro no porto da ilha de São Vicente, em águas de Cabo Verde. Era uma clara represália à decisão tomada pelo governo brasileiro.

Na hora da explosão, os foguistas do Guahyba Octaviano Vargas de Souza e Antônio de Moura Lima estavam nos porões do navio, nas proximidades do local atingido pelo torpedo. Seus corpos não foram encontrados. Se não morreram em razão do impacto, acredita-se que provavelmente tenham sucumbido à imensa quantidade de água que penetrou navio adentro pelo enorme rombo produzido pelo projétil. Natural de Porto Alegre, Otaviano era solteiro e residia na Capitania do Porto do Rio. Já Antônio, nascido no Rio Grande do Norte, era casado com Maria Lima, tinha cinco filhos – todos menores – e morava na Rua do Jogo de Bola, sem número, no Morro da Conceição, na capital federal.

Os oficiais do Guahyba tomavam café da manhã na sala de refeições e saíram ilesos. Mas cinco homens ficaram feridos. O caso mais grave foi o de um cozinheiro, atingido por um estilhaço do torpedo. Com costelas fraturadas, queimaduras e lesões pelo corpo, ele teve de ficar alguns dias hospitalizado em Cabo Verde, em estado grave.

Apesar do susto, os oficiais tentaram iniciar rapidamente a ocupação dos escaleres salva-vidas. Com o impacto do torpedo, alguns marujos foram lançados ao mar. Apavorados, os homens que permaneciam no convés corriam desordenadamente, sem obedecer às orientações superiores. "Foi tal a balbúrdia estabelecida a bordo que, apesar da calma de alguns oficiais que gritavam 'tripulem' as baleeiras, pois julgávamos que o navio se ia afundar rapidamente, a equipagem, presa de desculpável excitação nervosa, corria de um lado para o outro sem obedecer às ordens que lhe estávamos dando", contou Satyro Duque Estrada, oficial do Guahyba.

Segundo ele, os náufragos foram socorridos pela canhoneira portuguesa Ibo, que os levou para terra em duas baleeiras. "Deram-nos tudo o que carecíamos naqueles críticos momentos e foram, para nós, de uma cativante bondade", revelou Estrada.

Construído em 1905, o Guahyba tinha 275 pés de comprimento e pesava 1.891 toneladas brutas. Partira da Baía de Guanabara em 4 de outubro, com destino a Santos, onde chegara no dia 5. De Santos, zarpou no dia 12 em direção a Recife, aportando na capital pernambucana no dia 20. De Recife saíra no dia 21, chegando a São Vicente 10 dias depois. Transportava 37 mil sacas de café, além de 30 bordalesas e 14 pipas de sebo.

O torpedo, que atingiu o Guahyba a meia-nau, deixou um rombo de cinco por oito metros no costado do navio. As chapas de metal ficaram curvas e retorcidas como folhas de papel. A notícia do incidente chegou à Companhia de Commercio e Navegação por meio de telegrama do comandante do Guahyba, Paulo Nunes Guerra:

São Vicente, 2, 2h20min – Fui torpedeado hoje, 7 horas. Pude encalhar vapor. Morreram dois foguistas: Octaviano, outro Lima. Alguns marinheiros feridos. Comandante Paulo.

Mais antigo comandante em atividade na empresa, Paulo Nunes Guerra era casado com Guilhermina de Barros Guerra. Às 12h30min do dia seguinte ao torpedeamento, ela recebera um telegrama em sua casa, no Rio, informando sobre o incidente:

Fui torpedeado hoje. Estou salvo, não me acontecendo nada. Paulo.

Apesar de a notícia ser positiva – no fim das contas, seu marido estava a salvo –, Guilhermina correu até a sede da Companhia de Comércio e Navegação em busca de mais detalhes. No local, dezenas de familiares dos náufragos já acotovelavam-se atrás de notícias. O casal tinha uma filha, Guilhermina Guerra da Silva, casada com o advogado Albino Silva. "Esta foi a viagem mais infeliz do meu marido, pois, sendo marinheiro desde criança, contando hoje 62 anos de idade, é a vez primeira em que o navio em que serve é vítima de uma tragédia", comentou a esposa à reportagem da *Gazeta de Notícias*.

Dias depois do ataque chegava ao Brasil a notícia de que, embora a carga já tivesse sido salva, o Guahyba não poderia ser recuperado. Em telegrama, o agente da Companhia de Comércio e Navegação informava os danos sofridos pela embarcação:

> *Porões de ré completamente inundados. Porões de proa ainda estanques. Convés arrebentado e suspenso. Consideramos vapor perdido.*

Minutos depois do Guahyba, o navio Acary, do Lloyd Brasileiro, também foi torpedeado. A empresa foi comunicada do fato por um telegrama do comandante Pedro Velloso da Silveira. Casado com Odilia Carvalho da Silveira, ele estava no Lloyd desde 1904, quando ingressara como praticante do navio Iris.

> *Brasil – Lloyd – Rio – Acary avariado casa de máquinas. Porões inundados. Iniciei descarga proa. Não há vítimas. Encalhei navio. Velloso – São Vicente*

Diferentemente do que ocorrera ao Guahyba, da Companhia de Comércio e Navegação, e do Macau, também do Lloyd, atingido duas semanas antes, o Acary (ex-alemão Eberburg) não tivera vítimas fatais. Mesmo assim, uma pequena multidão procurou a sede da empresa, no Rio, em busca de informações sobre parentes e amigos.

Com 4.173 toneladas brutas, o Acary tinha 118 metros de comprimento e estava segurado em 100 mil libras. Construído na Alemanha e lançado ao mar em 1905, transportava 30 mil sacas de feijão e 46.136 couros salgados (charques), que pesavam mais de mil toneladas. Segundo noticiaram os jornais da época, o torpedo desferido pelo submarino alemão teria atingido o porão três, justamente onde estavam alojados os couros salgados. Com sua resistência e elasticidade, diziam as notícias, o material teria reduzido o impacto do projétil, propiciando ao comandante Velloso a possibilidade de encalhar o navio e salvar maior parte da carga.

Os náufragos do Acary chegaram ao Rio no dia 23 de novembro, a bordo do Cuyabá, do Lloyd Brasileiro, provenientes de Santos, onde haviam aportado a bordo do vapor espanhol Balnes. Conforme os brasileiros, durante todo o percurso entre São Vicente e Santos a embarcação espanhola correspondeu-se, por meio de telégrafo sem fio, com um submarino alemão que a acompanhou – e permanecia visível – em quase todo o percurso.

No desembarque na capital carioca, o marinheiro Ruy de Souza Freire acusou o navio holandês Kamerland de agir como cúmplice do submarino responsável pelos torpedeamentos de Guahyba e Acary. "Vi, distintamente, às 7 horas da manhã do dia 2, o torpedo ser lançado contra o Guahyba", contou Freire ao jornal *A Noite*. "O submarino nesta ocasião estava à vista, próximo à proa do referido navio holandês, de onde fez o disparo, passando o torpedo pela popa do Acary, indo atingir o navio da Comércio e Navegação (*Guahyba*). Não eram passados ainda dois minutos quando o submarino fez o segundo disparo, agora contra o Acary", narrou o sobrevivente.

Freire afirmou não lembrar-se do momento da explosão, por ter perdido os sentidos e somente tê-los recuperado quando estava na água, obrigado a nadar para manter-se vivo. Quatro rebocadores correram em socorro ao Acary, mas os porões foram inundados muito rapidamente, o que impediu o salvamento da embarcação.

Enquanto isso, disseram testemunhas, o navio holandês sequer envolveu-se no socorro às dezenas de náufragos dos dois vapores brasileiros. O Kamerland partira de Salvador dois dias antes dos navios brasileiros, levando sempre dois dias de vantagem sobre o Guayba e o Acary. O encontro com os vapores nacionais só ocorreu em São Vicente, onde o barco holandês estava ancorado quando da chegada dos brasileiros. Tais coincidências alimentaram a suspeita de que os holandeses teriam colaborado com os alemães, fornecendo informações detalhadas sobre os vapores nacionais ao submarino agressor.

Depois do torpedeamento do Acary, o Lloyd determinou que apenas brasileiros natos poderiam ser empregados em seus navios. Assim como ocorrera no Guahyba, o comandante do Acary conseguiu encalhar o navio, salvando boa parte da carga.

Após torpedear os navios brasileiros Guahyba e Acary, o submarino alemão U-151 foi perseguido pela canhoneira portuguesa Ibo, que se achava nas imediações, e alvejado pela fortaleza do porto, que o obrigaram a mergulhar e desaparecer nas águas. Segundo o marinheiro Ruy de Souza Freire, do Acary, a embarcação agressora tinha cerca de 130 metros e estava toda pintada de branco.

Lançado ao mar em 4 de abril de 1917, o U-151 afundou durante a Grande Guerra 34 embarcações inimigas, danificando outras cinco. O duplo torpedeamento dos navios brasileiros Guahyba e Acary deu-se sob o comando de Waldemar Kophamel, que liderou a embarcação de 21 de julho a 26 de dezembro de 1917. Um dia depois da saída de Kophamel, quem assumiu o submersível foi o capitão Heinrich von Nostitz und Jänckendorff. Foi sob o seu comando que o U-151 foi entregue à França, no fim da guerra, em Cherbourg. Transformado em navio-alvo, o U-151 foi afundado em 7 de junho de 1921.

Antes do U-151, Waldemar Kophamel, algoz do Guahyba e do Acary, havia comandado o U-35, entre 3 de novembro de 1914 e 12 de novembro de 1915, permanecendo quase dois anos longe da vida marítima até afundar os navios brasileiros. Já em 28 de março de 1918, três meses após deixar o U-151, Kophamel assumiu o controle do U-140, submersível no qual atuou até o dia do armistício.

NAVIOS ATACADOS PELO U-151
(sob o comando de Waldemar Kophamel)

Data	Nome	Tonelagem	Nacionalidade
19/09/1917	Blanche	3.104	França
1/10/1917	Etna	5.604	Itália
2/10/1917	Viajante	377	Portugal
4/10/1917	Bygdønes	2.849	Noruega
12/10/1917	Parthian (HMS)*	1.025	Inglaterra
13/10/1917	Caprera	5.040	Itália
19/10/1917	Harpon*	1.894	França
20/10/1917	Moyori Maru	3.746	Japão
21/10/1917	Gryfevale	4.437	Inglaterra
2/11/1917	**Acary**	**4.275**	**Brasil**
2/11/1917	**Guahyba**	**1.891**	**Brasil**
16/11/1917	Margaret Roberts	535	Estados Unidos
21/11/1917	Sobral	1.075	Noruega
22/11/1917	Tijuca	2.543	França
23/11/1917	Trombetas	235	Portugal
26/11/1917	Johan Mjelde	2.049	Noruega
4/12/1917	Claudio*	2.588	Espanha

Mesmo danificado, não afundou.

Navios atacados pelo U-151
(sob o comando de Heinrich von Nostitz und Jänckendorff)

Data	Nome	Tonelagem	Nacionalidade
24/05/1918	Edna (d.)	325	Estados Unidos
25/05/1918	Hattie Dunn	435	Estados Unidos
25/05/1918	Hauppauge*	1.446	Estados Unidos
02/06/1918	Carolina	5.093	Estados Unidos
02/06/1918	Edward H. Cole	1.791	Estados Unidos
02/06/1918	Edward R. Baird Jr*	279	Estados Unidos
02/06/1918	Isabel B. Wiley	776	Estados Unidos
02/06/1918	Jacob M. Haskell	1.778	Estados Unidos
02/06/1918	Texel	3.210	Estados Unidos
02/06/1918	Winneconne	1.869	Estados Unidos
03/06/1918	Samuel C. Mengel	915	Estados Unidos
03/06/1918	Herbert L. Pratt*	7.145	Estados Unidos
04/06/1918	Eidsvold	1.570	Noruega
05/06/1918	Harpathian	4.588	Inglaterra
05/06/1918	Vinland	1.143	Noruega
08/06/1918	Pinar Del Rio	2.504	Estados Unidos
10/06/1918	Henrik Lund	4.226	Noruega
10/06/1918	Vindeggen	3.179	Noruega
14/06/1918	Kringsjaa	1.750	Noruega
14/06/1918	Samoa	1.138	Noruega
18/06/1918	Dwinsk	8.173	Inglaterra
22/06/1918	Chilier	2.966	Bélgica
23/06/1918	Augvald	3.406	Noruega
28/06/1918	Dictator	125	Inglaterra

*Mesmo danificado, não afundou

Após os novos ataques a navios brasileiros, o presidente Wenceslau Braz emitiu uma mensagem ao Congresso Nacional, demonstrando a intenção de pôr em prática uma série de "medidas de exceção" em relação aos cidadãos e às empresas alemãs sediadas no Brasil:

Se, como se vê, a Alemanha continua a dizimar a nossa frota mercante e a impedir, pelas armas, as nossas relações de comércio com o mundo, não é mais tolerável a sua representação comercial, bancária e industrial e que sua iniciativa colonizadora no país deixe de sofrer as limitações aconselhadas pelo nosso patriotismo e que não tomemos com relação a elas as medidas de exceção, de legítima defesa, que forem necessárias.

Sem que sacrifiquemos o espírito liberal de nossas leis, não é prudente que daqui saiam recursos para o império alemão, ou que continuem, como outrora, as relações de direito privado dos súditos alemães com os poderes públicos.

Dado o estado de guerra, parece preciso:

1º) Declarar sem efeito os contratos firmados com alemães, individualmente ou por sociedades, para obras de qualquer natureza;

2º) Impedir a realização de qualquer concessão de terras a súditos ou empresas alemães, respeitadas apenas aquelas que já tiverem localizado, efetivamente, as respectivas famílias;

3º) Fiscalizar o funcionamento dos bancos e outras empresas alemãs, podendo, conforme as circunstâncias, suspender ou cassar a autorização que tem para funcionar no país;

4º) Tomar medidas para frustrar a transferência de propriedades alemãs, durante o estado de guerra, assinalando o Poder Executivo o limite dessas transferências;

5º) Internar em lugar não destinado a prisões ordinárias os súditos alemães que se mostrarem inconvenientes ou suspeitos à causa do Brasil.

Essas medidas, ou ainda outras que o Congresso na sua sabedoria venha a adotar, devem ser lançadas em lei escrita, evitando-se assim o arbítrio ou os excessos do povo ou das autoridades.

Não faltará quem reclame o exame de alguns alvitres sugeridos ao Congresso, tais como os que se referem à concessão de terras para colonização, com as prerrogativas constitucionais, por parte dos Estados. Mas neste momento, sobretudo, o Brasil é um só e nenhuma unidade da federação deixaria de acatar e de obedecer às autoridades soberanas da União.

Submetendo estas ideias ao julgamento e à melhor inspiração dos representantes da nação, cumpre-me comunicar que já autorizei, sem restrições, os ministros da Guerra e da Marinha, as reformas e providências que se impõem para a eficiência da organização militar da República.

A notícia do duplo torpedeamento do Acary e do Guahyba espalhou de vez a revolta contra os alemães em todo o território nacional. Se em algumas cidades já haviam sido registradas depredações de lojas e clubes germânicos na semana anterior, após a nova provocação boche a indignação ganhou definitivamente as ruas das principais capitais brasileiras. E a violência das manifestações superou a que já havia sido registrada no sul do país.

No começo da noite de 3 de novembro, um sábado, no centro do Rio, o primeiro estabelecimento comercial atacado foi a Casa Arp, na Rua do Ouvidor, ao lado da redação da *Gazeta de Notícias*, por volta das 18 horas. Conforme narrou o jornal, a parede de policiais que fazia a segurança do estabelecimento afastou-se do local, "consentindo patrioticamente que os brasileiros expandissem sua indignação contra a barbárie dos boches".

As chapas de metal onde estava escrito o nome do estabelecimento foram arrancadas. Segundo a publicação, "a princípio, as autoridades que acompanhavam o povo quiseram impedir as depredações, mas acabaram cedendo".

O depósito da Casa Arp, na Rua da Quitanda, 52, foi assaltado durante a madrugada. Depois de arrombar as portas, o povo invadiu o local, saindo com vários objetos. O que não foi saqueado acabou destruído.

No dia seguinte, o sócio da Casa Arp, Henrick Mutzembecher, foi à polícia declarar que, apesar do sobrenome, era brasileiro de nascimento, natural do Rio de Janeiro, o que comprovou mediante a apresentação de documentos. Além disso, o "Sr. Mutz", como era chamado nas redondezas, era casado com uma brasileira. De toda forma, o estrago em seu estabelecimento já havia sido feito.

Na Rua do Ouvidor, um homem alto e louro que corria desesperadamente, acuado por uma multidão, foi detido por praças da polícia, que se encarregaram de evitar o linchamento. Enquanto os policiais tentavam levá-lo até um carro para tirá-lo do local e salvá-lo da ira popular, um grupo de manifestantes avançou sobre a polícia, tentando tomar o "boche" em seu poder, mas os agentes reagiram, usando sabres, o que iniciou uma grande pancadaria. Enquanto o tumulto se desenrolava, dois policiais conseguiram colocar o alemão em um carro e levá-lo são e salvo para a delegacia. Quatro manifestantes e um policial ficaram feridos na confusão, todos sem gravidade.

A Casa Hasenclever, na Avenida Rio Branco, teve o portão arrancado e por pouco não acabou incendiada. Do lado oposto da rua, outro grupo destruía a pedradas a Casa Hern Stoltz & Cia. Como a entrada era vedada por uma poderosa porta de ferro, os populares encontraram dificuldades para entrar no prédio.

As grades de ferro que protegiam as árvores das ruas foram arrancadas e jogadas ao alto. Quando caíam, despedaçadas, eram atiradas em direção às casas alemãs. Bengalas e pedaços de pau e de ferro foram usados para destruir os vidros mais baixos.

Na Rua da Alfândega, 74, o antigo sobrado onde funcionava a Pharmácia Alemã também foi atingido. As três velhas portas de madeira não seguraram o ímpeto da multidão, que invadiu a loja em fúria. Na escuridão da loja, ainda com suas luzes apagadas, ouvia-se apenas o barulho das vidraças e dos vidros de remédio sendo jogados ao chão. Depois que um dos invasores descobriu a chave de luz, a depredação foi ainda maior. Pedaços de balcão e da prateleira foram arrancados e usados nos ataques a outras casas comerciais.

Na Rua do Ouvidor, 61, a Casa Flora, que vendia folhagens e flores naturais, foi destruída sob gritos de "morra a Alemanha" e "viva o Brasil". Armações de ferro foram quebradas e arrastadas para a rua. Vasos, gaiolas, plantas e sementes foram jogados ao chão. No dia seguinte, os proprietários, Cândido Djalma Nogueira e Luiz Ayres, ambos brasileiros, foram à Redação do *Correio da Manhã* lamentar os prejuízos sofridos na depredação. O ataque teria sido motivado pelo fato de anos antes a Casa Flora ter sido fundada por um empresário alemão.

Guardado pela polícia, o *Diário Allemão*, na Rua Teófilo Ottoni, foi cercado pela multidão por volta de 19h30min, aos gritos de "morra a Alemanha!". Enfurecida, a massa superou a força policial e entrou no prédio. No andar inferior, nas oficinas, caixas de tipos gráficos, móveis, cavaletes, tudo ficou amontoado. A seguir, os populares subiram à redação do jornal, no segundo andar, continuando a depredação, até que foram retirados pelos policiais. A correspondência endereçada ao *Diário Allemão* foi levada. No terceiro andar do edifício, uma família de moradores brasileiros ouvia a tudo assustada.

Caso semelhante ocorreu no edifício onde funcionava a *Revista da Semana*. Enquanto os populares apedrejavam o primeiro andar do prédio, onde funcionava a redação do órgão germanófilo, uma família que morava no segundo andar, apavorada, surgiu nas janelas e passou a gritar por socorro. Ao perceber que estavam pondo brasileiros em risco os populares suspenderam o apedrejamento.

A Escola Alemã, na Praça Vieira Souto, também foi atacada. O cidadão de nome Isaac Cerquinho, que seguia à frente dos populares, insistiu para que o local não fosse depredado. Aconselhava que uma comissão entrasse no local e retirasse a foto do kaiser. Ao deparar com as portas fechadas e impossibilitado de entrar na instituição, o grupo não poupou os vidros do prédio, castigando-os com um chuva de pedras.

Por volta de 20h, a onda de destruição chegou à Avenida Rio Branco, aos brados de "morra a Alemanha", "abaixo o boche" e "morra! morra!". A esta altura, o grupo já reunia cerca de mil pessoas, cada uma carregando um troféu dos ataques anteriores – cadeiras, máquinas de escrever, placas de bronze, destroços de botequins, quadros, estatuetas etc.

Apesar do esforço da polícia em conter os manifestantes, onde havia placas ou símbolos germânicos a massa arrombava portas e quebrava o que via pela frente. Em meio ao toque das cornetas que anunciavam a chegada das forças policiais, populares fugiam do local onde estavam agindo para outro ponto qualquer, onde pudessem continuar a destruição.

À noite, a situação ficou ainda pior. Nem mesmo a casa de chopes Brahma, na Rua da Assembleia, foi poupada. Quem arriscava-se a pedir calma era imediatamente apupado e, em algumas vezes, chegava a ser ameaçado pelos demais.

– Paguem os justos pelos pecadores – diziam os revoltosos.

Cantando hinos patrióticos e empunhando bandeiras dos aliados, do Brasil e da Argentina, os populares quebraram o que puderam. Em um dado momento, do lado de fora, na rua, um orador tentou iniciar um discurso, sendo interrompido pelos demais participantes:

– Palavras, não! Vamos agir!

Em poucos minutos, enquanto os garçons e cozinheiros do Bar Brahma fugiam desesperados rua afora, mesas, cadeiras, pratos, copos, talheres, jarros, vidraças, espelhos e balcões foram estraçalhados pela ira popular. As casas comerciais vizinhas, como o Café Jeremias e a Confeitaria Paschol, baixaram as portas temendo serem atacadas.

Durante o quebra-quebra, os mais exaltados chegaram a propor que se pusesse fogo no local. Ao que um cidadão calvo e rechonchudo interveio:

– Nada de fogo! Nada de fogo!

Ao final, o chão estava coberto de destroços, que ainda incluíam folhagens, panos, lustres, panelas e restos de comida. Os molhos e alimentos jogados ao chão davam ao ambiente um cheiro confuso, que misturava chope e condimentos variados.

Segundo noticiou o *Correio da Manhã*, o feroz ataque ao Bar Brahma teria sido motivado pelo fato de um cliente ter erguido um "viva" à Alemanha. Detido pelos policiais e levado ao 5º Distrito, o cidadão foi salvo do linchamento e acabou identificado no dia seguinte como sendo o capitão de corveta Heitor de Azevedo Marques. Ao saber da origem militar do prisioneiro, os policiais conduziram-no ao Arsenal da Marinha. Quando tomou conhecimento do incidente envolvendo um oficial da Armada, o ministro Alexandrino de Alencar determinou que Marques fosse punido exemplarmente.

Outro bar alemão foi destruído na Rua do Lavradio, esquina com a Rua do Senado. À noite, o local costumava ser frequentado por grupos de imigrantes que depois de embriagados quebravam o silêncio da cidade entoando o hino alemão. Naquela noite, porém, o som ouvido foi o da destruição de mesas, cadeiras, copos, garrafas, pratos, balcões, portas e louças. Tudo o que havia no estabelecimento foi transformado em pedaços.

Nos edifícios 27, 29 e 31 da Rua Silva Jardim, a fábrica de papelão Oscar Rudge & Cia. teve a fachada e os vidros destruídos. Revoltados, os populares gritavam "lincha", "mata o alemão" e "queimem esta casa". A polícia, no entanto, conseguiu evitar a invasão popular.

Acompanhado de perto por praças da cavalaria da polícia, um grupo de populares seguiu em direção ao Club Germânia. Na passagem pela casa do almirante Alexandrino de Alencar, os populares irromperam em palmas ao ministro da Marinha, que apareceu a sacada para saudar a manifestação. Na chegada ao Club Germânia, no Flamengo, pedras voaram sem parar durante vários minutos em direção às vidraças e à fachada da instituição. A polícia bem que tentou intervir, mas não sem êxito. Um policial, que sofreu uma pedrada na cabeça, deixou o local carregado por colegas, com a camisa totalmente ensanguentada. A destruição só cessou depois que um popular pendurou uma bandeira brasileira no mastro onde antes tremulava o pavilhão alemão.

Após destruir o clube, a massa decidiu voltar ao centro da cidade, passando na volta pelo Palácio do Catete. No caminho, a Casa Paulo Muller & Cia. foi apedrejada pelos manifestantes, que foram impedidos pela polícia de entrar no prédio.

Aos gritos de "mata o boche", o Chopp do Fritz foi totalmente destruído pelos populares, que deixaram pratos, copos, louças e móveis espalhados pelo chão. A Casa Weislog Irmãos, que negociava artigos de papelaria, foi invadida e pilhada. Ao saírem, os manifestantes deixaram livros, papéis e envelopes jogados na frente do estabelecimento.

A casa Bellingrodt, Meyer & Comp, que negociava charutos, fósforos, louças e ferragens, foi apedrejada, assim como a Companhia AEG, especializada em artigos elétricos. A Cervejaria Brahma, na rua Visconde de Sapucaí, também foi atacada a pedradas. A polícia impediu a invasão do local.

Guardada por dois praças da guarda civil, que se viram impotentes diante da massa popular, a Casa Luis Hermany e Cia. teve a porta completamente destruída. Minutos depois, quando os manifestantes já haviam deixado o local, um funcionário tentou repreender um dos guardas que assistiram ao quebra-quebra sem tomar nenhuma atitude. Por pouco, a discussão entre ambos não terminou em briga.

A casa alemã Pão de Assucar também foi atacada. Entretanto, a presença de um grande número de policiais no local impediu que fossem registradas grandes perdas. Um estabelecimento comercial pertencente a um brasileiro, que ficava colado à Pão de Assucar, teve a tabuleta com o seu nome arrancada.

Na Rua da Alfândega, 91, a Casa A. Ribeiro foi confundida pelos populares como sendo de origem alemã e por pouco não foi atacada. O proprietário conseguiu convencê-los de que se tratava de um estabelecimento genuinamente brasileiro.

No Largo de São Francisco, a Photografia Allemã teve destruídas as vitrinas onde ficavam expostos os retratos dos clientes. A porta foi arrombada, e o prédio, apedrejado.

A sede do Deutsche Südamerikanitsche Bank, em um suntuoso prédio da Rua Primeiro de Março, foi cercada por uma multidão. A forte segurança particular, reforçada por agentes da polícia, conseguiu evitar a invasão do prédio. Entretanto, as vidraças foram completamente destruídas, e as placas de metal da fachada, arrancadas.

Durante a noite, alguns populares foram até a redação da *Gazeta de Notícias*, levando como troféus destroços das casas destruídas, como o Brazilianische Bank fur Deutschland, o Banco Alemão Transatlântico, o Banco Germânico da América do Sul, a Gasmotoren Fabrik, a Casa Arp e a Casa Belkinger & Meyer. Os objetos incluíam papéis, cadeiras, móveis, gradis, vasos, garrafas, livros e chaleiras. Até uma tampa de sofá do Bar Brahma foi parar na redação do jornal, levada pelos populares. "Queriam que fôssemos pondo esses objetos em exposição, pendurados na sacada, para que o povo ficasse sabendo que estava sendo desagravado por aquela forma", escreveu a *Gazeta de Notícias* no dia seguinte.

Em dado momento, um grupo de cinco rapazes, suados e roucos, entrou na redação do jornal carregando pedaços de uma caixa registradora e um presunto inteiro, espetado em um pau. "A nossa redação estava cheia neste momento, e um dos presentes gracejou que o melhor seria comer aquilo", narrou o diário. "Houve protestos, e o rapaz que empunhava o presunto bradou que jamais poria os seus dentes em tal cousa. Podia o diabo do presunto estar envenenado. O diabo do alemão era capaz de tudo. E, mais a mais, eles não andavam roubando para comer. Queriam era dar um ensino naquela canalha". Depois de um conflito com policiais que tentavam desfazer o tumulto nas ruas, um dos feridos também foi levado à redação da *Gazeta de Notícias*.

Na Rua da Assembleia, 79, uma tabuleta com a inscrição "Cabana Gaúcha" não impediu a revolta popular. Dentro do casarão, uma senhora de origem alemã chorava copiosamente, enquanto exclamava:

– Eu *jurra* que *mia marrido* é gaúcha. *Senhorres*, manda *emborra* a povo. Veja, *mia* casa é Cabana Gaúcha – dizia, apontando para uma parede ao fundo, onde um quadro estampava a imagem de um gaúcho montado em um cavalo.

Diante dos apelos da mulher, a multidão deixou a casa sem quebrar praticamente nada, mas saiu levando linguiças e gritando "vivas" à polícia e "morras" à Alemanha.

A casa Bromberg, Hacker & Comp., que negociava máquinas, na Rua do Hospício, 22, foi invadida. Depois de aberta a porta central, a golpes de alavancas e machadinhos, os populares subiram ao primeiro andar do edifício, arrasando o que encontravam. Enquanto isso, um grupo empenhava-se em retirar a placa que, em letras encarnadas, ocupava toda a fachada do prédio, exibindo o nome do estabelecimento. Lá embaixo, centenas de populares irromperam em aplausos quando finalmente a placa foi retirada.

Empreendimento de luxo, considerado um dos melhores do gênero no Rio, o restaurante alemão localizado na Rua da Quitanda também não passou incólume. Repleto de espelhos em suas paredes internas, o local foi destruído pela massa, que não teve dificuldades para entrar no prédio. Espelhos, armações, mesas, cadeiras e balcões ficaram em pedaços.

Na Praça Tiradentes, enquanto os populares corriam de um lado a outro, um cidadão britânico caminhava tranquilamente, fumando um charuto, assistindo às cenas produzidas pela massa. Julgando aquele tipo diferente tratar-se de um alemão, um manifestante tentou arrancar-lhe o cachimbo. Só então o excêntrico inglês percebeu que estava sendo confundido com um alemão:

– Oh, *mim ser* inglês – explicou-se, fazendo com que o brasileiro desistisse de importuná-lo.

O empresário pernambucano Flosculo de Magalhães, dono de uma fotografia na Rua do Ouvidor, 191, em cima do Café Java, viu os vidros, quadros e demais objetos do estabelecimento serem estraçalhados pela ira popular. Na Avenida Rio Branco, a placa do consultório do dentista Oskar Stelmann foi arrancada. O quebra-quebra na Capital prosseguiu até a madrugada.

Também houve revolta popular em Petrópolis, na região serrana do Rio. A Escola Evangélica, dirigida por um pastor protestante, foi um dos primeiros locais a serem depredados. Mapas, cadernos, livros, lousas, bancos, mesas e cadeiras acabaram completamente inutilizados. Após destruírem até o mastro da bandeira nacional, os populares invadiram o aposento do professor da escola, Carl Jonas, que conseguiu escapar a tempo.

O diretor da escola, H.Fischer, que mal conseguia expressar-se em português, morava havia apenas quatro meses em Petrópolis, vindo do Espírito Santo, onde residira por sete anos e meio na colônia germânica Leopoldina. "Eu estava dormindo com a minha mulher, que teve uma criança há seis semanas, e meus quatro filhos, quando bateram na porta da minha casa, que fica no sopé da montanha. Fugi, e a minha família também, e fomos para a casa do Dr. Joaquim Moreira, que se comunica com a minha pelos fundos. A minha mulher, Helena Fischer Reterberg, teve uma crise nervosa, felizmente sem consequências", relatou Fischer, com dificuldades, à *Gazeta de Notícias*.

Também acabaram destruídos as fachadas dos prédios dos armazéns Finkenauer e Lepsch, e o interior da tipografia das *Vozes de Petrópolis*. A casa comercial de Otto Loegffler teve as portas arrancadas. Já o jornal *Nachristen* ficou com a sua tipografia completamente vandalizada. "Seriam 23h30min, mais ou menos, quando um numeroso agrupamento, que eu calculo em mais de 200 homens, se aproximou da minha casa. Eu estava dormindo, então. Acordei sobressaltado com os gritos e com o arrombamento das portas. Assomei a janela do meu sobrado e dei 'vivas' ao Brasil, gritando para a multidão que naquela casa eram todos brasileiros. Atiraram-me pedras e feriram-me no braço direito. Não quiseram atender", contou à *Gazeta de Notícias* o empresário João Christiano Ferdinando Finkenauer.

Do seu estabelecimento, foram levados em um automóvel itens como feijão, arroz, milho, azeite, vinhos e fósforos. "Respeitaram-me o lar, mas invadiram-me o negócio. Foi um verdadeiro saque que fizeram", completou Finkenauer.

No Convento dos Franciscanos, passava das 23 horas, e maior parte dos religiosos já dormia. Um grupo de cerca de 200 homens atacou as janelas do prédio, arrombando as portas da tipografia e destruindo móveis e equipamentos. A área do convento foi respeitada. "Seria imprudência nossa propormos uma reação, por mais violenta que fosse. Tal cousa não nos convinha fazer. Somos 40 frades, ao todo, a maioria alemães. Há 10 frades brasileiros e dois holandeses", explicou o frei Celso, natural da Alemanha e fluente em português.

Nascido na província alemã de Baden Baden, Frederico Geiser, dono de um açougue atacado pela horda na Rua Sete de Abril, 430, afirmou ser casado com uma suíça e estar no Brasil havia mais de um quarto de século, desde 1891. Apesar disso, teve como prejuízo os cerca de 150 quilos de linguiça e uma quantia em dinheiro levados pelos populares.

Já Oscar Grunewald, proprietário de uma confeitaria, embora nascido na Alemanha mudara-se para o Brasil com apenas um ano de idade. Junto com a perda de móveis e equipamentos, também teve dinheiro subtraído dos caixas durante a invasão dos populares.

No edifício da associação Deutscher Eintracht, que funcionava havia 54 anos no local, um grupo que incluía menores com idade entre 14 e 18 anos quebrou quadros e vidros, levando vários retratos, entre eles o de Dom Pedro II. O único objeto que escapou intacto foi um piano. O prédio por pouco não foi incendiado.

Na Rua Sete de Abril, os manifestantes atacaram o Club Allemão, que acabou totalmente destruído. Do interior, os populares retiraram as imagens de ilustres figuras brasileiras como os ex-presidentes Campos Salles e Floriano Peixoto e o ex-ministro das Relações Exteriores, José Maria da Silva Paranhos Júnior, o barão do Rio Branco. O retrato do kaiser Guilherme II foi esfarrapado.

Na pensão de Max Meyer, o proprietário foi obrigado a retirar a tabuleta que ostentava na porta, escrita em norueguês. Após alcançar a janela e dar "vivas" ao Brasil empunhando a bandeira nacional, Meyer removeu a placa. A maioria dos hóspedes já dormia naquele momento. Mesmo assim, após ter a fachada e o interior do prédio destruídos, ele ainda viu os móveis do estabelecimento serem jogados em um rio.

Nascido em 1870, no Reno, o empresário alemão morava no Brasil havia mais de 20 anos, e em Petrópolis, havia 16 anos. Acuado pela horda enfurecida, Meyer, ao lado da esposa, Anna, e da gerente da pousada, Carolina Weinem, fugiu para o morro que ficava atrás do estabelecimento, aguardando que os manifestantes fossem embora para poder retornar. Mais tarde, os três – acompanhados dos hóspedes da pousada – foram abrigar-se no Hotel Bragança. "Desde o rompimento das relações diplomáticas do meu país com o Brasil, manifestei o desejo de conquistar uma patente da Guarda Nacional e naturalizar-me brasileiro. Não consegui", contou Max Meyer, ressentido, à *Gazeta de Notícias*.

Filho de alemão naturalizado, o empresário André Lepsch também teve a casa comercial destruída. De sua residência, vizinha ao armazém, ele ouviu a aproximação dos manifestantes, que inicialmente queriam arrombar o local a machadadas.

Como as portas resistiam, o grupo tentou ingressar na serralheria, contígua ao armazém. Neste momento, Lepsch aproximou-se da janela, junto com a esposa, os filhos e uma nora, afirmando ser brasileiro e dando "vivas" ao Brasil. "Mas isso de nada valeu. A serralheria foi invadida e, de lá, trouxeram uma prancha de pinho, de 14 pés, e com ela arrombaram o meu armazém. Depois, foi a devastação, o roubo, o saque", narrou Lepsch à *Gazeta de Notícias*.

Tenente da Guarda Nacional, comissário de polícia e eleitor brasileiro havia 21 anos, o empresário morava no local havia mais de duas décadas. No cofre, que também foi violado, ele guardava dinheiro e apólices de seguro, que foram levados pelos populares.

Para tentar garantir a segurança na cidade serrana, o chefe de polícia do Estado, Macedo Torres, levou a Petrópolis uma força de 40 homens – 20 praças de infantaria e 20 de cavalaria –, comandada pelo tenente Manoel Marques. O contingente permaneceu no local, sob a orientação do delegado Prelidiano Ferreira Pinto.

As declarações de guerra em 1918

23/4 – Guatemala à Alemanha
8/5 – Nicarágua à Alemanha
8/5 – Nicarágua ao Império Austro-Húngaro
23/5 – Costa Rica à Alemanha
12/6 – Haiti à Alemanha
23/6 – Honduras à Alemanha

Após o sábado de depredações, a Secretaria do Catete divulgou duas notas oficiais. Na primeira, o presidente Wenceslau Braz pedia à população que confiasse nas medidas tomadas pelo governo e cessasse os protestos violentos:

> *O governo, reiterando o apelo que fez aos presidentes e governantes de Estados, confia que a população desta capital e dos Estados respeite, nas suas justas demonstrações patrióticas, as pessoas e os bens dos estrangeiros domiciliados no país.*
>
> *O Sr. Presidente da República acaba de dirigir ao Congresso Nacional uma mensagem pedindo a decretação de medidas urgentes que nos habilitem a responder aos ataques dos submarinos alemães, salvaguardando a segurança nacional.*
>
> *Se cabe ao governo usar de maior severidade quanto aos alemães que por qualquer meio tentarem contra a segurança da República, cumpre-lhe, também, garantir os que se mantiverem em atitude respeitosa à invariável observância das leis do Brasil.*

O segundo comunicado afirmava que o governo endureceria o combate às manifestações violentas registradas no país:

> *Esteve ontem à noite, no Palácio do Catete, em conferência com o Sr. Presidente da República, o Sr. chefe de polícia, que expôs à S. Exa. os fatos desenrolados na cidade.*
>
> *O Sr. Presidente da República recomendou ao Sr. Aureliano Leal a mais decidida energia para evitar a reprodução de tais fatos.*

Em nota divulgada nos jornais, a polícia anunciou que, em razão das depredações registradas na capital federal, não permitiria a realização de novos *meetings* na cidade.

Já o ministro das Relações Exteriores, Nilo Peçanha, enviou correspondência aos governos estaduais, pedindo empenho na coibição de novas depredações de propriedades alemãs. Na mesma carta, solicitou que os Estados se empenhassem na criação de novas linhas de tiro, treinadas pelas Brigadas Policiais, como forma de oferecer uma reserva de homens ao Exército em caso de necessidade.

Na capital federal, mais de 80 pessoas foram presas durante os protestos, depredações e saques. O major Bandeira de Mello, inspetor do Corpo de Segurança, determinou que "deveriam ser postas em liberdade todas as pessoas qualificadas presas durante os distúrbios, devendo continuar encarcerados os conhecidos como desordeiros".

Após a destruição levada a cabo na região central do Rio, a capital amanheceu tranquila, sob a vigilância de patrulhas de infantaria e cavalaria, além dos praças da brigada local. Durante todo o modorrento domingo, os agentes circularam pela cidade monitorando possíveis ajuntamentos que pudessem resultar em novas depredações. Mas tudo estava calmo, em uma grande ressaca dos acontecimentos do dia anterior. Em frente às casas alemãs, soldados fumavam ou até cochilavam em pé enquanto montavam guarda.

Mas em outras regiões do país, a ira contida ainda estava no ar. Em Santos, no litoral paulista, espalhou-se um verdadeiro clima de guerra, com grupos armados com paus e pedras circulando pela cidade e gritando "vivas" ao Brasil e "morras" à Alemanha. À noite, um desses bandos atacou o Club Germânia, que, apesar da resistência policial, acabou apedrejado e incendiado.

A chegada do Corpo de Bombeiros não evitou que o fogo consumisse o prédio. Enquanto os soldados tentavam extinguir o incêndio, populares puxavam as mangueiras e impediam o acionamento das bombas d'água. O fogo espalhou-se pelo clube, e o incêndio podia ser visto de toda a cidade. Em uma hora, o prédio havia sido reduzido a escombros enegrecidos. Afetado pelo fogo, um dos mastros caiu, ferindo gravemente um dos manifestantes.

Do Club Germânia, os populares saíram em fúria pela cidade, apedrejando todas as casas comerciais que continham nomes teutônicos. A Pensão Suíssa, que servira de abrigo a marujos alemães, teve todas as vidraças estilhaçadas.

Apesar de o proprietário declarar-se brasileiro e casado com uma brasileira, a Photografia Eckmann teve as vitrines destruídas. O jornal germanófilo *A Notícia* foi invadido pelos manifestantes, que após destruírem as portas também estraçalharam máquinas e equipamentos das oficinas.

Na tentativa de encerrar as depredações, a polícia investiu contra os populares. Um manifestante, Eugênio Henrique, de 22 anos, foi morto. De nacionalidade portuguesa, o jovem trabalhava como chofer na Garagem Moderna. Outras 13 pessoas ficaram feridas na confusão.

No começo da madrugada, o policiamento foi reforçado com praças da Marinha. O tradicional silêncio noturno foi quebrado pelas sirenes das ambulâncias e das viaturas policiais.

Em Belém, depois de um grande *meeting* na Praça da República, populares saíram em cortejo pelas ruas da cidade. Em frente ao edifício onde funcionavam o consulado alemão e a Casa Berringer & Cia., os mais exaltados atiraram pedras, estilhaçando os vidros. A notícia da depredação espalhou-se pela cidade, resultando em novos focos de revolta, com agressões e invasões a residências de imigrantes teutônicos.

A calma só foi restabelecida quando a polícia entrou em ação, com grande contingente de homens e cavalos. O desembargador Santos Estanislau determinou que as casas comerciais e o Club Germânia fossem guardados pelas forças policiais.

Em Piracicaba, interior paulista, uma pequena multidão caminhou por várias ruas centrais, empunhando bandeiras dos aliados e apedrejando casas comerciais alemãs. A casa do padre Manoel Rosa, conhecido germanófilo da cidade, também foi atacada a pedradas.

A Chapelaria Wolgenruth, a Photografia Pieper e a Cervejaria Stolff foram arrombadas e tiveram seus móveis destruídos. Na cervejaria, o dono chegou a disparar tiros com a intenção de evitar a depredação, mas, em vez de intimidar os populares, o que conseguiu foi aumentar a revolta. Retirados do estabelecimento, os móveis alimentaram uma imensa fogueira na Rua 15 de Novembro.

Em Ponta Grossa, no interior do Paraná, ocorreram depredações a casas comerciais de origem alemã.

Por todo o país, também foram registradas manifestações pacíficas. Em Belo Horizonte, cerca de 6 mil pessoas participaram de um *meeting* em frente à estação de bondes. Em seguida, a multidão partiu em direção à redação do jornal *Diário de Minas*, ao som do hino nacional e da *Marselhesa*, entoados alternadamente por uma banda militar. Na sequência, os manifestantes dirigiram-se ao palácio do governo, onde saudaram o presidente do Estado, Delfim Moreira. A chuva torrencial que caiu em seguida, porém, impediu que os populares passassem ainda pelas casas dos senadores Francisco Salles e Cardoso de Brito e do deputado Alberto Álvares.

Em Niterói, a Praça Martim Afonso foi palco de um concorrido *meeting*. Apesar de a realização de manifestações ter sido proibida, à última hora a polícia acabou autorizando a realização do evento, que foi acompanhado por 25 praças de infantaria e 15 de cavalaria.

Terminados os discursos, o grupo seguiu em direção ao Palácio do Ingá, empunhando bandeiras nacionais e aliadas e cantando hinos patrióticos. Por fim, na mais completa ordem, os manifestantes ainda passaram pelas redações dos jornais locais.

Para evitar um possível ataque ao bar alemão da Travessa Carlos Gomes, policiais montaram guarda em frente ao estabelecimento. O temor devia-se ao fato de o local ser um tradicional ponto de reunião diária dos moradores de origem alemã da cidade.

Em Curitiba, a Praça Osório foi adornada desde a manhã com bandeiras aliadas. Logo cedo, a alvorada foi tocada por uma banda de clarins, ao mesmo tempo em que o pavilhão nacional era hasteado no obelisco da praça. Enquanto os escoteiros guardavam o símbolo da pátria, alunos da Escola Normal entoaram o hino à bandeira. Uma multidão tomou a Rua 15 e adjacências. Além do brasileiro, foram cantados os hinos italiano e francês. A celebração contou com a presença do presidente do Estado, Affonso Camargo.

Também houve manifestações no interior do Paraná. Em Piraquara, uma grande massa popular cantou o hino nacional, erguendo em seguida "vivas" ao Brasil e "morras" à Alemanha. O grupo partiu em direção às casas de alguns alemães, onde foram entoados gritos provocativos aos estrangeiros. Já em Rio Negro, um grupo de moças cantou o hino nacional em frente à Câmara de Vereadores, ao mesmo tempo em que brasileiros e representantes das colônias dos aliados tremulavam bandeiras de seus países.

Em Salvador, foi realizado um grande *meeting*, na Praça 15 de Novembro. A seguir, os manifestantes saíram em passeata pelas principais ruas da cidade. Para evitar que o local fosse atacado, colocando em risco os seus funcionários, o secretário de polícia, Álvaro Costa, conferenciou com o gerente do Brazilianische Bank fur Deutschland, pedindo que fechasse as portas do banco. Depois de fechado, o local permaneceu guardado por agentes policiais.

Em Aracaju, o *meeting* aconteceu na Praça Fausto Cardozo. Na sequência, precedida por uma banda militar, a multidão desfilou pacificamente pelas principais ruas da cidade, passando, no final, pela redação do jornal *Correio de Aracaju*.

Por todo o país, as manifestações começaram a arrefecer. Mas em Recife, passada a revolta que sacudiria várias cidades após o torpedeamento do Guahyba e do Acary, um boato sobre o possível afundamento do navio-escola Benjamin Constant reacendeu a ira popular. Assim, em 7 de novembro, cinco dias após a notícia do ataque aos dois navios brasileiros – a situação em todo o país já havia sido normalizada –, vários estabelecimentos foram apedrejados e incendiados na capital pernambucana.

Conforme o jornal *A Província*, a falsa notícia do ataque ao navio-escola, que partira dois dias antes do porto da cidade, teria sido espalhada pelo orador Oscar Pereira, que discursou durante um "*meeting* de desagravo à soberania nacional ultrajada", na Praça da Independência. Rapidamente, a informação semeou a indignação entre os cerca de 3 mil assistentes, que saíram pelas ruas em busca de vingança contra os boches.

Contidos a muito custo por um delegado e seis praças ao tentarem invadir o Convento de São Francisco, os manifestantes terminaram por apedrejar o prédio da instituição, conduzida por um frade alemão. Em seguida, partiram em direção à Casa Allemã, na Rua Nova, e o Cabo Allemão, na Avenida Rio Branco, ateando fogo em ambos os prédios.

A Casa Doederlein, uma das mais modernas lojas de vestuário da cidade, foi incendiada. Com quatro pavimentos, o local empregava mais de 50 funcionários e negociava vestidos, chapéus, fazendas e roupas femininas.

Os populares incendiaram também a Casa Herm Stoltz & Cia., na Avenida Marquês de Olinda. No Café Majestic, contíguo ao estabelecimento comercial, temendo que o fogo alcançasse o seu prédio, os proprietários e funcionários retiraram os móveis para o meio da rua.

Na Rua Primeiro de Março, a casa de jóias Krause & Cia. também foi atacada. Barrados por um piquete de oito praças policiais, os populares contentaram-se em atear fogo na vitrine da loja.

Usando álcool e gasolina, os manifestantes incendiaram o depósito da Gasmotoren Fabrik. Depois, partiram em direção ao Estabelecimento Graphico, empresa alemã situada na Rua do Bom Jesus, 179. Após apedrejar o local, o grupo arrombou as portas, destruiu máquinas e incendiou o estoque da empresa.

Na Rua do Bom Jesus, os manifestantes apedrejaram a empresa Borstelmann & Cia., situada no primeiro andar do prédio. O local só não foi incendiado porque no térreo funcionava um empreendimento de origem aliada.

Em alguns momentos, com número insuficiente de agentes para conter a multidão, os policiais chegaram a atirar contra a massa. No total, 32 pessoas ficaram feridas no tumulto, que se estendeu por horas, período no qual os populares realizaram vários ataques aos mesmos estabelecimentos alemães.

Temendo tornarem-se alvo de depredações, comerciantes brasileiros e de outras nacionalidades apressaram-se em medidas para evitar que tivessem seus estabelecimentos confundidos com alemães. No Rio, o Restaurante Pollen, pertencente a brasileiros, dependurou no teto a bandeira do Brasil e conseguiu escapar da ira popular.

Dono da Casa Sympahtia, um varejo de cigarros e charutos, o marroquino David Hassan, naturalizado brasileiro em 1898, visitou as redações de alguns jornais, mostrando documentos que comprovavam a sua naturalidade.

Em carta enviada à *Gazeta de Notícias*, a austríaca Martha Niederberger, dona do Hotel Central, localizado na Praia do Flamengo, 2, afirmava que na data da declaração de guerra mantinha como clientes meia dúzia de cidadãos germânicos, "aos quais pedi que se mudassem, dando-lhes prazo que julguei justo, não mais aceitando hóspedes alemães daquela data por diante".

O proprietário da Casa Heim, J. Arthur Wraubek, enviou aos jornais uma carta, pedindo que fosse divulgada na íntegra:

> *Diante dos justos protestos de indignação da população desta capital contra o bárbaro procedimento dos alemães, peço-vos declareis pelo vosso conceituado jornal que o meu estabelecimento, sito à Rua da Assembleia, números 115 a 119, foi fundado em 1848, na mesma rua, no antigo número 37, por François Henri Heim e H. Paul, ambos franceses, tendo sido naquela época dirigido por Madame Sidonie Brignardelle Canard, minha sogra.*
>
> *Sendo eu sucessor dos mesmos há 20 anos, conservei sempre a mesma denominação de "Casa Heim – Charcuterie Française-Restaurant à la carte". Como sou rumaico e residente no Brasil desde 1891, oficial de reserva do Exército de meu país, conforme documentos reconhecidos e registrados nos consulados dos países aliados, para evitar dúvidas que digam respeito a mim ou ao meu estabelecimento, peço-vos a publicação desta carta.*

Com medo de represálias, algumas empresas de nome alemão adotaram outra estratégia: tentaram angariar a simpatia dos brasileiros. No Rio, a Segmüller & Irmãos ofereceu suas oficinas ao Ministério da Guerra.

Houve também quem mesmo sendo alemão se fizesse passar por cidadão de países aliados para se manter incólume. Foi o caso da Auto-Piano, loja de instrumentos e quinquilharias situada na Rua São José, esquina com o Largo da Carioca, no Rio. Segundo a *Gazeta de Notícias*, o proprietário, Stephen Schaeffer, "sempre teve a mania de se passar por americano do norte e agora, então, com a ameaça permanente que vivem os 'boches' no Brasil, ele redobra de esforços para esconder a sua origem".

Nos dias posteriores às depredações, Schaeffer decorou suas fachadas e vitrines com as bandeiras dos Estados Unidos e do Brasil. "Quem ontem passou por lá teve ocasião de verificar semelhante engodo", denunciou o jornal. "Ora, estamos na convicção de que o Schaeffer anda errado e conosco pensa o Sr. cônsul americano, que, sabedor do ocorrido, vai apelar para a polícia no sentido de serem retiradas de lá as bandeiras de sua pátria. As nossas autoridades precisam agir, por sua vez, com respeito ao uso que o 'boche' está fazendo das bandeiras e avisá-lo de que, se não se sente seguro, mude-se, mas não explore mais a sombra do nosso pavilhão. O Stephen Schaeffer é definitivamente um 'boche' desabusado".

Em 6 de novembro, 10 dias após a declaração de guerra e três após os torpedeamentos de Guahyba e Acary, o governo decretou estado de sítio. Na reunião das Comissões de Tratados e Diplomacia e de Constituição de Justiça, o deputado mineiro Afrânio de

Melo Franco defendeu que a eficácia das medidas propostas pelo governo no grave momento vivido pela nação dependia da medida de exceção.

Em meio às notícias de protestos por todo o Brasil, uma informação vinda da Inglaterra chamava a atenção nas páginas dos jornais. José do Patrocínio Filho, auxiliar do consulado brasileiro em Amsterdã, foi preso em Londres por suspeita de espionagem. A Justiça inglesa não tinha dúvidas de que o jornalista envolvera-se em ações deste tipo. Preso na Torre de Londres, ele aguardava a decisão dos juízes em relação ao caso.

Além de ter passado por veículos como *Gazeta da Tarde*, *Correio da Noite* e *Cidade do Rio* e de ter sido correspondente de *A Imprensa* em Portugal e na Espanha, Patrocínio Filho ainda chamava a atenção por carregar o nome do pai, José do Patrocínio, figura proeminente da política nacional, atuante nos movimentos abolicionista e republicano, falecido em 1905.

Segundo os britânicos, quando da invasão da Bélgica pelos alemães o jornalista teria recebido os boches com "vivas" e champanhe. Em passagem pelo Brasil antes de ser detido, Patrocínio Filho negou a acusação, em entrevista ao *Jornal do Commercio*.

Mas, quando retornou à Europa, o brasileiro teve os passos monitorados pela inteligência inglesa e, assim que pôs os pés em Londres, acabou detido. Submetido a interrogatório, segundo informaram os britânicos, o jornalista teria caído em contradição por várias vezes. Questionado sobre supostas provas encontradas em seu poder – tintas secretas, passaportes falsos com nomes trocados e grande quantia em dinheiro –, ele não teria conseguido explicar-se convincentemente.

Acuado, o brasileiro finalmente admitiu ter ido a Londres em trabalho de espionagem em favor dos alemães, mas se disse disposto a realizar tarefas de contra-espionagem em favor dos britânicos, uma vez que o Brasil, quando de sua prisão, estava em guerra com a Alemanha. Graças à intervenção da legação brasileira, ele não foi fuzilado. Inicialmente, falava-se em uma condenação a 20 anos de trabalhos forçados. No fim, a pena de morte acabou comutada em pena de prisão até o final da guerra. Assim, Patrocínio Filho passou 403 dias detido na Inglaterra. Na volta ao Brasil, acabou recebido como herói injustiçado.

Outra notícia, vinda de ainda mais longe, anunciava o nascimento de um novo regime na Rússia. Em fevereiro, o país havia passado por uma revolução, que culminara com a queda do czar Nicolau II, e agora enfrentava uma nova onda revolucionária. Desta vez, em 7 de novembro, quando os torpedeamentos do Guahyba e Acary ainda ecoavam Brasil afora, forças bolcheviques invadiram o Palácio de Inverno, sede do governo provisório assumido em fevereiro por Alexander Kerenski, tornando Vladimir Lenin o líder do primeiro governo dos operários camponeses. A Revolução de Outubro – pelo calendário juliano, adotado na época na Rússia –, também chamada de Revolução Bolchevique, resultou posteriormente na criação da União das Repúblicas Socialistas Soviéticas (URSS), ou simplesmente União Soviética, organização política que seria mantida até 1991.

Do ponto de vista da Grande Guerra, se a entrada dos Estados Unidos desenhou-se como fator de desequilíbrio em favor dos aliados, a saída da Rússia do conflito, por meio do Tratado de Brest-Litovski, assinado em março de 1918, deu novas esperanças de vitória aos Impérios Centrais. Com a paz no leste, a partir daquele momento os alemães e austro-húngaros poderiam voltar-se a um único front: o oeste.

Só em 1917, ano em que o Brasil entrou na guerra devido aos torpedeamentos de navios a caminho da França e da Grã-Bretanha, as perdas britânicas nos mares em razão dos ataques de submarinos chegaram a 847 mil toneladas. Com isso, o país foi obrigado a iniciar um sistema de racionamento de alimentos.

CAPÍTULO 10
Os brasileiros na guerra

COKE

Superior para fundição. Stock limitado a Rs. 2400 a tonelada.

ÕES A KEROZENE "BRINDILLA"

Ultima Novidade

Não produzem cheiro nem fumaça

ECONOMICO
Asseio perfeito

Não necessitam de installação

Com ou sem forno e prateleiras.

Com dois ou trez bicos

Para mais informações com as seguintes casas em S.Paulo e interior do Estado:

Rua da Boa Vista, 36-A
Rua Alvares Penteado, 3
Avenida R. Pestana, 245
Rua V. do Rio Branco, 18

ENXAQUECAS

Gazes, Indigestões, Calor na cabeça

GRATIS AOS SOFFREDORES DE TOSSE, CONSTIPAÇÕES E SEUS EFFEITOS RESULTANTES.

"Sorel" fará de V.S. outra vez um jovem vigoroso."

DEPOSITARIOS: Granado & Cia., Drogaria Pacheco, R. Hess & Cia., Araujo Freitas & Cia., Silva Gomes & Cia., V. Ruffier & Cia., Drogaria André, Rodrigues & Rangel, Freire Guimarães & Cia., Granado & Cia. — Rio de Janeiro.

formosa!

Um vidro de "Danderine" põe o cabello firme, denso e bonito

Cura a caspa, acaba c'a comichão e evita a queda do cabello

INCENDIO DA DELEGACIA FISCAL

RECRUITS WANTED

Apply
91ST. HIGHLANDERS
ORDERLY ROOM
Armouries, Hamilton

DAY BEGINS AT ONCE

SERRALHEIROS

GARANTIA DA AMAZONIA

A pós o ataque aos vapores Guahyba e Acary, o Brasil ainda enfrentaria outras duas perdas na Grande Guerra. A primeira delas ocorreu às 9 horas da manhã de 2 de janeiro de 1918, exatos dois meses depois do duplo torpedeamento levado a cabo pelo U-151, na ilha de São Vicente, em Cabo Verde. O navio Taquary, que navegava do porto francês de Havre para o britânico de Cardiff, foi atacado a tiros de canhão por um submarino germânico.

No episódio, morreram oito marinheiros, dentre eles sete brasileiros: o segundo maquinista João Dias da Silva, os carvoeiros Quirino Coutinho e Silva, Francisco Luiz Nascimento e José Alberto dos Santos, o foguista João Zunguinha e os taifeiros Antonio José Ferreira e Floro Oliveira Guimarães. O oitavo tripulante morto foi o mestre José Fernandes Pereira Junior, natural de Portugal.

Desde o começo, as informações sobre como teriam ocorrido as mortes foram desencontradas. Inicialmente, davam conta de que os marujos teriam morrido afogados ao tentar embarcar nas baleeiras durante o bombardeio do submarino. O livro *História Naval Brasileira – Volume V – Tomo 1B,* publicado pelo Serviço de Documentação da Marinha, no entanto, afirma que o Taquary, "atingido por tiros de canhão, teve tempo de arriar as baleeiras, as quais, metralhadas, chegaram em terra com oito mortos".

O cozinheiro Joaquim Aquino ficou ferido com gravidade no incidente, mas recuperou-se bem nos dias seguintes. Os demais marinheiros escaparam ilesos.

A embarcação, que partira do porto do Rio em 26 de outubro em direção a Santos, de onde seguira para a Europa, estava segurada em 90 mil libras. A carga incluía 34.500 sacas de café, além de 121 pequenos barris e 11 pipas de sebo.

Construído em Glasgow, na Escócia, em 1912, o navio da Companhia de Comércio e Navegação tinha 84 metros de comprimento por 13 de largura, com 1.942 toneladas de peso bruto. Apesar do bombardeio, ocorrido nas proximidades de Newquay, os marinheiros que permaneceram a bordo conseguiram levar o navio, mesmo avariado, até um porto inglês.

Para evitar novas depredações, o governo brasileiro voltou a proibir a realização de *meetings* no país. No Rio, onde um burburinho começara a formar-se logo após a divulgação da notícia, a polícia chegou a espalhar cartazes avisando da proibição.

Em 3 de agosto de 1918, pouco mais de dois meses antes do fim da guerra, foi a vez de o vapor Maceió (ex-alemão Sant'Anna), fretado à França, ser atacado por um submarino germânico. O torpedeamento aconteceu por volta de 1 hora da manhã, quando o navio navegava ao norte da Espanha. Quase todos a bordo dormiam em seus camarotes, o que dificultou o trabalho de salvamento.

Quatro dos 66 homens a bordo morreram – três franceses e um brasileiro. Após o ataque, alguns náufragos foram recolhidos em alto mar e levados à costa espanhola. Outros foram salvos e transportados para o porto de Brest, na França.

Imediato do Macau, atacado pelo U-93 em outubro, Antônio Xavier Mercante estava a bordo do Maceió, desta vez na condição de comandante, quando tornou-se novamente vítima da marinha de guerra alemã. Internado em um hospital de Brest, de onde o navio partira, o primeiro piloto Antonio Sampaio ficou em terra e escapou do susto pelo qual passaram os demais oficiais.

Além dos quatro mortos no torpedeamento, o incidente deixou outra vítima. Ao tomar conhecimento da notícia, o tenente José Luiz Leal, pai do comissário do Maceió Edgar Leal, sofreu um mal súbito e acabou falecendo, na Estação da Piedade, na Baixada Fluminense.

Novamente, a polícia da capital federal antecipou-se aos rumores de que populares se preparavam para realizar protestos e depredações. Nos principais pontos da cidade atingidos pelas manifestações anteriores, praças de infantaria e cavalaria montaram guarda em frente aos estabelecimentos comerciais e industriais de origem germânica.

Como já havia acontecido com os náufragos de outros navios brasileiros afundados na costa europeia, os sobreviventes do Maceió reclamaram do tratamento recebido no porto onde desembarcaram. Em Brest, na França, diziam-se "espezinhados pelas autoridades", que não lhe dispensaram "a mínima consideração".

Entre outras coisas, queixavam-se da comida. Pela manhã, recebiam uma xícara de café – e um pão da mesma cor – sem açúcar. Entre meio-dia e 13 horas, serviam-lhes batata com azeite e duas sardinhas para cada um. À tarde, a refeição incluía uma "sopa malfeita" e uma fatia de carne ensopada. Por fim, à noite ganhavam um pão igual ao servido pela manhã com uma – apenas uma – xícara de chá.

Os brasileiros diziam ter reclamado ao representante do governo brasileiro na França, que não teria lhes dado a menor atenção.

Uma semana depois do torpedeamento do Maceió, às 8 horas da manhã do dia 10 de agosto de 1918, o capitão Francisco Rodrigues do Nascimento conduzia o vapor Uberaba (ex-alemão Henry Woermann) de Nova York em direção ao Rio de Janeiro. A 150 milhas marítimas do porto americano da Virginia, o navio foi atacado com 32 tiros de canhão por um submarino germânico.

Para aproximar-se do navio, então a serviço do Lloyd Brasileiro, o submarino utilizou-se de uma criativa estratagema adotada à época pelos submersíveis teutônicos. Com torres infláveis que simulavam chaminés de navios, o U-boot foi identificado visualmente, à distância, como um vapor tradicional. Pensando tratar-se de um navio americano, assim que ouviu o primeiro tiro, Nascimento, que acreditava tratar-se de um sinal de advertência, mandou parar as máquinas.

Em segundos, enquanto os marujos do submarino desarmavam e dobravam a "chaminé" inflável, os artilheiros do U-boot deram início a uma intensa carga de disparos. Só então Nascimento percebeu a armadilha em que acabara de cair. Imediatamente, enviou um SOS em todas as direções e ficou à espera de socorro.

Navios brasileiros atacados na Primeira Guerra

Data	U-boot	Comandante	Nome	Tone-lagem	Situação quando do ataque do U-boot
01/05/1916	UB–27	Victor Dieckmann	Rio Branco*	2.258	Propriedade norueguesa
04/04/1917	UB–32	Max Viebeg	Paraná	4.461	Companhia de Comércio e Navegação
20/05/1917	UC–36	Gustav Buch	Tijuca	2.304	Companhia de Comércio e Navegação
22/05/1917	U-47	Heinrich Metzger	Lapa	1.366	Lloyd Nacional
18/10/1917	U-93	Helmut Gerlach	Macau	3.557	Ex-alemão, operado pelo Lloyd Brasileiro
02/11/1917	U-151	Waldemar Kophamel	Acary	4.275	Lloyd Brasileiro
02/11/1917	U-151	Waldemar Kophamel	Guahyba	1.891	Companhia de Comércio e Navegação
02/01/1918	–	–	Taquary**	1.942	Companhia de Comércio e Navegação
03/08/1918	U-43	Johannes Kirchner	Maceió	3.739	Ex-alemão, fretado à França
10/08/1918	–	–	Uberaba**	3.621	Ex-alemão, a serviço do Lloyd Brasileiro
				29.414	

Não era brasileiro, mas navegava sob a bandeira do país
**Atacado a tiros de canhão, por submarino não identificado, não afundou*

Incrivelmente, nenhum dos projéteis foi capaz de causar danos significativos à embarcação. Enquanto os agressores miravam na popa e nas instalações telegráficas do navio, as bombas caíam a dois ou três metros do convés, e apenas estilhaços alcançavam o tombadilho. Durante o bombardeio, o capitão Nascimento conseguiu contato com a guarda costeira americana, que enviou em seu auxílio o destróier L-83.

Com 3.621 toneladas brutas, o Uberaba levava 142 pessoas a bordo, incluindo muitos idosos, mulheres e crianças. Como precaução, todos chegaram a vestir coletes salva-vidas, colocando-se de prontidão para assumir lugares nas baleeiras em caso de o navio ser afundado.

Depois de uma perseguição por 25 milhas, durante cerca de duas horas, o submarino desapareceu nas águas ao avistar a chegada do destróier americano. Apesar do susto, ninguém a bordo do Uberaba ficou ferido.

Após a declaração de guerra, algumas razões determinaram o não envio de tropas brasileiras ao front europeu. Entre as principais estavam a maciça presença alemã no sul do país e a ameaça vinda da vizinha argentina, que, se acreditava, poderia aliar-se à Alemanha. Para o escritor e diplomata Graça Aranha, que publicava artigos de apoio aos aliados no americano *New York Herald* e no francês *Temps*, a guerra seria o momento adequado para se extirpar o "perigo alemão" no sul. "É uma questão de vida ou morte para nós afastar esse perigo, extirpar esse espinho, e nenhuma ocasião seria tão favorável como a guerra do mundo contra a Alemanha e no maravilhoso instante deste despertar do Brasil".

O ministro Pandiá Calógeras também alertava para as ideias de pan-germanismo propaladas havia muito tempo pelos alemães, que poderiam significar a ocupação de territórios de Brasil, Uruguai, Argentina, Chile, Bolívia, Paraguai e Peru. "Hoje em dia (*a Alemanha*) não esconde mais, o pangermanismo dominante, ser este seu intuito. Na efetivação deste programa, acha-se incluída a América meridional, do Paraná para o sul, abrangendo a Argentina, o Chile e, talvez, parte do Peru Austral".

Enquanto nos Estados Unidos, a partir de dados da National Geographical Society, acreditava-se que o Brasil pudesse enviar cerca de 500 mil homens ao front europeu, o ministro brasileiro em Londres, Fontoura Xavier, alimentava tal expectativa entre o aliados, repetindo a cifra levantada pelos americanos como uma contribuição militar viável por parte do Brasil. Mas a verdade era que o país contava com um exército sucateado por anos de achatamento salarial e redução de quadros – além do sistema de promoções baseado muito mais em questões políticas do que em competências técnicas ou de liderança – e calcado na tradicional concepção de paz em suas relações externas.

Quando da declaração de guerra, o Exército brasileiro dispunha de cerca de 15 mil homens, patamar estabelecido ainda no governo Campos Sales (1898-1902). Isso significava que, se realmente decidisse mandar 500 mil homens para lutar na Europa, o país teria de ampliar o contingente de seu exército em mais de 32 vezes – considerando apenas o número total a ser treinado, equipado e enviado ao front europeu, sem contar o incremento que seria necessário ao patrulhamento interno e das fronteiras, especialmente no sul do país.

Mesmo assim, soldados brasileiros conseguiram marcar presença no front. Alguns lutaram por iniciativa pessoal, como Alberto Payau, filho de uma francesa, que se alistou no 141º Regimento de Infantaria da França e participou da batalha de Verdun.

Mas apenas um brasileiro pegou em armas em missão oficial, o então segundo tenente José Pessoa Cavalcanti de Albuquerque.

Enviado pelo Exército para a França para estudar a mecanização militar na Escola de Carros de Combate de Versalhes, ele partiu em 9 de janeiro de 1918 do Rio para Londres, de onde seguiu, em 15 de fevereiro, para Paris. Um mês depois, foi nomeado para a comissão de cavalaria do exército da França. Após apresentar-se ao chefe do Estado Maior francês, seguiu para Verdun, onde iniciou a preparação para o combate. Em um mês, passou por fortes e observatórios, realizando estudos sobre terreno, fotografia e cartografia militar.

De maio a julho, José Pessoa fez estágio na escola militar de Saint-Cyr. Em agosto, foi finalmente colocado à disposição do 2º Corpo de Cavalaria do exército francês. Seguiu para o front em 3 de setembro, para comandar um pelotão do 1º esquadrão do 4º Regimento de Dragões.

Após o armistício, foi condecorado com a cruz de guerra do exército francês. Antes de retornar ao país, ainda estagiou por três meses na fábrica da Renault, em 1919. Posteriormente, recebeu do rei da Inglaterra o grau de oficial honorário da Ordem do Império Britânico. Também foi condecorado pelo governo belga.

No Brasil, **JOSÉ PESSOA**[9] publicou o tratado *Os Tanks na Guerra Europeia*, que abordava o papel dos veículos blindados durante o conflito. Habilitado por sua experiência junto ao exército francês, participou da organização da primeira unidade de carros de combate do Exército Brasileiro, a chamada Companhia de Carros de Assalto, que comandaria até 1923, ano em que foi promovido a major.

O maior esforço militar levado a cabo pelo Brasil foi o envio da Divisão Naval de Operações de Guerra (DNOG), que seria responsável pelo patrulhamento de uma área entre a costa africana e o Mar Mediterrâneo. Composta por apenas seis navios de combate e dois auxiliares, a esquadra nacional enfrentou problemas técnicos em algumas embarcações a caminho da África.

Faziam parte da DNOG os cruzadores leves Bahia e Rio Grande do Sul e os contratorpedeiros Piauí, Rio Grande do Norte, Paraíba e Santa Catarina. Os auxiliares eram o Belmonte (ex--alemão Valesia) e o Laurindo Pitta, que viajavam carregados de carvão para servir de combustível a toda a frota.

As maiores dificuldades técnicas foram causadas pela obsolescência da frota brasileira, que, apesar de relativamente nova, com cerca de 10 anos de uso, não incorporava o que havia de mais moderno em termos tecnológicos à época, o que a colocava em desvantagem na eventualidade de combates em alto mar. Entre os avanços que não atingiram a frota brasileira estavam o uso de óleo nas caldeiras, o aperfeiçoamento das direções de tiro e os equipamentos e armas anti-submarinos.

Em 31 de julho de 1918, a esquadra partiu de Fernando de Noronha em direção a Dakar, tendo à frente o cruzador Rio Grande do Sul. Na chegada a Freetown, os navios uniram-se à Força Naval inglesa, comandada pelo almirante Sheppard. Entretanto, a passagem pelo porto, em Serra Leoa, acabou estendendo-se por 14 dias para que os barcos brasileiros pudessem ser reabastecidos e, alguns, consertados.

Por volta de 20h15min de 25 de agosto, vigias dos navios Rio Grande do Sul, Bahia e Laurindo Pitta avistaram um submarino. Os dois primeiros abriram fogo contra o submersível, que antes de sumir nas águas conseguiu lançar um torpedo contra o Belmonte. Por sorte, o disparo passou a 20 metros da popa da embarcação. Enquanto o submarino desaparecia, o Rio Grande do Norte lançou bombas de profundidade e disparou tiros de canhão de 101 e 46 milímetros. Dias depois, um comunicado do Almirantado britânico confirmou que o submersível alemão havia sido atingido e estava desaparecido. A DNOG tivera um êxito a celebrar.

Em 26 de agosto, a divisão aportou em Dakar. Os cruzadores apresentavam deficiências nas turbinas de propulsão e precisaram sofrer novos reparos. A ideia do comando seria que a passagem pelo local durasse apenas os dias necessários à manutenção das embarcações e os reparos nos condensadores do Rio Grande do Sul.

Entretanto, um inimigo invisível atacaria os marinheiros: uma epidemia de gripe espanhola, que atingia a Europa e já começara a se espalhar por outros continentes – teria chegado a Dakar por meio do cargueiro inglês Mantua, que pelo menos uma vez por dia seguia até alto mar para desovar os corpos das vítimas da doença.

Em 6 de setembro, a gripe espanhola fez as primeiras vítimas entre os brasileiros. No total, 70 marinheiros do Bahia caíram doentes. No dia seguinte, o contingente afetado chegaria a 200 no mesmo navio. O drama seria descrito posteriormente pelo capitão-tenente Orlando Marcondes Machado, imediato do Rio Grande do Sul, em artigo publicado no *Boletim do Clube Naval número 12,* de março de1921:

> *Os doentes caíam ardendo em febre, cobertos de suor emplastrado com moinho de carvão, sem ter nem sequer quem os auxiliasse a tomar banho e a mudar de roupa, pois os poucos válidos que lhes poderiam assistir nisso diminuíam de hora em hora, de minuto a minuto. (...)*
>
> *No Rio Grande do Sul, a epidemia só começou a se acentuar no dia 7, dia em que caíram cerca de 30 gripados, número que se elevou para 160 no dia seguinte. (...)*

O que se passou a bordo dos navios não se descreve, principalmente para não se adquirir a pecha de exagerado. Há coisas que não podem ser evidentemente apreendidas senão quando sentidas: a nossa situação, em semelhantes circunstâncias, nunca poderia ser bem compreendida senão pelos que a sentiram. (...)

Navios com cerca de 95% do seu efetivo em completo estado de prostração; em atonia de quem já desesperava da vida, pois era esse um dos característicos da moléstia, foi coisa para mim nunca arrolada no rol das coisas possíveis. E não vai aí exagero algum: aproximadamente de 10 a 20 de setembro, foi essa a situação do Rio Grande do Sul. E todos os navios da Divisão passaram por fase idêntica mais ou menos nos mesmos dias. (...)

Emudeceram-se os tambores e as cornetas. Paralisou-se a movimentação de tudo a bordo: parou a ventilação; apagou-se a luz; cessou o serviço sanitário; acabou-se a água destilada; apagou-se o fogo das próprias cozinhas; imobilizaram-se as embarcações miúdas – mal conseguíamos guarnecer a lancha a vapor por algumas horas.

A enfermaria, as cobertas, a tolda, o castelo, o tombadilho, os alojamentos, a praça d'armas, todos os compartimentos onde havia ar, a câmara do Almirante inclusive, encheram-se de doentes: os navios estavam com efetivo de guerra de cerca de um terço mais do que comportavam as suas acomodações. (...)

Foi então um gemer, um delírio, um pedir de água, um esperar por socorro, verdadeiramente consternador.

O risco, porém, não desaparecera de todo, reaparecia de quando em vez; mas sempre estampado sinistramente no rosto daqueles que, pela ardência de febre, haviam sido despojados da razão. (...)

Nenhum auxílio nos foi possível obter de terra. Os cuidados necessários ao tratamento de 300 doentes ficaram alguns dias a cargo de 10 ou 12 pessoas. (...)

Era carga demasiadamente grande, e aconteceu por isso o que prevíamos logo nos primeiros dias – começou a morrer gente à míngua. (...)

Cerca de dois ou três dias depois de declarada a moléstia, vinha a tosse, vinha a expectoração sanguínea, vinha a congestão pulmonar; foi durante dias e noites o flagelo de um tossir convulsivo de mais de 300 doentes a sacudir o navio de proa a popa. (...)

À guisa de cuspideiras, foram distribuídas latas de leite condensado vazias e canecos, um para cada doente. (...)

Um doente, ardendo em febre, em completo delírio, mitigava a sede sorvendo a própria expectoração. No dia seguinte morria esse pobre homem, que era o mesmo que não podia tossir porque, quando tentava tossir, soluçava. (...)

Os primeiros mortos foram enterrados em caixões; os outros, apenas atados em pedaços de tábuas. Alguns tiveram suas pálpebras cerradas; a outros não houve quem prestasse essa derradeira piedade – não houve tempo para a prodigalizar.

Dias houve em que mal pudemos transportar os nossos mortos até o portaló, para aí serem entregues a uma lancha francesa que fazia a tournée fúnebre por todos os navios, e que chegava por isso sempre com vários cadáveres.

A bordo dos navios da DNOG, um total de 156 marinheiros pereceu diante da gripe espanhola. Em todo mundo, a doença mataria cerca de 20 milhões de pessoas, vitimando mais gente do que a própria guerra. Nos últimos meses do governo de Wenceslau Braz, a epidemia atingiria o Brasil, matando cerca de 15 mil pessoas.

Antes de partir para a Europa, a divisão teve de esperar a chegada dos marinheiros que substituiriam os mortos pela gripe espanhola. Neste ínterim, em 1º de novembro os contratorpedeiros Piauí e Paraíba foram destacados para caçar um possível submarino avistado por três hidroaviões. O submersível, no entanto, não foi encontrado.

Em 3 de novembro, a DNOG finalmente partiu em direção a Gibraltar, onde deveria encontrar-se com o navio inglês Britania, que assumiria como capitânia da esquadra, no dia 9. Devido a problemas não solucionados a tempo, o Rio Grande do Sul acabou permanecendo no porto de Dakar, não acompanhando a esquadra até a Europa. Assim, o Bahia tornou-se o capitânia da frota nacional.

Provavelmente graças à interceptação de mensagens de rádio francesas, submarinos alemães concentraram-se na região de Gibraltar à espera da divisão naval brasileira. Em função do atraso dos brasileiros, o inglês Britania, solitário, acabou sendo torpedeado no dia 9. A DNOG chegou ao Mediterrâneo em 10 de novembro, um dia antes do armistício, quando os marujos assistiram ao sepultamento das vítimas do navio britânico.

Como se não bastasse a aparição tardia no teatro de operações, a missão da Marinha nacional ainda teria sua história contada com desdém ao longo de décadas, em razão de um suposto engano por parte de seus militares, inexperientes em batalhas marítimas, que teriam confundido com um submarino e dizimado um cardume de toninhas – espécie de golfinho, mas de menor porte. Embora hoje faça parte do anedotário militar nacional, o episódio, conhecido como a Batalha das Toninhas, ao que parece pode ter-se sedimentado ao longo dos anos após ter surgido de um causo narrado à época da guerra.

Uma das possíveis origens desta passagem seria o avistamento, pelo contratorpedeiro Rio Grande do Norte, de um objeto suspeito, logo no terceiro dia de navegação rumo à Europa. O objeto, acreditava-se, poderia ser o submarino que estava na rota da DNOG, segundo informara o Almirantado inglês. O episódio teria ocorrido entre as 18 e as 22 horas do dia 3 de agosto. O livro de quartos do Rio Grande do Norte registrou o fato desta forma:

No quarto das 6 às 10 horas da noite de 3 de agosto foi avistado a BE (boreste) um objeto flutuante, com oscilações, que poderia tratar-se de um submarino, desaparecendo pouco depois das 19h17min, tendo sido feito o sinal de submarino pressentido e tomadas as providências adequadas, entrando novamente em linha às 19h31min. (Ernesto de Araújo, primeiro-tenente)

Antes de retornar ao Brasil, a DNOG foi convidada a participar das festividades promovidas pelos países vitoriosos na guerra. Assim, o almirante, os comandantes dos navios e diversos oficiais foram recebidos pelo rei Jorge V. Depois, ainda passariam por Cherburgo, Lisboa, Gibraltar e Spezia antes de retornarem ao Brasil em 23 de maio de 1919, quando a esquadra aportou no Recife.

Em 27 de novembro de 1917, o rei britânico Jorge V recebeu o embaixador Fontoura Xavier, enviado ao Palácio de Buckingham com uma mensagem do presidente Wenceslau Braz. Polidamente, a majestade acolheu com prazer a união dos brasileiros ao front aliado, sugerindo que pilotos do país pudessem ser treinados para combater ao lado dos ingleses, assim como fariam os norte-americanos.

Após tomar conhecimento da comunicação de Fontoura Xavier, o governo divulgou à imprensa o "convite" recebido por parte do rei, que apesar da pompa real em nada influenciava nas questões militares britânicas. Ao tomar conhecimento da oferta de Jorge V, o Foreign Office pediu ao ministro inglês no Rio de Janeiro que informasse o governo brasileiro sobre a impossibilidade de a Inglaterra receber aviadores do Brasil, em razão do excesso de pessoal, da falta de acomodações e da carência de aeronaves.

O comunicado deixou o ministro Nilo Peçanha em situação delicada. Em poucos dias, vários voluntários brasileiros já haviam se apresentado, alguns até com passagens compradas para a Inglaterra. Depois de dois meses de discussões e da pressão brasileira sobre os ingleses, alegando o mal-estar que poderia ser gerado entre a população do país, o Foreign Office finalmente anunciou, em 12 de janeiro de 1918, que aceitava receber 10 pilotos para treinamento na Real Air Force (RAF) – as aviações da Marinha (Royal Navy Air Service) e do Exército (Royal Flying Corps) fundiram-se em abril de 1918, dando origem à RAF.

Para a Inglaterra, seguiram apenas os pilotos solteiros. Os casados foram enviados para treinamento nos Estados Unidos.

Por fim, para não ter de dispensar nenhum dos voluntários, o governo brasileiro acabou enviando à Inglaterra 13 pilotos, 12 deles da Marinha e um do Exército. Já para os Estados Unidos, foram mandados dois suboficiais e dois oficiais. Para o público interno, ao contrário do que afirmavam os ingleses, o governo garantia que os aeronautas brasileiros iriam para lutar, não apenas para treinar.

Durante os treinamentos, o tenente Eugênio Possolo, que ocultara o estado civil (casado) para poder viajar à Europa, morreu em um acidente. Além dele, a missão brasileira ainda perderia outros quatro aviadores – três deles, cortados, e um, acidentado. O tenente Olavo Araújo ficou gravemente ferido, mas depois de voltar ao Brasil seguiu carreira na Marinha atingindo o posto de almirante. Após uma fase de treinamentos considerada satisfatória, os outros oito brasileiros tomaram parte do 16º Grupo da RAF, com sede em Plymouth. Nos últimos dias da guerra, ao lado de oficiais ingleses, eles chegaram a executar missões sobre o Canal da Mancha.

Já os brasileiros enviados aos Estados Unidos atuaram em unidades de patrulha anti-submarina.

Pilotos enviados à Europa

Manoel Augusto Pereira de Vasconcellos	Capitão-tenente (Marinha)
Virgínius Brito de Lamare	Primeiro-tenente (Marinha)
Heitor Varady	Primeiro-tenente (Marinha)
Fabio Sá Earp	Primeiro-tenente (Marinha)
Belisário de Moura	Primeiro-tenente (Marinha)
Eugênio Possolo	Primeiro-tenente (Marinha)
Mário da Cunha Godinho	Primeiro-tenente (Marinha)
Fileto Santos	Primeiro-tenente (Marinha)
Olavo Araújo	Segundo-tenente (Marinha)
Lauro Araújo	Segundo-tenente (Marinha)
Epaminondas Gomes dos Santos	Segundo-tenente (Marinha)
Aljatar de Araújo Martins (Exército)	Segundo-tenente (Exército)
Antonio Joaquim Junior	Suboficial (Marinha)

Com poucos recursos pessoais e materiais para o combate no front, o Brasil auxiliou os aliados com o envio de uma missão médica militar. Esta foi a contribuição mais efetiva do país para o esforço de guerra. Em 18 de agosto de agosto de 1918, no exato dia em que as autoridades brasileiras confirmavam que o Maceió havia sido torpedeado na costa espanhola, a missão partiu do porto do Rio de Janeiro, no navio La Plata, em direção à França. Às 9h48min, foi dada a autorização para o início do embarque, começando assim a despedida dos profissionais de saúde brasileiros dos familiares e amigos que acompanhavam o momento solene. No total, estima-se que cerca de 4 mil pessoas estivessem no cais para assistir à partida da missão médica.

Criada pelo Decreto 13.192, de 10 de julho de 1918, a missão incluía 100 cirurgiões brasileiros, acompanhados por um corpo de estudantes de Medicina e de soldados do Exército alocados para a guarda do hospital brasileiro na França. Quinze médicos viajaram acompanhados de suas esposas, que atuaram como enfermeiras de campanha.

Tutelada pelo deputado e médico Nabuco de Gouvêia, a missão tinha como chefe o general Napoleão Felippe Aché, que atuava sob supervisão do comando único dos exércitos aliados. No total, incluindo médicos, enfermeiras, estudantes e guardas, 161 brasileiros tomaram parte na iniciativa.

Durante a viagem para a Europa, em razão do intenso calor muitos membros da missão levavam seus colchões para fora dos camarotes e dormiam no convés, segundo contaria aos seus familiares posteriormente o tenente médico Paulino de Mello Dutra. Em determinado momento da travessia, os passageiros do La Plata tiveram um susto. Um dos vigias do navio deu o alarme de submarino, mas, para a sorte dos viajantes, tratavam-se apenas de algumas baleias. Esta é outra possível origem para a folclórica "Batalha das Toninhas".

Da mesma forma que a Divisão Naval de Operações de Guerra, a missão médica brasileira também foi atingida pela gripe espanhola. Logo após a chegada a Dakar, em 5 de setembro, quatro profissionais contraíram a doença e acabaram morrendo. Na França, a gripe espanhola acabaria sendo o grande problema a ser combatido, muito mais do que os ferimentos de guerra.

Com cerca de 300 leitos, o Hospital Brasileiro funcionaria na Rua Vaugirard, em Paris, em um edifício cedido pelo Serviço de Saúde da França, e seguiria operando por alguns meses após o final da guerra. Além disso, médicos brasileiros foram designados

Tenente médico Paulino de Mello Dutra, o primeiro à esquerda do trio em destaque na foto.

a atuar em missões especiais. Olímpio Chagas, sediado em Nice, atuou junto às vítimas de gás. Em Tours-sur-Loire, Mario Kroeff cuidou de prisioneiros alemães. Já em Nantes, Pedro de Carvalho substituiu o diretor do hospital local.

Inicialmente, o tenente médico Paulino de Mello Dutra atendia a soldados com os pulmões afetados pelos gases tóxicos, em Paris. Depois do armistício, ele foi transferido para Nice, onde passou a cuidar dos casos de gripe espanhola, no setor de doenças contagiosas.

No começo de 1919, o governo decidiu pôr fim às operações da instituição, o que deixou inconformados os membros brasileiros presentes às conferências de paz. Mencionando que 312 pacientes ainda se encontravam sob os cuidados de profissionais de saúde vindos do Brasil, o presidente da delegação brasileira na Conferência de Paz, Epitácio Pessoa, afirmou, que em virtude da insignificante colaboração militar brasileira no conflito, a súbita extinção da missão médica, a mais efetiva contribuição brasileira na guerra, causaria péssima impressão aos aliados. A mensagem de Epitácio foi enviada por telegrama ao ministro das Relações Exteriores, Domício da Gama, em 16 de fevereiro de 1919. "Perante opinião aqui, nossa colaboração na guerra foi nenhuma, sendo isto motivo de recriminações repetidas. (...) Serviços do hospital estão nos reabilitando perante essa opinião", escreveu Epitácio. "Se governo suspende (*a missão*) de chofre, voltarão prevenções então mais agravadas, contribuindo para aumentar as dificuldades perante governo e delegados franceses", argumentou.

Mas o pedido de Epitácio Pessoa não foi atendido. Em 19 de fevereiro de 1919, três dias depois do telegrama, o presidente em exercício, Delfim Moreira da Costa Ribeiro, por meio do Decreto 13.479, declarou extinta a missão médica, menos de sete meses depois de sua criação, em 10 de julho do ano anterior.

O Hospital Brasileiro ainda seguiria operando por mais seis meses, sob responsabilidade de médicos militares, chefiados pelo

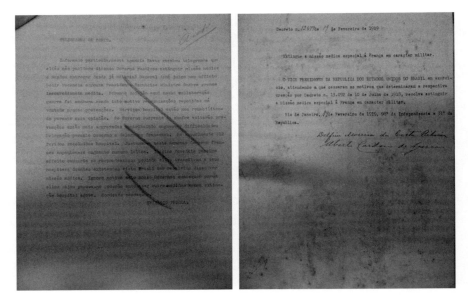

Epitácio Pessoa pede manutenção da missão médica (esquerda), mas não é atendido.

general Aché. Depois deste período, porém, os profissionais de saúde do Exército também retornaram ao Brasil. Toda a estrutura usada no atendimento aos feridos de guerra foi doada para a Escola de Medicina da Universidade de Paris.

Em 29 de dezembro de 1917, pouco mais de dois meses após o torpedeamento do Macau, o U-93 partiu em sua última missão. Um mês depois, em janeiro de 1918, o submarino do comandante Helmuth Gerlach simplesmente desapareceu, com todos os 39 tripulantes, em um episódio cuja causa até hoje não foi esclarecida. A hipótese levantada pelo comando da Marinha alemã é de que a embarcação tenha colidido com uma mina nas águas do Canal da Mancha, em 15 de janeiro de 1918.

Dias depois do afundamento do Macau, o *Correio Paulistano* publicou uma crônica no qual conjeturava em detalhes o que teria acontecido com o comandante Saturnino Furtado de Mendonça e o taifeiro Arlindo Dias dos Santos. Com o título "será verdade?", o texto dizia que Saturnino teria atirado contra o comandante do submersível. "A minha pátria não se rende! O pendão que protege este navio não pode ser humilhado pela imposição do representante de um povo bárbaro, que envergonha a civilização", teria dito Saturnino, conforme a crônica do *Correio Paulistano*.

Segundo o texto, assim que o comandante boche caiu, os oficiais do submarino teriam iniciado um tiroteio no qual Saturnino e seu ajudante foram mortalmente atingidos. Mas tudo não passava de elucubrações levantadas pelo veículo paulistano. Mesmo assim, o mistério sobre o sumiço dos dois brasileiros ainda pairava no ar, e a crônica que literariamente apontava uma versão factível para o caso seria republicada por outros jornais nos dias seguintes, todos frisando o mesmo questionamento do título original: seria verdade?

Meses depois, já em janeiro de 1918, o jornal *O Imparcial* chegou a anunciar que "o valoroso marujo foi assassinado pelos alemães, sob o pretexto de ser um pirata". Ao identificar a antiga nacionalidade do Macau (o ex-alemão Palatia), o comandante do submarino teria se irritado com os brasileiros, conforme sugeria o diário. "Infelizmente, temos hoje a plena convicção deste fato revoltante: o comandante Saturnino foi, efetivamente, vítima da barbárie dos teutões", sentenciava, sem, no entanto, apontar a fonte da categórica informação.

Em Manaus, *A Capital* detalhou em 6 de janeiro de 1918 que "o comandante teria, ao que se diz, desferido seu revólver sobre o comandante do submarino alemão que o aprisionou, sendo por isso massacrado pelos tedescos". Acrescentava que "igual sorte teve o taifeiro, por ter procedido do mesmo modo contra dois outros oficiais alemães que acompanharam o comandante do submarino". Mas, apesar dos boatos e das conclusões apresentadas por alguns jornais, oficialmente não havia qualquer comunicado ou documento que comprovasse tais teses.

Desde o primeiro momento, o chanceler Nilo Peçanha dedicou-se à busca de informações sobre o que teria acontecido aos marinheiros brasileiros. De outubro de 1917 a janeiro de 1918, uma série de telegramas cruzou o Atlântico, envolvendo o Itamaraty, o ministro brasileiro em Berna, Raul do Rio Branco, o Departamento Político da Suíça, o Departamento dos Assuntos Estrangeiros do Império Alemão, a Seção Franco-Belga do Bureau de Secours aux Prionniers de Guerre, a Legação Real dos Países Baixos no Rio de Janeiro e o Bureau International de la Paix, sediado em Berna. Mas o caso não foi esclarecido.

Em 16 de janeiro de 1918, o Ministério Imperial da Marinha alemã informou o governo brasileiro que, de acordo com a documentação do U-93, o comandante Saturnino teria subido a bordo do submarino depois do torpedeamento do Macau e, mais tarde, sido deixado a bordo do seu próprio bote. Daí surgiam as hipóteses de que os brasileiros pudessem ter sido recolhidos por algum navio, que posteriormente pudesse ter sido afundado na zona de guerra antes de colocá-los a salvo em terra firme. Mas, novamente, tratavam-se apenas de hipóteses.

A insistência do governo brasileiro no desejo de obter informações mais precisas sobre os marujos se estendeu por quatro mandatos presidenciais, incluindo dezenas de páginas de relatórios diplomáticos e militares. Mas Saturnino e Arlindo nunca foram encontrados.

Em 7 de setembro de 1919, quase dois anos após o torpedeamento do Macau e do sumiço dos brasileiros, o jornal *Gazeta de*

Notícias publicava notícia a respeito da reunião da Comissão de Diplomacia de Tratados da Câmara, sob a presidência de Alberto Sarmento, que discutia a situação da "viúva" do comandante. "O senhor Maurício de Lacerda reiterou seu pedido para que fossem solicitadas informações do Ministério do Exterior a respeito dos senhores Saturnino Furtado de Mendonça e Arlindo Dias dos Santos, respectivamente, comandante e taifeiro do Macau", dizia o diário. "O deputado fluminense declarou que a situação da viúva desse comandante era insustentável, pois, tendo ela seguro de vida, ainda não havia conseguido liquidá-lo, pela falta de documento que provasse a morte do seu marido".

Lacerda ainda mencionava a "má-fé" com que os alemães procediam neste caso, "dando sempre informações contraditórias", depois de um ano do final da guerra. "Pedindo cópia do inquérito que se procedeu sobre o torpedeamento do Macau, o deputado queria forçar a Alemanha a confessar mais esse grande crime, apesar de se tratar somente de dois brasileiros. Conforme o estudo dos documentos que existem no Itamaraty, está disposto a propor à Câmara que conservemos presos, como reféns, até que a Alemanha preste informações que nos satisfaçam, os marinheiros da canhoneira Eber, internados pelo governo brasileiro".

Assim que soube da notícia do sequestro de Saturnino e Arlindo pelos alemães, o Lloyd Brasileiro anunciou que pagaria os soldos de ambos às suas esposas enquanto os dois estivessem desaparecidos. Eles nunca apareceram, e o pagamento acabou suspenso em 1920, três anos após o torpedeamento do Macau.

Assim, além de prantear pelo comandante, sua esposa viu-se obrigada a ir à Justiça em busca de indenização. No processo 7.740, de 1938, mais de duas décadas depois do episódio fatídico, a família de Josephina Guilhermina de Mendonça ainda lutava para tentar restabelecer o pagamento da pensão pelo Lloyd. O pedido, no entanto, foi indeferido.

Mas ainda havia uma esperança. Em 1940, por determinação do próprio presidente Getúlio Vargas, o Lloyd Brasileiro foi obrigado a retomar os pagamentos. E foi somente um ano depois, em outubro de 1941, exatos 24 anos após o desaparecimento de Saturnino, que o Lloyd finalmente comunicou que voltaria a realizar os pagamentos à família de Josephina. Os valores referentes ao período de 20 anos em que o pagamento foi suspenso, no entanto, não foram pagos.

A comoção em torno do desaparecimento de Saturnino resultou em homenagens ao comandante Brasil afora. Em 1951, o vereador paulistano Décio Grisi propôs o projeto de lei 5.861, que denominava a então Travessa Sampaio Viana, no bairro Paraíso, como Rua Comandante Saturnino. No texto do projeto, Grisi abraçava uma das hipóteses para o desaparecimento do comandante:

> *Homenagem a Saturnino de Mendonça que comandava o vapor brasileiro Macau, torpedeado por um submarino alemão, a 200 milhas do cabo Finisterre. O torpedeamento deu-se no dia 18 de outubro de 1917, sendo o comandante Saturnino feito prisioneiro; e, mais tarde, diz-se, fuzilado, por ter esbofeteado o oficial alemão que o prendeu.*

Por algum tempo, Saturnino também foi nome de rua em Joinville (SC), ironicamente, uma cidade marcada pela forte presença alemã. Antes de chamar-se Visconde de Taunay, uma das principais vias da cidade na atualidade levava o nome de Comandante Saturnino Mendonça.

Anos depois do torpedeamento do Macau, o segundo piloto Raymundo Bandeira D'Assumpção ingressaria no Ministério da Marinha com pedido de indenização, por ter ficado "com o pé direito inutilizado, sem poder embarcar ou mesmo trabalhar". Natural do Ceará e formado piloto fluvial na Escola de Machinistas Pilotos do Estado do Pará, ele afirmava que, além da lesão no pé, também havia adquirido sérios problemas pulmonares em razão da explosão ocorrida no Macau, em 1917.

"Chefe de numerosa família", lamentava o fato de "nunca mais ter sido aproveitado pelo Lloyd". D'Assumpção reclamava ter sido impedido de embarcar na Capitania dos Portos do Rio devido ao fato de sua carta de piloto ter sido tirada na escola do Pará, "exigência essa que não fizeram quando embarcou no Macau para a zona conflagrada, para onde os marinheiros se recusavam a seguir". Também teve indeferido o pedido para que sua carta de piloto fosse considerada como de capitão de longo curso.

OS MORTOS NOS PRINCIPAIS PAÍSES EM GUERRA

País	Total
Alemanha	2 milhões
Rússia	1,7 milhão
Áustria-Hungria	1,54 milhão
França	1,4 milhão
Itália	750 mil
Grã-Bretanha	744 mil
Estdos Unidos	116 mil
Bélgica	41 mil
Total	8,3 milhões

Fonte: MARSEILLE, Jacques (Org.). Histoire. Paris: Nathan, 1994, p.87.

Lloyd George estava certo quando dizia, em 1917, que naquela conjuntura seria difícil estabelecer acordos que pudessem garantir uma "paz duradoura". Exatamente um quarto de século após a eclosão do conflito, durante um período de "trégua armada", conforme profetizado pelo então primeiro-ministro britânico, o mundo mergulharia, em 1939, em uma carnificina ainda maior, "uma nova e mais devastadora guerra".

Alguns personagens que viriam a protagonizar o maior conflito da história, a Segunda Guerra Mundial, já gravitavam em torno do poder na Grande Guerra. No começo, ao lado de David Lloyd George, o então primeiro lorde do Almirantado Winston Churchill defendia a abertura de novas frentes de batalha, como forma de dificultar a defesa dos inimigos, fazendo-os dispersar suas forças em mais de um front. A estratégia de Churchill, porém, acabou sendo frustrada. Em 1915, na Batalha dos Dardanelos, os britânicos – quase integralmente com tropas australianas e neozelandesas – tentaram sem sucesso uma invasão aos estreitos turcos. Após nove meses de duração, a Batalha dos Dardanellos resultou em mais de 250 mil mortos de cada lado. Ainda na Grande Guerra, Churchill – que viria a se tornar o maior símbolo da resistência ao nazismo, na condição de primeiro-ministro durante a Segunda Guerra – também participou da criação dos *tanks*.

Em 4 de julho de 1918, o ultranacionalista italiano Benito Mussolini, fundador do periódico *Il Popolo d'Italia*, enviou uma mensagem ao presidente Wilson. "Hoje, dia da independência norte-americana, nossos sentimentos de reconhecimento e de admiração mais profundos vão para o povo da grande república e seu presidente. Saudamos a bandeira estrelada que flutua sobre os campos de batalha da velha Europa". Duas décadas depois, Mussolini estaria na trincheira inimiga dos americanos, ao lado dos alemães.

Às 11h de 11 de novembro de 1918, momento em que era assinado o armistício em um vagão de trem, na floresta de Compiégne, o cabo austríaco Adolph Hitler – que nas trincheiras deixara crescer um bigode de corte peculiar – montava guarda em um campo de prisioneiros. Naquele momento, esbravejava ele, os generais que assinaram a paz imposta pelos aliados haviam traído a Alemanha.

A paz firmada em 1918 seria baseada em vários tratados, assinados posteriormente em Versalhes, Saint-Germain, Neuilly, Trianon, Sèvres e Lausanne. Em Versalhes, o chefe da delegação brasileira Epitácio Pessoa – que em julho de 1919 se tornaria presidente da República – obteve duas grandes vitórias. A primeira determinava que o café oriundo de São Paulo, que fora armazenado na Europa e consumido pelos alemães, fosse pago pela Alemanha à parte das reparações de guerra. Assim, os valores não poderiam ser protelados para os prazos determinados pelo tratado e deveriam ser pagos imediatamente. A outra decisão dizia respeito aos 45 navios germânicos apreendidos nos portos brasileiros. Conforme o artigo 297 do tratado, a título de reparação as embarcações tornavam-se propriedades legítimas brasileiras.

Considerada pelas potências vencedoras (Inglaterra, França e Estados Unidos) como a causadora do conflito, a Alemanha recebeu as mais severas punições. Assinado em 7 de maio de 1919, o Tratado de Versalhes previa que os alemães cedessem os territórios de Eupen-Malmedy à Bélgica, os de Poznan, Prússia Ocidental e Alta Silésia à Polônia e o distrito de Hultschin à então Tchecoslováquia. Anexada à Prússia em 1871, após a Guerra Franco-Prussiana, a região da Alsácia-Lorena retornou às mãos da França.

Chamado de "Cláusula de Culpa da Guerra", o artigo 231 do Tratado de Versalhes imputava à Alemanha a responsabilidade pela eclosão da guerra, obrigando-a a pagar grandes reparações monetárias, em uma medida fomentada principalmente pelo ex-primeiro ministro francês, Georges Clemenceau, representante do país, o mais castigado pelo conflito. Além disso, o tratado exigia que o serviço militar obrigatório fosse abolido e o exército alemão, limitado a 100 mil homens.

No fim das contas, o objetivo de todas essas medidas – evitar que a Alemanha pudesse rearmar-se rapidamente e iniciar um novo conflito – não foi alcançado. Nos anos que se seguiram, Adolf Hitler dedicaria seus dias a vingar, pessoalmente, o ultraje do armistício. Assim, em 1939, duas décadas depois da Primeira Guerra Mundial, o cabo austríaco se tornaria o grande artífice do maior conflito da história.

9. José Pessoa Albuquerque, o único soldado

Filho de Cândido Clementino Cavalcanti de Albuquerque e de Maria Pessoa Cavalcanti de Albuquerque, José Pessoa era membro de uma ilustre família paraibana. Nascido em Cabaceiras, em 12 de setembro de 1885, era sobrinho de Epitácio Pessoa, que seria presidente do Brasil entre 1919 e 1922, e irmão de João Pessoa, presidente do Estado da Paraíba de 1928 a 1930 e candidato à vice-presidência da República pela Aliança Liberal em 1930.

Em 18 de março de 1903, aos 18 anos de idade, José Pessoa assentou praça no 2º Batalhão de Infantaria, em Recife. Da capital pernambucana, transferiu-se para a Escola Preparatória e de Tática em Realengo, no Rio. Em 1909, seguiu para a Escola de Guerra, em Porto Alegre. Deixou a capital gaúcha na condição de aspirante a oficial.

Em 26 de fevereiro de 1913, foi promovido a segundo tenente. Atuou como ajudante de ordens e assistente do comando da Divisão de Operações em Mato Grosso, em 1917. Mais tarde, serviu como ajudante de ordens e assistente do inspetor da 10ª Região Militar na Bahia.

Já em 29 de maio de 1918, tornou-se primeiro tenente. Após a breve participação no front junto ao exército francês, foi promovido a capitão, por "atos de bravura praticados na França", segundo consta em seu registro no então Ministério da Guerra.

De volta ao Brasil, participou da organização da primeira unidade de carros de combate do Exército. Alçado ao posto de tenente-coronel em 1927, teve uma brilhante trajetória militar, galgando ainda as patentes de coronel (1929), general de brigada (1933), general de divisão (1940) e general de exército (1949), tornando-se, finalmente, marechal, em janeiro de 1953.

Durante a carreira, foi comandante da Escola Militar do Realengo (1930 a 1934), do DAC da 1ª Região Militar (1934 a 1937), da 8ª Brigada de Infantaria (1937), da 9ª Região

Militar (1937 a 1939), inspetor de cavalaria (1939 a 1946), presidente do Clube Militar (1944 a 1946), adido militar na Embaixada Brasileira em Londres (1946 a 1947) e comandante da Zona Militar do Sul (1948 a 1949). Na época em que liderou a Escola Militar de Realengo, idealizou uma nova instituição de ensino militar para a formação de oficiais, a Academia Militar das Agulhas Negras (Aman), que viria a ser implantada em 1944.

Em 1954, foi convidado pelo presidente Café Filho para a presidência da Comissão de Localização da Nova Capital Federal, partindo para desbravar o Planalto Central a bordo deu um jipe, ao lado do ajudante de ordem Ernesto Silva. Fundada no governo de Juscelino Kubitschek, Brasília foi concebida no local escolhido pelo grupo liderado por José Pessoa. O marechal foi ainda um dos idealizadores da estruturação da cidade a partir de dois eixos transversais e também da criação do Lago Paranoá.

Morreu em 16 de agosto de 1959, no Rio de Janeiro, aos 73 anos.

FIM

REFERÊNCIAS

Alencar, Alexandrino. **Relatório do Ministro da Marinha**. Rio de Janeiro: Imprensa Naval, 1918.

Almeida, Alexandre Rodrigues de. **História militar naval**. 2008.

Buchheim, Lothar-Günther. **Submarino**. Editora Record. Rio de Janeiro, 1973.

Camargo, Haroldo L. Santos, **1917: guerra, conflitos internos e "boches atrevidos" - Parte III.**

Coelho, Adolfo. **Nos bastidores da Grande Guerra**. Livraria Clássica Editora. Lisboa, 1932.

Gama, Arthur Saldanha da. **A Marinha do Brasil na Primeira Guerra Mundial**. Capemi Editora. Rio de Janeiro, 1982.

Gray, Edwyn. **Captains of War – They Fought Beneath the Sea**. Lee Cooper Ltda. Londres, 1988.

_____ **História Naval Brasileira - Volume Quinto - Tomo 1B**. Ministério da Marinha. Serviço de Documentação da Marinha, Rio de Janeiro, 1997.

Koerver, Hans Joachim. **German Submarine Warfare 1914-1918 in the Eyes of British Intelligence**. 2010.

Lessa, Barbosa. **Nova história do Brasil**. Editora Globo. Porto Alegre, 1966.

Marques, Adhemar. Collart, Alzira. **A Grande Guerra de 1914: uma guerra para acabar com todas as outras**. Lê. Belo Horizonte, 2000.

Mendonça, Valterian Braga. **A experiência estratégica brasileira na Primeira Guerra Mundial, 1914-1918.** Universidade Federal Fluminense, 2008.

Octávio, José. **O Brasil da Primeira Guerra Mundial ao Estado novo.** Edições UFPB. João Pessoa, 1988.

_____**O mundo em que vivemos.** Editora Verbo. São Paulo.

Rodrigues, Marly. **O Brasil na década de 1910.** São Paulo, 2010.

Rodrigues, Luiz Cesar B. **A primeira guerra mundial.** Atual Editora. Editora da Unicamp.

_____**Rui Barbosa - A vida dos grandes brasileiros-1.** Edições IstoÉ. São Paulo.

Schaeffer, Comandante Heinz. U-977 - **A história secreta de um submarino alemão.** Editora Nova Fronteira. Rio de Janeiro, 1967.

Soares, Jô. **O homem que matou Getúlio Vargas.** Cia das Letras. 1998.

_____**The Submarine War 1914-1918 - Ships sunk, hit or seized by U-boats. Histomar**, 2012.

Thomson, David. **Pequena História do Mundo Contemporâneo.** Zahar Editores. Rio de Janeiro, 1973.

Vinhosa, Francisco Luiz Teixeira. **O Brasil e a Primeira Guerra Mundial.** Instituto Histórico e Geográfico Brasileiro. Rio de Janeiro, 1990.

Whitehouse, Arch. **Os zeppelins na guerra.** Record. Rio de Janeiro, 1966.

***

JORNAIS

A Capital (Manaus), *A Época* (Rio de Janeiro), *A Federação* (Porto Alegre), *A Noite* (Rio de Janeiro), *A Província* (Recife), *A República* (Curitiba), *Correio da Manhã* (Rio de Janeiro), *Correio Paulistano* (São Paulo), *Diário da Manhã* (Vitória), *Diário Official* (Rio de Janeiro), *Gazeta de Notícias* (Rio de Janeiro), *Jornal do Commercio* (Rio de Janeiro), *O Alto Purus* (Senna Madureira/AC), *O Brazil* (Caxias do Sul/RS), *O Dia* (Florianópolis), *O Imparcial* (Rio de Janeiro), *O Malho* (Rio de Janeiro) e *Pequeno Jornal* (Salvador).

***

REVISTAS

Revista de História da Biblioteca Nacional (ano 3, número 17), 2008.

***

SITES

www.casaruibarbosa.gov.br/interna.php?ID_S=298&ID_M=760 (acessado em 11/11/2013)

http://pages14-18.mesdiscussions.net/pages1418/Forum-Pages-d-Histoire-aviation-marine/marine-1914-1918/tijuca-barque-bordes-sujet_1193_1.htm (acessado em 11/11/2013)

www.revistadehistoria.com.br/secao/artigos/nossa-aguia-em-haia (acessado em 11/11/2013)

historiasdetrincheira.blogspot.com.br/2011_11_01_archive.html (acessado em 11/11/2013)

www.naviosenavegadores.blogspot.com.br (acessado em 11/11/2013)

www.an.gov.br (acessado em 11/11/2013)

www.arquivonacional.gov.br/cgi/cgilua.exe/sys/start.htm?sid=166 (acessado em 11/11/2013)

memoria.bn.br/hdb/periodico.aspx (acessado em 10/09/2013)

www.wrecksite.eu/wreck.aspx?1609 (acessado em 10/09/2013)

uboat.net/wwi/types/ (acessado em 09/12/2013)

www.archeosousmarine.net/U93.html (acessado em 11/11/2013)

www.wfa-eastcoast.org/World-War-I-Submarine-Operations.html (acessado em 11/11/2013)

archive.is/3Udg (acessado em 10/09/2013)

www.espcex89.com.br/en/espcex89-marechal-jose-pessoa-sua-historia-e-seus-feitos.html (acessado em 11/11/2013)

www.ahimtb.org.br/guarara_20_2013.htm (acessado em 10/09/2013)

www.naufragiosdobrasil.com.br/matedestinonaufragiocruzadorbahia.htm (acessado em 11/11/2013)

www.europeana1914-1918.eu/en (acessado em 11/11/2013)

bibliotecapr.planalto.gov.br (acessado em 11/11/2013)

www.naval.com.br/anb/ANB-historico/ANB-hist04_IGM.htm (acessado em 11/11/2013)

www.grandesguerras.com.br (acessado em 11/11/2013)

inacreditavel.com.br/wp/hitler-na-primeira-guerra-corajoso-ou-covarde (acessado em 08/01/2014)

pt.wikipedia.org/wiki/Nossa_Senhora_do_Ros%C3%A1rio (acessado em 09/12/2013)

www.wrecksite.eu/wreck.aspx?1609 (acessado em 09/12/2013)

www.archeosousmarine.net/U93.html (acessado em 10/09/2013)

www.histarmar.net (acessado em 09/12/2013)

hsw.uol.com.br/framed.htm?parent=submarino-nuclear.htm&url=http://history.howstuffworks.com/world-war-i/historical-introduction-to-world-war-i.htm (acessado em 10/09/2013)

cpdoc.fgv.br (acessado em 09/12/2013)

www.uboat.net/wwi/boats/index.html?boat=151 (acessado em 10/09/2013)

www.biblioteca.presidencia.gov.br/ex-presidentes/wenceslau-braz/biografia (acessado em 08/01/2014)

www.uboat.net/wwi/men/commanders/150.html (acessado em 10/09/2013)

www.uboat.net/wwi/boats/successes/u151.html (acessado em 10/09/2013)

njscuba.net/sites/site_black_sunday.html (acessado em 09/12/2013)

www.uboat.net/wwi/types/?type=U+93 (acessado em 09/12/2013)

www.uboat.net/wwi/men/commanders/89.html (acessado em 08/01/2014)

www.uboat.net/wwi/boats/successes/u93.html (acessado em 08/01/2014)

www.uboat.net/boats/u93.htm (acessado em 08/01/2014)

http://leiturasdahistoria.uol.com.br/ESLH/Edicoes/38/artigo211732-1.asp(acessado em 08/01/2014)

***

FILMES, DOCUMENTÁRIOS E VÍDEOS

Mucalhy, Russel. **O último batalhão**. 2004
Serge, Bozon. **A França**. 2007
Spiegel, Sam. **Lawrence da Arábia**. 1962
Trumbo, Dalton. **Johnny got his gun**. 1971
As batalhas da I Guerra Mundial - 1 - Conflitos de Impérios
As batalhas da I Guerra Mundial - 2 - Estratégia
As batalhas da I Guerra Mundial - 3 - Além da conta
As batalhas da I Guerra Mundial - 4 - Inferno sem fim
As batalhas da I Guerra Mundial - 5 - Retribuição
Frotas de Guerra e Submarinos 1914-1918 - parte 1
Frotas de Guerra e Submarinos 1914-1918 - parte 2
Frotas de Guerra e Submarinos 1914-1918 - parte 3
Frotas de Guerra e Submarinos 1914-1918 - parte 4
Frotas de Guerra e Submarinos 1914-1918 - parte 5
Primeira Guerra Mundial - BBC - 1 º capítulo - Às armas!
Primeira Guerra Mundial - BBC - 2 º capítulo - Sob a águia
Primeira Guerra Mundial - BBC - 3 º capítulo - Guerra global
Primeira Guerra Mundial - BBC - 4 º capítulo - Jihad
Primeira Guerra Mundial - BBC - 5 º capítulo - Acorrentado a um cadáver
Primeira Guerra Mundial - BBC - 6º capítulo - Rompendo a paralisia
Primeira Guerra Mundial - BBC - 7º capítulo - Bloqueio
Primeira Guerra Mundial - BBC - 8º capítulo - Revolução
Primeira Guerra Mundial - BBC - 9º capítulo - A última jogada da Alemanha
Primeira Guerra Mundial - BBC - 10º capítulo - Guerra sem fim
Primeira Guerra Mundial, o fim de uma era
Primeira Guerra Mundial - O Natal Nas Trincheiras

IMPRESSÃO:

Santa Maria - RS - Fone/Fax: (55) 3220.4500
www.pallotti.com.br